日米開戦の真実

平和はなぜ、誰によって壊されたか

高尾栄司
Eiji Takao

原書房

日米開戦の真実

——平和はなぜ、誰によって壊されたか

目次

プロローグ エディス東郷の訴え

「ハンキー卿閣下

本日、私は新聞で、閣下が英国上院において東京の国際軍事裁判で刑に処せられた受刑者に恩赦を主張していることを拝読しました。私は、心と魂に尊厳をもった英国人が、いつかは尊厳に立脚した結論に到達するものと常に考えておりました。

この手紙を書き始めるにあたりまして、私自身は東京国際裁判により禁固二十年刑を受けた東郷茂徳のドイツ生まれの妻であることを紹介させてください」(SHIGENORI TOGO, HNKY, Churchill Archives Centre, Cambridge University 筆者訳)

「特に私が述べたいこと、そして唯一とても重要な事実は、刑を下した裁判官が、私の夫が自らの生命を危険にさらしてこの度の恐ろしい戦争を終わらせたということを全く考慮していないことなのです。

(略)

私は世界全ての政府がこの大切な事実に注目してくれるよう望んでおります。さらに、私は世界の全政府が、この度の恐ろしい戦争を終わらせ、平和を再び取り戻し、それによって文明の破滅を最後の瞬間で確実に防いだこの男に報いるべきとも言いたいです。世界のどの政府もその国民も、平和を取り戻した人間が刑務所で生涯を終えることは正しいと思いません。

私の夫のことを御心配下さる慈悲深い天皇陛下は、高松宮殿下に、私の夫に恩赦が与えられるようワシントンのグルー氏宛の手紙を書くよう許可をお与えくださいました。（略）

私は閣下に私の夫の件で、夫は戦争を終結させることにより何百万人もの生命を救ったという、正しい見解を取っていただきますようお願い申し上げます。絶望と悲嘆にくれる無知な女が、もし助けていただける可能性があるのならば、と、閣下に助けを求めております。

閣下への大いなる尊敬と深遠なる自信を持ちつつ、私からの手紙を終えたく存じます。

エディス東郷」（同右）

日米開戦時および終戦時の外務大臣東郷茂徳夫人は、東郷エディータと呼ばれていたが、英文の手紙を書く際は、エディスという英国風な名にしていたようである。そのエディータことエディス東郷が右の文中で言及していた高松宮の手紙とは、高松宮宣仁親王妃喜久子からのもので、彼女は喜久子妃の手紙が英語訳されたものを手書きし同封していた。エディスは日本語が読めなかったからである。元駐日米国大使グルーが高松宮に宛てていた一九四九年五月五日付の手紙には、元外相東郷茂徳のことが短いながら言及されてはいた。しかし、そこに天皇が引き合いに出されるようなものでは更々なかった。そもそもグルー大使は東郷と親しくはなく、それどころか東郷茂徳のことは外務省の中で最も冷酷な男として見ていたのである。

一九四九年六月十五日、ロンドン・サリー州に住むハンキー卿からエディスに返信が届いた。ドイツ・ニュルンベルク裁判では被告人にはドイツ人弁護人だけがつけられていた。東京裁判でも最初は日本人弁護人であった。しかし、彼らは英語を話せないため同時通訳が使われていたが、なにかと不便であった。そこで全被告人に米国人弁護人がつけられたが、早速、エディスは、確実に返信がもらえるよう、夫茂徳の弁護人ベン・ブレークニーに手紙を送らせていたのである。

ハンキー卿の返信は、「自分はとても忙しい男なのだ」と書き始められていた。しかし、そんなことは彼女にはどうでもよかった。

「あなたの夫を助けるため何とかしてみよう」

彼女はこの一文こそを望んでいたのである。

「親愛なるハンキー卿

心あたたまる親切なあなたからの六月十五日付手紙に私がまだ感謝を申し上げていなかったのは、ハンキー卿閣下、それは私の胸が一杯で、今もあなたへの感謝で満たされているからです。閣下が裁判に関して常に抜群の見解を有していることは、英国上院での発言で私の知るところなのです。（略）そのようなあなたが、私の夫を助けてくれるとのことを知り、私は本当にありがたく思い、それをどう表現したらよいのか言葉がございません。私はあなたの貴重な手紙を自らの希望の象徴として胸の中におさめ、大きな自信にすることができました。

私の夫は悲運にも、十二年間悪性貧血と狭心症を患っています。その上、現在彼は悪い食事と孤独という惨めな状況に置かれています。これが戦争を終わらせ、重光氏と共に二大官僚とこの国で知られていた男なのです。そのような人物を獄に置く論理とは何なのでしょう。私は心配と不安で苦しく、精神的に限界です。（略）そのような時、あなたからの手紙が届いて、新しい力が与えられ、心の中に希望と自信が湧いてきました」（同右）

エディスは、連合国最高司令官マッカーサーに次ぐナンバー2のアイケルバーガー将軍とも個人的親交があるといい、夫茂徳の恩赦と名誉獲得を行うべく、ハンキー卿に嘆願書の頼みごとを開始する。

「親愛なるハンキー卿

私の夫は胆のう症で三六一米国病院に二度目の入院をしました。医師からは手術を勧められましたが、心臓が弱いためできません。ブレークニー氏は私に、ハンキー卿からマッカーサー元帥に恩赦を求める文書を頼めないものかと訊いてきました。そこで、親愛なるハンキー卿閣下、もしマッカーサー元帥に夫のことを書かれていないようでしたら、どうか出来る限り早く書いていただけないでしょうか。（略）巣鴨プリズン主任ブレークニー氏と家族は、来週マッカーサー元帥に嘆願書を届けます。高松宮殿下、国会議員の幣原氏、（判読不可）その他、連合国最高司令官を尊敬している多くの日本人高官も、嘆願書を送ります。私は本当に心配で絶望的です。ハンキー卿閣下、どうか私をお助け下さいませ」（同右）

次の手紙では、エディスがハンキー卿に、夫茂徳の名誉回復のため宣伝工作をしてくれるよう提案している。

「私たちは、主要な連合国に向けて、私の夫が戦争を終わらせたこと、東條内閣の閣内にあっては戦争を避けるために軍国主義者と戦って大変な努力をしたことなどを書いて、私の夫の宣伝工作をしなければならないと思っています。（略）親愛なるハンキー卿閣下、さらに日本の中で品性があり名を知られる人々には、戦争を終結させた人物が牢獄にさらに三年間も入っていなければならないなどということは、全く考えられないことなのです。私は連合国最高司令部が夫を釈放したがっているものと理解しています。しかしながら、そうした重要事案が実行されるためには、外国での世論が必要なのです。親愛なるハンキー卿、どうぞそのことを御理解ください」

エディス夫人は、夫東郷茂徳元外相のことを、日米戦争を終結させて数百万人もの命を救ったと訴えていた。そして、彼女は、夫茂徳が東條内閣の外務大臣をしていた時には、日米戦争を回避しようと軍国主義者たちと戦ったとも述べ、そのような平和主義者であった東郷に禁固二〇年の刑を課したのは間違いだと何度も繰り返すのであった。

右エディス夫人が手紙で触れていた極東国際軍事裁判では、誰が日米開戦の計画に参加し、誰が実際に戦争を遂行したのか、ということに焦点が絞られていたのである。これからすれば、当時の外交責任者であった東郷茂徳こそが日本を開戦に導いた、事実が浮かび上がってくる。そして、彼の外交の失敗により、わが国の平和も破壊されてしまったのである。

第一章 対日工作に動いた聖職者

ウォルシュ司教の証言

日米開戦から六年、敗戦二年後の一九四七年七月八日、黒衣をまとった、細身の男が極東国際軍事裁判所の証言台に歩を進めていた。首に白色のカラーを巻いた人物は、自らをジェームズ・エドワード・ウォルシュと名乗ると、米国カトリック・キリスト教団の伝道組織メリノール会総長であると宣明した。

キリスト教国であった米国は、一八〇〇年代からプロテスタント教徒たちが米国国内のみならず外国への宣教活動をしており、中国やインド等アジア諸国にも開拓を広げていた。プロテスタント宣教師は家族連れで現地に入り込み、そこで活動をしながら暮らしていた。しかし、そんな彼らの子弟らもある年齢になると米国内の寄宿学校に送られ、教育を受けていた。そして大学卒業後は現地語能力を活かし、外交官になったものが多く、例えば、日本の外務省に相当する米国務省の日本課や中国課には、宣教師家庭の出身者たちが多く在籍していた。

一方、妻帯そのものが許されず、家庭を持たないカトリックの活動は、プロテスタントとは異なり、一般日常の問題からは離れ、政治や国際関係などの方に目が向いていた。極東国際軍事裁判（東京裁判）の証言台に立っていたウォルシュ司教が率いるメリノール会も、一九一一年に創立されると香港、広東で宣教事業を始め、日本統治下にあった平壌、撫順なども布教担当区にして、極東情勢を分析しながら宣教活動をしていたのである。

そして、ウォルシュ司教は、一九四〇年十一月二十五日、ある使命を帯びて来日したのだった。

ウォルシュ司教の証言に戻ってみよう。

「私の日記はドラウト神父と下記署名者（ウォルシュ司教のこと 註）が一九四〇年十二月二十七日に、井川忠雄という人物から武藤将軍を紹介された、と記録しています」（Affidavit of Bishop James Edward Walsh International Military Tribunal For The Far East Def. Doc. 2579 筆者訳）

司教が証言台で言及している武藤将軍とは、武藤章軍務局長のことである。

武藤章軍務局長は、一九三九年十月上旬に陸軍省軍務局長に着任していた。当時、陸軍は日支事変の早急な解決を望んでいた。ところが、日本と戦っていたその中国を米国が軍事・金融面で援助していた。さらに米国は同年七月に日米通商条約破棄を通告し、鉄などの対日禁輸を発令していたのである。すると、その後、これに対抗して近衛文麿内閣の松岡洋右外相は、日独伊三国同盟の締結を発表した。米国へのパワーバランス戦略を考えての同盟であった。武藤軍務局長は、当時、東條英機陸相の下にいたが、対米強硬派ではなかった。だから、彼は、来日中のウォルシュ司教を陸軍大臣官邸に迎えて面会することにしたのである。

ウォルシュ司教は、極東国際軍事裁判所の証言台で、

「私は、その時の会話記録は作っておりませんでしたので、武藤将軍が使った正確な言葉を完璧に思い

起こすことはできません。しかしながら武藤将軍が伝えた内容については、はっきりと憶えております」(同右)

そう続け、次の二点を列挙した。

(一) 武藤と彼の日本陸軍の同僚は日米和平合意に賛同する

(二) 彼は日米和平合意を締結させるため自らの権限を使って支援する

「ドラウト神父と私は、武藤将軍が代表する陸軍で、彼の権力が及ぶ範囲内でその提案が実施される誓約がなされたという印象を受けました」(同右)

と、ウォルシュ司教は武藤軍務局長から日米和平会談の提案がなされた、そう証言した。ただし、その詳細は、

「日米会談での協約条件がどのようなものかについて、それもあったでしょうが、武藤将軍とはさまざまな事項が話題になったため、今は私の記憶にございません」

と述べ、こう付け加えた。

「日米和平は、最初から我々に向けて提案されたものでした。それは主に井川氏および他の関係者たちからで、この日米和平案の提案は、内閣総理大臣近衛公の同意はなかったものの、率先事項でありました。そして、われわれが日本から出国する前(一九四〇年十二月二十八日 註)のことでしたが、もしわたしたちが日米和平交渉案の件をワシントンに持っていってくれるなら、近衛総理に会いにつれて行くとも言われたのです。

ドラウト神父と私は、ためらったもののその申し出を受け入れることにし、米国に帰る船を予約して、一九四〇年十二月二十八日横浜を出港したのです」（同右）

このようにウォルシュ司教は、極東国際軍事裁判（東京裁判）の場で、日米和平交渉は、日本政府および陸軍から要請されたものであった、そう証言したのである。そして、この日本側の要請にウォルシュ司教はためらったものの、東京の駐日米国大使グルーと相談した上で、その仕事を受け入れることにして横浜港から新田丸に乗船し、米国ワシントンに向かうことにした、というのであった。

近衛文麿元総理はその後、一九四五年十二月十六日に自宅で服毒自殺をし、軍務局長武藤章少将は戦争犯罪人として東條英機らと共に巣鴨プリズンに収監され、死刑に処せられているため、同司教の証言に反証する機会は与えられなかった。しかし、時が経て、私がドラウト神父の文書、ウォルシュ司教とドラウト神父を日本に送り込んだウィリアム・ワイズマンの文書などを米国から入手し、それらを一行一行読み進んでみると、ウォルシュ司教が極東国際軍事裁判で行った証言は全く逆であることがわかってきたのである。

ウォルシュ司教が裁判の場で言及していた「日米和平交渉」とは、実は東郷茂徳外相が引き継いだ日米交渉の基になるものであった。そして、これが迷走化し、最後は日本側がハル国務長官から「ハル・ノート」を提示されることになり、日本外務省はこれを受け「最後通牒」を米国に送ろうとしたが、その間に、真珠湾攻撃に至ったのである。

日米開戦では、日本軍による無通告攻撃が象徴的に語られ、結果的に、日本側が米国側を騙し討ちしたものと歴史に刻まれている。そのために日本は、米国を騙した汚い国として扱われ、これに対する反論もなされない状況が作られてしまった。

ウォルシュ司教の極東国際軍事裁判（東京裁判）での証言も、そのような図式に即したものといえる。ウォルシュ司教は証言台で、自分とドラウト神父は近衛総理と武藤将軍から日米和平交渉の仲介を依頼された、そう主張していた。しかし、一体、日本政府はどのような経緯で聖職者たちに仲介を頼んだというのだろう。

否、逆にもしウォルシュらには最初から計略があり、「日米和平交渉」という餌をもって日本を訪れ、日本側がそれに乗せられていた、としたらどうであろうか？ その場合、日本は米国側に騙された、つまり、騙しを働いたのは聖職者であり、汚い手を遣ったのは米国の方であった、となり、その立場は全く逆転することになる。

ドラウト神父の意図

私は、ウォルシュ司教の関連資料をイェール大学図書館に求め、それからウォルシュ司教に同行していたドラウト神父という人物の来日前の行動を調べてみた。すると、これから進めるような小説より奇なる事実が判明したのである。

「一九四〇年八月十四日
親愛なるウィリアム男爵
貴殿の許可を得るべく、私はここに論点を明確化し、私への行動の指示および明示を仰ぐべく私の準備した草案を同封いたします。
敬具
ジェームズ・ドラウト」
(Sir William Wiseman Papers Call No.MS666 Box No.13 Yale Univ. Library　以下「ワイズマン文書」筆者訳)

ウォルシュ司教の直属部下、ジェームズ・ドラウト神父は、来日する三カ月ほど前に、ウィリアム・ワイズマンという男爵の家系に生まれた英国人に右のような指示を願い出ていた。ワイズマンは第一次大戦後に英国情報部（ＭＩ６）米国支部長を務めていて、米国内はもとよりドイツなどに協力者を持ちながら情報活動の第一線で活躍してきた人物であった。その後、彼は、表向きは諜報畑を退くかたちで、ニューヨークのマンハッタンにあるユダヤ系国際投資銀行クーン・レープ商会のパートナーとして経営参加していたのである。

ドラウト神父から右の書簡を受けたウィリアム・ワイズマンは、その翌八月十五日にドラウト神父に早速次のような返信をしていた。
「親愛なるドラウト神父
貴殿からの十四日付手紙および覚書と注釈に感謝いたします。

明晰にして勇ましい思し召しに心よりお祝い申し上げるものです。

但し問題はそれをどのようにして最大限の効果をもたらすようなものにするかです。主義主張が強固で、胸の内も十二分に熟知している米国人仲間を少人数集めてみます。

注釈は貴重な指針として仲間内の者に送ろうと思っている所存です（略）

小生が次なる段階への機会到来と見たときは、即座に貴殿にご報告するつもりです。敬具　ウィリアム・ワイズマン男爵より」（同右　傍線筆者）

それでは、ジェームズ・ドラウト神父がワイズマンに送っていた覚書にはどのような内容が書き込まれていたのだろうか——。私がエール大学から直接入手した同文書（以下「ドラウト覚書」は、Ａ４版用紙で一三頁からなるものであった。前半の八頁はドラウト神父からの提案が書かれ、後半五頁には「国家プロパガンダ指令」（National and Propaganda Directive）というものが三二項目ばかり列挙されていた。「ドラウト覚書」の前半部分には、次のことが書かれていた。（要約）

・国家国民にとって最大の悲劇は、指導者が国内・国際問題を明確に理解できないことにある。指導者を選ぶことは、国家が滅亡したり個人が自殺したり、或いは奴隷として身売りされることに直結する。

・武器、軍隊、資産、食料などの必要性よりも、攻撃を受けるという現実を不可欠、緊急に理解し、これを他の人々に伝えかつ納得させることが重要である。

・フランスはなぜヒトラー・ドイツに降伏したのか——。それはフランス人が、ドイツとの戦いを、算盤ではじいた結果戦ってもそれだけの価値はなく、無駄と決めたからであり、戦おうとするその精神力に欠けていたからである。
・現行の戦争関連問題の誤りは、政治勢力の対立、富や領土の再配分でなく、現在の世界状況に現実的に立ち向かう勇気を欠いているために起きている。

このような記述からわかるように、ドラウト神父は、ドイツ・ヒトラーとその枢軸国を戦いの相手として特定し、さらに次にように述べている。

「ヒトラーとは非人間化社会の戦士であり、その献身的使徒である」

「彼らは希望や自由意志を信じない、これらを信じる何百万もの人々を、後悔も情けもなしに破壊している」

「ナチスは、彼らの生存哲学を知らしめるべく最大限の英雄的な努力を集中して行っている。彼らは知性における本能的な血の力を信じ（略）彼らのユートピアを確保すべく細心な決断をし、私たちが信ずる人間性を破壊するために喜んで死ねる」

「このようなヒトラー率いるドイツ軍に勝つには、奴隷根性の人間ではなく、神と宇宙の神秘を謙虚に受け入れ、そのためなら死ぬことも厭わない自由な人間しか戦えない」

ドラウト神父はさらに、「ヒトラーには戦士魂を持つ真の戦士でないと戦えない」とも伝え、神父自らヒトラーに対峙する戦士になる決意を誓い、英国が「ドイツに打ち負かされ、ヒトラーに占領されても、この戦争は続けられる」と訴えていた。

覚書の後半では、「国家プロパガンダ指令」というものが列挙されていた。以下がその主なものである。
・第五列（裏切り）行為とその手順は常に暴かれなければならない。
・カナダ、インドなどの英国支配という共通概念を考慮に入れる。
・官僚政治が過去どのようであって、さらに今日どうであろうとも、英国は否が応でも神の御使い側で戦っていることを示すようにする。
・米国には貸付けを頼まないとのべよ。（それがローンを得る最善の方法である）
・フランスを称賛することにより、同国を無力化した社会主義政権を批難せよ。
・ナチス・イデオロギーは絶えず暴露すること。
・難民の話題はあらゆる場で取り上げ、公開すること。
・ヒトラーは平和を絶対に与えない。彼が与えるものは何も受けるべきでない。すべては平和のための戦いであり、和平が争点である。
・英国は征服の意図を否定し、声明発表では世界の諸問題のみに限定して強調すること。
・英国の目標声明に対して、ローマ法王ピオ十二世の賛同を依頼すべきである。
・英国が企てているロシアとの友好関係樹立については報じることを禁ずる。
・極東との提携は米国の同意を得ること。

・日本、英国、米国の会談を実現すること。

右のように、ドラウト神父は元英国情報部米国支部長のワイズマンに日・米・英の会談を提唱し、そこでは海軍力の配分、経済、極東問題をその議題テーマに挙げ、特に日支事変の解決などについてまるで聖職者らしからぬ交信を行っていたのである。そして、ウォルシュ司教に同行して来日する前の彼は、日本をナチス・ドイツから引き離す戦略を立てていたのである。この提案に対して、ワイズマンから返信を受けたドラウト神父は、その翌十六日、次のように書いていた。

「一九四〇年八月十六日
親愛なるウィリアム男爵
（略）
もしわれわれの声明を世間全般が見て、英国指導者の信念を表しているものと読み取ってくれるなら大きな前進と思います。
とにかく第一段階は、言葉と行動で指導者にこれをわからせて、納得させなければなりません。
私たちの目的遂行には時間が最重要であると考えます。小生、自分に貢献できるものがあればあらゆる犠牲を払う用意がありますことを貴殿に確約申し上げます。
敬具
ジェームズ・ドラウト」（同右　傍線筆者）

英国情報部MI6元米国支部長ワイズマンの命令とあれば全てを捧げて貢献したい――そこまで誓うドラウト神父からの書信を受けると、ワイズマンも次のように返信していた。

一九四〇年八月二十日

「ウィリアム・ワイズマン男爵より
親愛なるドラウト神父
貴殿からの書信および修正覚書に感謝を表明いたします。
素直にすばらしい出来ばえと思います。
これが適切に活用されるよう海軍部署に送る用意をしております。
貴殿同様、小生も敏速で精力的な行動の必要性を実感しています。厳密な実行方法については考察中ですが、それは徹底的に行わなければならないものとなります。
貴殿との連絡を継続する所存です。敬具」（同右　傍線筆者）

ドラウト神父はアイルランド出身のため反英国派とされ、来日時にもそう言われていた。例えば、ウォルシュ司教とドラウト神父の水先案内役をすることになった産業組合中央金庫理事（当時）の井川忠雄は、同神父らを近衛文麿総理に紹介する際、「ウォルシュ氏にせよドラウト氏にせよ愛蘭系天主教徒らしく、彼等の特長たる反英思想は会談中不用意にも随処に現はれ居る」（『井川忠雄　日米交渉史料』）と、彼の書簡に記していた。

しかし、ドラウト神父がワイズマンに宛てた一九四〇年八月二十二日付返信を見ると、同神父は親英国派であるだけでなくチャーチル英国首相の信奉者であったことが分かる。

ドラウト神父は、同日の返信に、「わが親愛なるウィリアム男爵」との書き出しに続け、「ウィンストン・チャーチル氏の演説は格調の高い、見事なものでした」とチャーチルを称えている。そして、神父は覚書での考えに言及し、「英国が米国との協定を特別に要請している、とこの点も申し添えて声明を出せば、われわれの目的は迅速に達成されるものと思います」

と結んでいた。

国際金融家ワイズマンの裏の顔

ドラウト神父が来日前に親密な連絡を取っていたウィリアム・ワイズマンは、一八八五年二月一日、英国エセックス州ハートフィールドという所で男爵の家に生まれている。一九〇五年、ケンブリッジ大学を卒えると「デイリー・エクスプレス」紙の特派員となったが、一九〇九年に渡米し、金融界に身を置くことになる。しかし、一九一四年に第一次世界大戦が勃発すると海軍に従軍し、終戦後は海軍関係者から情報機関を紹介され、英国情報機関ＭＩ６の責任者としてニューヨークに駐在、ドイツ工作に従事していたのである。

その間、ワイズマンは、駐米英国大使館の財政顧問も兼ねていたため、外交にも関与することになった。このように国際的な業務に従事していたワイズマンは、その後、ユダヤ系の国際金融機関クーン・レーブ商会に入るが、同商会にはルイス・ストロースという人物がいて、二人は同僚として働いていたのである。

第一次大戦の混乱は、終戦後も完全には収まらないまま、様々なところで火種は燻ぶり続けていた。そして、ドイツにヒトラー政権が誕生し、第一次大戦での汚名返上を期し反撃を開始したのである。

ヒトラー・ドイツ軍は、一九四〇年四月九日、デンマーク、ノルウェーに侵攻した。そして、五月十日にはオランダ、ベルギー、ルクセンブルクを攻撃した。その結果、オランダ軍は五月十三日に、ベルギー軍も同月二十八日に降伏をした。さらにドイツ軍はフランスのダンケルクにいた英国軍に電撃攻撃を行うと、英国軍は武器を捨てたまま英国本土に逃げ込んだ。そして六月十七日、ついにフランス軍も降伏した。

ドイツ軍には、英国本土上陸が残る目的となり、一九四〇年九月には数百機ものドイツ軍機がロンドン上空に飛来し、空爆を二カ月間も続けた。ドラウト神父は、ヒトラー・ドイツ軍が英国攻撃を始めていた最中にワイズマンと書簡のやり取りをしていたのである。特に、九月二十九日には日本、ドイツ、イタリアの三国同盟が成立したため、彼らの間には一段と高い緊張が走っていた頃であった。ワイズマンとドラウト神父らはどうしても日本の出方に注目せざるを得なくなったのである。というのも、英国はマレー半島、ビルマ、インド、セイロン、香港などで植民地経営をしていたが、ドイツ軍の攻撃を受けて英国は本国内に閉じ込められてしまい、植民地との交通・防衛が寸断され、植民地は無力状態に陥ってしまった。一方、ドイツと同盟関係に入った日本は、そうした英国直轄地を自在に攻撃できるようになったからである。

このように、ヨーロッパで完全に孤立状態に置かれ、今、ドイツ軍の攻撃ターゲットとして空爆にさらされている祖国英国の運命に直面していたワイズマンからすれば、ヒトラー・ドイツからの危機をどうしても打破したい、そう思って当然である。そして、ドイツと同盟を結んだ日本を何とかして離間させねばならない――このようにも強く考えていたはずである。実際に、ワイズマンがこの頃、何を考えていたのか。それについては、米国エール大学所蔵「ウィリアム・ワイズマン男爵文書」の中で語っている。

「今まさに、わが英国は防衛の最前線におかれ、この状況を死守し支えなければならない瀬戸際にある」

「ドイツ側は狂ったように戦争扇動キャンペーンをしている。その餌食にならないために、英国側は生命や財産を投げ捨てても構わない不動の覚悟を持たねばならない段階にある」

ワイズマンはこう述べ、英国の頼みの綱として米国を挙げている。ところが彼は、その米国が英国の置かれている状況に全く反応を示してくれないので、不安が増幅してしまう。

「米国人の反応は、フランスの戦争初期に見られたものとまるでそっくりである」

ワイズマンは、ドラウト神父と同様に、フランス人が戦う目的、戦うことへの気力と精神がなかったためドイツに占領された、そう分析していた。

ところが大多数の米国人は、こうした英国の危機的状況については全くの他人事なのである。

「とにかく、米国民は戦争に無関心で、外国の紛争には巻き込まれたくないのである」

「最近、ルーズベルト大統領が厳粛な顔をして国家非常事態宣言をした。非常事態宣言が発せられたら、国全体が戦争下に置かれたという変化が国民の生活にはっきり現れなければならないはずである。ところが、日常生活は全く以前と同じで、米国人は熱狂的な映画を見て興奮を楽しむ観客のままだ。ヒトラーについても巧妙な悪者というだけで、一般大衆は、それについてどうしたら良いかという考えまでには至っ

ていない」（同右）

ワイズマンは米国人をこのように捉えていたが、同時に、

「英国の優先課題第一は、米国から軍事支援を出来る限り早く受けること」

「ドイツとの熱い戦争に米国が速やかに入ってくれること」

として米国政府の介入を切望していた。そして、米国政府がそう動くようワイズマンは、内輪の仲間と行動計画を練っていた。そんな彼らが考えていた手法について、ワイズマンはこう記している。

「米国最前線での最重要要素とは、

1 敵に対して虚偽、贋情報を披瀝する

2 それをプロパガンダと称する。そして、これを

3 米国大統領および政府内閣の中で実行する」（同右）

ワイズマンは、米国という国が世論の国であることに着目していた。

「ルーズベルト大統領もそのことをわかっており、敵と熱い戦争に至るには、国民世論を一歩一歩少しずつ醸成しなければならないと考えている」（同右）

「ルーズベルト大統領も、ヒトラーが英国を占領すれば、米国が破滅的になると承知している。米国の最大関心事はナチス・ドイツに完全勝利することであり、米国はそのため、現実的に戦争をしなければならないと信じており、英米の陸・海軍は共同訓練も行っている。大統領は、その軍事行動が時間の問題で

あることを知っている」（同右）

ワイズマンは米国議会と世論との関係について次のように述べる。

「議会の現状には反戦感情が明らかに強くある。これでは、大統領も突如として確実に成功が望めるクーデター的な手段を選ぶかもしれない。（略）そうした事件ののち、議会に公式な戦争宣言を求めるか、又は宣戦布告はしないで戦争を続けてしまうのが賢明と考えるのではないだろうか。とにかく、とてつもない力量の指導力が奮起させられるような事件が起きれば、この国は戦争の覚悟ができる」（同右）

ワイズマンが述べている事件は、それからわずか一年足らずのうちに、日本軍の真珠湾攻撃で起こされる。ただし、右のような覚書を書いていた頃は、彼は英国をヒトラーの侵攻から守る必要下にいた。ヒトラーの攻撃から英国を守るには、英国一国の力では不可能で、米国から軍事援助があって初めてできると考えていた。ところが、チャーチル英国首相が米国に援軍を盛んに求めていたものの、米国側としてはまだ軍備が整ってもおらず、国民も戦争に無関心だった。そうした状況の中、ワイズマンは一九四〇年九月二十七日に結ばれた日独伊三国同盟国の日本に注目していた。

ドイツと英国の戦争が実際に始まれば、ドイツは必ず同盟関係にある日本に協力を要請する。その場合、日本は米国軍がヨーロッパに向かう進路の封鎖を担当することになり、日米の開戦が避けられなくなる。しかし、ルーズベルト大統領が開戦を決断したとしても、米国民が反対するなら、戦争の発動まで時間がかかり、その間に、英国はドイツ軍に侵攻されてしまう。このような事態を招かないためには、日本がドイツと手を結んでいる同盟状態を断ち切らねばならない、ワイズマンはそう考えていたのである。
ワイズマンが作成していた覚書から明らかなように、彼は人を使った対日政府工作を考えていた。そしてそのために、彼は情報畑とは正反対にある聖職者を使者にすることに決めたのである。

英国情報部と聖職者、というこの組み合わせは、日本では全く知られていないのも都合が好かった。しかし、英国情報部員が聖職者になることはあったのである。かつて私はイラン取材などでロンドンに寄った時は、キングズ・カレッジのリチャード・ロバーツ教授と会うようにしていた。リチャードはケンブリッジ、プリンストン両大学出身で、『ウォール街』『ロンドン・シティ金融街』等の著書のある歴史家で、英国石油株式会社の社史編纂委員も務めていた。そのため、私たちは本来ならペルシャ石油と呼ばれていたかもしれない英国石油のことも話題にしたのである。

世界的石油メジャー会社である英国石油は、実は一九〇五年に英国から遠く離れたイランの地で創業されていた。それは、ウィリアム・ノックス・ダーシーというひとりの男が、ペルシャ（現在のイラン）のマイダニ・ナフチューンという所で石油採掘に取り組んだことが発端であった。ダーシーは、オーストラリアで金鉱を掘り当てた後、米国でロックフェラーのような石油成金が続出していることに目を着け、未開地イランに石油採掘にやって来たのであるが、オーストラリアで得た財産や投資家から集めた投資金を注ぎ込んだものの、石油はまったく見つけられなかった。そんな彼を見て、周りの者たちは山師とかキチガイ呼ばわりを始めた。

ダーシーはそれでも砂漠の砂をかぶり、不安、焦燥と闘いながら大地を掘り続けた。そのうち、彼はイランの風土に愛おしさを感じ、第二の故郷と思えるようになった。そこで彼は土地の人々のためにと国王ナスル・エド・ディン殿下に献金を申し出ることにした。ディン国王はダーシーの申し出に喜び、ダーシーの困苦をねぎらおうと一通の許可証を与えてくれた。そこには次のように書かれていた。

「技師ウィリアム・ノックス・ダーシー、もしくはその親族および彼の子孫、友人、相続人にペルシャ国の地下を任意に探索かつ掘削する完全なる権能ないし絶対の自由を、今後六六年間保証す」

その頃は、投資家たちからは石油の採掘中止を求める声が上がっていた。しかし、彼は採掘を続けて、一九〇八年五月二十六日、ついに日産一五〇〇バレルの油田発掘に成功したのだった。ダーシーはその油田をビルマ石油会社に売却した。

ただ、先にディン国王から下された、ダーシーの六六年間の石油採掘権を保証する許可証は、彼のもとに残された。ところが、この採掘許可証に、英国海軍省と英国情報部が目を着けたのである。

油田をビルマ石油会社に売却したダーシーは、カナダで余生を過ごすためイランに別れを告げて、船に乗り込んだ。そして、その船がエジプトのアレキサンドリアに寄港すると、彼のところに、採掘許可証を購入したいという希望者がやって来た。ダーシーがそれを断ると、相手は宿泊先ホテルに忍び込み室内を物色する所業に及んだので、ダーシーは警戒を深めつつカナダ行き客船に乗り込んだ。

ダーシーは船上で過ぎ去った日々を振り返った。彼の心残りはイラン国王との最後の会見にあった。熱心なキリスト教徒でもあったダーシーは、第二の故郷イランが神の恩寵に授かれるよう、王にその願いを語ったのである。しかし、ディン国王は宣教師の話を耳にするのも嫌ったため、彼はその時のことを心残りに思っていたのである。

ところが、カナダ行きのその船に一人の宣教師がいて、ダーシーは偶然に知り合いになった。同じ神を信じる者同士として、船上のダーシーはイランでの宣教について話し、このことが国王に理解してもらえず残念だったと胸の内を打ち明けた。そして、採掘許可証のことも付け加え、宣教師を派遣できれば当地はどれほど幸福な天地になることかとも告げた。すると、宣教師はこの話に、

「そのような大切な許可証があるのなら、教会のためになにゆえにお役立てなさらないのか」「その許可証が、将来、英米の資本家の手に渡るようなことになってしまえば、それこそペルシャは修羅場となってしまうことでしょう。しかし、もしそれが教会にあるなら、ダーシー様の第二の故郷に神の福音を伝道できることになるのです」

そう説いたのだ。

敬虔なキリスト教徒ダーシーは、そう言われると催眠術にかけられたかのように宣教師の言葉を信じて許可証を彼に託したのである。ところが、この採掘許可証がロンドンにもたらされると、一九一四年海軍省と某政府機関を大株主としてアングロ・ペルシャ石油という会社が設立され、ウィンストン・チャーチルは英国議会で報告をした。

カナダに上陸したダーシーは、その宣教師がまるで別の顔をもっていたとは思いもよらなかった。実はその「宣教師」は、シドニー・ローゼンブルームという英国情報部員だったのである。

「ダーシーの子孫は、この辺に住んでいて、今でも怒っているらしい」

英国石油社史編纂委員であったリチャード教授は、ケンジントン地区の方を指して、私にそう語った。

第二章 日独伊三国同盟か日米合作か

日本に対米牽制を期待したドイツ

一九四〇年九月になると、ワイズマンからのドラウト神父宛て書信は少なくなる。「時機が来るまで待て」という指示を受け、日本に出発しようとしていたドラウト神父らは、日本の動向に釘付けになっていたのである。

九月七日、ヒトラーの特使スターマー公使が極秘来日して、松岡外相との交渉が始まっていた。日本とドイツそれにイタリアを加えた日独伊三国同盟の締結のためであった。三国同盟は、もともとは第一次近衛内閣の時、ドイツ側から提案されて調印した日独防共協定が出発点で、一年後にイタリアが加わって日独伊防共協定となったのである。

第二次近衛内閣の時に松岡洋右が外相に就任した。前述したように、その年の六月十七日、フランスがドイツ・ヒトラーに降伏し、英国軍も仏ダンケルクから全ての武器装備を残したまま本国に逃げ帰った。そのような状況下、松岡外相は、ドイツ軍は次に英国への上陸作戦をやる、そしてドイツが勝つ、そう考えていた。松岡洋右は、外相就任直後に外務省内の英米派幹部を大移動させ、枢軸体制へと外交大転換させる舵を切った。

当時、英国は中近東、アフリカの他、アジアではインド、セイロン、ビルマ、マレー半島、シンガポール、香港などを支配する大国だった。一方、米国はまだ図体の大きな島国的存在であった。

松岡外相の秘書官をしていた加瀬俊一も、

「ヒトラーはアメリカを強いと思っていなかった。日本がアメリカを側面から牽制して、アメリカの参戦を阻止してくれれば、ドイツが速やかにイギリスを料理してしまう、こういう計算だから」（「私の昭和史」、『知識』一九八六年七月号　傍線筆者）

そう後に証言している。

ヒトラーは米国を強いと思っていなかったが、それでも戦略上、日本の援軍は不可欠と考え、日本に米国への側面牽制を要望し、そのために三国同盟を求めたのである。

スターマー公使は、九月九日と十日に松岡外相と懇談した。三国同盟条約締結の主目標は、米国を参戦させないようにすることであった。それは、次のような条約の一部を見れば納得されよう。

獨逸は今次戰爭が世界戰爭に發展するを欲せず、（略）而して特に米國が參加せざる事を希望す。

一　獨逸が日本に求むる所は、日本があらゆる方法において米國を牽制し、其參戰を防止する役割を演ずることにあり（略）

一　獨逸は日獨間に（略）協定を成立せしめ、（略）米國が現在の戰爭に參加すること、又は將來日本と事を構うることを防止し得べし。

一 獨逸は日本が能く現下の情勢を把握し、（略）日獨伊三國間の協定を締結することに依りて之を豫防する爲、迅速且決定的に行動せんことを望む。（『近衛文麿手記』 傍線筆者）

日独伊三国同盟の交渉は松岡のペースで進められ、腹心の斎藤良衛外務省顧問が案文を担当し、三日間で基本合意に達した。そして、十三日に近衛首相、松岡外相、東條陸相、吉田海相で会議を開き承認され、御前会議で正式決定されることになった。

このように、日独伊三国同盟とは日本にとって米国への対抗策だったが、英国情報部元米国支部長ワイズマンは、米国が日本によって動けなくされるなら、それは直接、英国存亡の危機になる、そう読み取っていたのである。

ワイズマンは、日本に人脈を持っていなかった。ところが、彼には日本に人脈を持つルイス・ストラウスというクーン・レープ商会の同僚がいた。そして、ストラウスはドラウト神父とも業務上の付き合いがあった。

ストラウスがドラウト神父と知り合ったのは、一九三〇年代で金融大不況の時だったという。

「あの大不況で打撃を受けた彼の修道院の財政状態を私に見てもらいたいと頼んできたときである」

（『真珠湾から核実験まで』）

ストラウスはそう自伝で述べている。ストラウスは修道院の財政顧問を引き受けたため、ドラウト神父との関係はそのまま続いた。ところが、一九四〇年十一月初め頃、ドラウト神父がウォルシュ司教とストラウスのところにやって来て、日本へ行く計画を伝えたのだ。
「キリスト教の伝道に行くのか」。ストラウスがそう訊いてみたところ、その答えに驚いた。
「二人は大変な計画を持っていた」（同右）
という。そして、この「大変な計画」を実行するために、ドラウト神父はストラウスに、
「日本の知人に紹介状を書いてくれまいか」（同右）
そう頼んだのだ。
ドラウト神父は、ストラウスが日本につながりを持っていることをワイズマンから聞いていた。日本は、日露戦争の時にストラウスが所属する国際金融機関クーン・レープ商会から資金援助を受けたために、ロシア軍に勝つことができた。そのため、クーン・レープ商会ジェイコップ・シフ代表は日本政府の国賓として招待されており、ストラウスも一九二六年に訪日していた。
「当時首相だった若槻男爵、首相・蔵相を務めたことのある高橋男爵を初め、日本の財界、外交界で重要な地位にあった人々が私を大いに歓待してくれた」（同右）
ストラウスはその時に知り合った人々とは連絡を取り合っていた。だから、ドラウト神父が訪日計画を持って来た時、ストラウスが紹介状を書けば、彼らは喜んで二人に会ってくれると思っていた。
クーン・レープ商会は、ニューヨーク有数の金融財閥であったため、民間金融機関などと取引をしていて、ストラウスはそうした日本のニューヨーク駐在員とも交流があった。そんな中で、ドラウト神父の目的に適うのはどのような日本人か――。英語に長けていて、宗教が神父と同じならば仕事がやりやすい。そこで、彼は井川忠雄という男に白羽の矢を立てた。井川はポールという受洗名を持つカトリック信者で、

大蔵省銀行局の駐米財務官として渡米する際、高橋是清、若槻礼次郎から懇切な添え書きをルイス・ストラウスに渡すよう托されていた。井川はその後、駐米財務官生活を七年間送ったため、ストラウス家とは家族付き合いをするようになり、ストラウス来日時には、天皇陛下への拝謁も成功させていた。

「聖職者」の本当の任務

一九四〇年十一月四日のことである。英国情報部元米国支部長ウィリアム・ワイズマンは、ジェームズ・ドラウト神父来日について、次のような発信をした。

「ジェームズ・ドラウト師

カトリック修道会メリノール神父訓練学校長

ドラウト神父は日本、中国で何年も宣教師の活動実績があり、ニューヨーク外交問題委員会での討論でも高く評価されています。

彼は、十一月十一日東京に向けて出発し、一カ月ほど滞在予定です。サンフランシスコから新田丸で出航し、東京では帝国ホテルに宿泊します。

彼の渡航目的は日本、中国のカトリック修道会に関係することとなっていますが、米国海軍情報部からの重要な極秘使命業務を負っています。彼が重大な情報を取得した場合、英国の関係高官に接触を求めるかもしれません。しかし、急を要さないときは、彼は米国に帰国後に、われわれに連絡をくれることになっています。

ドラウト神父は、常にわれわれの活動を支援することを希望しており、彼がそちらに接触した際は、英国大使館の対応を切望する次第です」(「ワイズマン文書」筆者訳)

ドラウト神父に紹介状を持たせたストラウスも、同神父とウォルシュ司教が、「十一月十一日に、日本の定期船で横浜に向け出発し、東京には十二月二十四日に着いた。二人は日本の人々と直ちに会談を開始した」(『真珠湾から核実験まで』)と、彼らがクリスマス・イヴに東京に着いたと記している。しかし、ドラウト神父とウォルシュ司教は、実際はその一カ月前、十一月二十五日に横浜着し、メリノール会のバーンズ神父と大日本帝国海軍山本信次郎少将に出迎えられていた。山本少将は英仏語が堪能なカトリック教徒で、裕仁皇太子が一九二一年に渡欧した際は、供奉員として同行した。

彼ら一行は、その後、東京の帝国ホテルまで車で向かった。

そして、その翌十一月二十六日から、ウォルシュ司教とドラウト神父は活動を開始する。


米国ノートルダム大学図書館にはルーズベルト大統領の郵政長官フランク・ウォーカーの文書が所蔵されている。私は同大学図書館にアクセスし、「ウォーカー文書」を入手し、その中から「The X Memorandum」という資料を開いた。

フランク・ウォーカーはルーズベルト大統領選の選挙対策委員長という役職も務めていた。彼もカトリック信者であり、後にウォルシュ司教やドラウト神父とも行動することになる。ウォーカーは、右の資料で次のように述べていた。

「一九四〇年時に日本国内で活動しているメリノール会の神父およびシスターは各二〇名、六名であったが、ウォルシュ司教は、彼らが日本から送ってくる手紙が検閲され、さらに報告が全く届かなくなったので心配していた」(Frank Walker Papers　筆者訳)

ウォルシュ司教は、日本からの報告が米国本部に全く届かなくなってしまったこと、さらに同会の東京地区総長であった米国人神父が、日本政府によって日本人神父に一方的に換えられてしまう事態が起きたため、その調査究明を来日の目的にしていた。

そのため東京に着いた翌日、ウォルシュ司教とドラウト神父は外務省を訪れて、寺崎太郎アメリカ局長と面会した。寺崎局長の弟英成は、米ワシントンの在米日本大使館に情報担当官として勤務が決まっていた。その日、二人は土井大司教、さらに翌二十七日も都内のカトリック関係者らと面会をし、「ウォーカー文書」を裏付けるような行動をしていた。

ところが十一月二十九日、カトリック関係者の面会を済ませたドラウト神父は、宿泊先の帝国ホテルで次のような手紙を投函した。

「前略
ルイス・ストラウス氏による貴殿宛小生紹介状を同封させていただきます。

ストラウス氏から聞き及びますに貴殿におかれましては、今こそ極東問題の真の核心と背景を直視することを前提とし、私共と相携えて両国国民間に友好的関係を速やかに回復させせんとする意欲のあることを承っております。

ところで小生の東京滞在は約二、三週間の予定で宿の方は帝国ホテルをとっております。もし御都合がつく様でしたら共通の友人を持つ誼に甘え、直接お目にかかった上でよりよい理解と真の友好関係を如何様に打立てられるかということについて話し合いが出来れば幸いです。敬具」（『井川忠雄　日米交渉史料』）

法衣の袖から披瀝されたものは！

ドラウト神父は、本来の仕事に一刻も早く着手したかったのだ。井川の勤める産業組合中央金庫本社（現農林中央金庫、元GHQ本部　註）が帝国ホテルからわずか数百メートルのところだと知ると、面会の約束も、手紙の返事も受け取っていないのに、直接井川を訪ねたのである。その時のことを、井川は、一九四一年夏、サンフランシスコからの船中で次のように記している。

「昭和十五年の十一月下旬のことである。丸の内有楽町の産業組合中央金庫理事室の私の許を訪れてきた二人のアメリカ人があった。当時私は長年にわたる大蔵省官吏の職を辞して、産業組合中央金庫の理事職にあった。会ってみると、二人ともアイルランド系米人で、丸クビに高襟、黒衣のカトリック僧侶のつつましやかな服装である」（『「井川メモ」の全貌』）

「紹介状によると、この二人のカトリック僧は、ニューヨーク市の西部七十哩の地、メリノール丘にあるカトリック海外宣教師教会の会長ゼームズ・ウォルシュ司教と、同協会の事務総長ゼームズ・ドラウト神父の二人であった。両師とも、アメリカの旧教会における著名な存在で、東洋布教の豊富な経験者であるが、印象的には、年齢的に円熟しているウォルシュ司教は、挙措も静寂・敬虔なのに対して、ドラウト神父は、壮年期の元気一杯、情熱的で、精悍な求道者という感じであった」（同右）

井川もカトリック教徒であったため、

「初対面ではあつたが、私達三人の法友は、紹介者ストラウスの因縁によつて、一見旧知の親しさであつた」（『法衣の密使』）

と、遺稿集の中で続けている。

井川の前に突然現われたドラウト、ウォルシュ両師は、初対面であったためか、

「伝道区の布教状況視察のために来日した。年内にはフィリピン経由で米国に帰国する予定である」

などと告げたのみで辞去していった。

そして、十二月十一日午後、今度は井川がウォルシュ、ドラウト両師の宿舎である帝国ホテルを訪ねてみた。ところが、その時であった。両師から予想もしない相談を受けて彼は吃驚する。二人の聖職者は、日米国交回復問題を解決するために来日した、そう告白したからだ。

「一見何の変哲もない両神父の法衣の袖から披瀝されたものは、衣の下の鎧ではなくて、後に日米交渉の基礎事項となつて、外交史上永く明記されるべき、『日米諒解案』の根本草案であつたのである」（同右）

井川は、右のように遺稿集に記している。これからすれば、東條内閣の外相東郷茂徳が担当し、米国務長官からハル・ノートを受けることで失敗した日米交渉案とは、両師から井川に提案された「日米諒解

案」で始められたことになるのである。

しかしながら、外相東郷茂徳は井川の書が出る一年前、一九五〇年七月二十三日に死去していたため、日米交渉の本質が分からないままこの世を去っていたと言えよう。

ホテルの部屋では、ドラウト神父が井川に草案を説明した。同神父が作者だったからである。その内容は、

一　米国から見る世界情勢
二　米国の対日政策
三　日米経済提携の提唱
四　日米首脳者会談の提案

などの四項目に分類されるもので、それらこそが、「第二次近衛内閣において開始された日米交渉の基礎事項となった『日米諒解案』の根本構想ともいうべきものであった」（『「井川メモ」の全貌』）

日米経済提携、さらに、日米首脳会談の提唱などは、近衛首相が切望していた提案であり、実際、近衛・ルーズベルト日米首脳会談は、近衛内閣が倒れる寸前まで望んでいた提案事項だった。

井川自身も、日増しに険悪化する日米関係を憂慮しており、「私なりの構想を抱いて外国通信や、外人との交際の間に日米関係打開の途を策案し、それを時の要路に進言していた」（同右）

そのような時、ニューヨーク在勤中に世話になった国際投資金融家のルイス・ストラウスが、ドラウ

ト神父を彼のもとに紹介して寄こした。井川としては、ストラウスの考えている「背景には、善意の含みが察せられた」（同右）
そう捉えたのである。

金融投資家ストラウスの正体

このストラウスこと、ルイス・リッチェンスタイン・ストラウスは、ユダヤ系アメリカ人で、一八九六年ウエスト・バージニアに生まれている。彼の祖父が反ユダヤ色の強いドイツから米国バージニア州に移住して小売商を営んだため、父親も祖父の商売を継いでいた。そして、彼が四歳の頃、同州リッチモンドに移り住んだ。こちらの方がユダヤ人に寛容だったからである。しかし、ストラウスが高校生の頃、家業が傾いてしまったため、大学進学は出来なくなった。そこで、ボランティアの仕事でもと考えていたおり、ユダヤ信仰に篤かった母親の勧めで、ワシントンにあったユダヤ人難民を救済する「ユダヤ人合同配給委員会」、略称「ジョイント」という組織に携わることになる。

ジョイントとは、ヨーロッパから追われていたユダヤ人を米国に移民させるNGO組織であった。生命、全財産をかけて米国に逃れたいユダヤ人を支援する危険な事業であったため、これ自体が大きな産業になっていたのである。そして、このジョイントのドイツでの代表者がフェリックス・ウォーバーグという人物で、彼はニューヨークの国際金融投資会社クーン・レーブ商会のパートナーも兼ねていた。

このドイツ系ユダヤ人救済NGOで働いていたストラウスは、やがてウォーバーグから評価されて、クーン・レープ商会に採用されることになったのである。そして、ストラウスは同商会でウィリアム・ワイズマンとも知り合い、後にパートナーに昇進したのであった。

ストラウスは、ヨーロッパから逃れてくるユダヤ難民を受け入れてくれる国との交渉に従事していた。ところが、一九三九年九月頃になると、状況が急変してきて、ナチス・ドイツのヨーロッパ占領を打ち負かさなければ、ユダヤ人難民の解決はできないと悟り、ストラウスは、ワイズマン、ドラウト神父らとヒトラーへの対抗策を話し合っていたのである。

全ヨーロッパを征服地としていたヒトラーにとり、当時英国だけが残されていた。しかし、その英国ももはや強国ではなく、英国が存続するためには、米国が参戦して英国を助けてくれることが絶対に必要であった。ところが、ドイツは、その米国に参戦させないように日本と三国同盟を結んだのである。日本が米国に軍事的圧力を加えて、米国を動かせなくさせている間に、ドイツ軍は孤立状態の英国を制圧してしまうという計画である。

このようなことから、英国を救うには、日米が衝突するような状況は絶対に避けなければならないことも分かってこよう。実は、これこそワイズマンの考えであり、ストラウスの同胞ユダヤ人をヒトラーから救える方法でもあった。だから、彼らの意を受けて来日したドラウト神父からも「日米首脳会談」構想という提案が出されていたのである。その対日作戦は、日本側にとって分かりやすく、乗りやすいものであった。

そして、日本側がそれに乗ったなら、時間稼ぎをしながら、引き延ばし作戦を行う、それだけで良いのである。このような状況を作ってしまえば、あとは米国を英国支援する環境に引き込むだけである。

そうした中で、日々人の心を読み、東洋人の心の琴線に触れ、彼らを改宗させてきた神父が、日本に送り込まれた。それも、ルーズベルト米国大統領の代理であると装って、である。

井川は、ウォルシュ、ドラウト両師を、日本政府、陸海軍首脳へ紹介し始めた。

両師のことをルーズベルト大統領の使者であると彼が紹介した相手には、近衛首相、松岡外相らもいた。

一九四〇年十二月十二日、井川は近衛文麿総理にこう説明していた。

「拝啓（略）ドラウト氏と昨日第二回の会談仕候処、（略）同氏は（略）結局日米会談開催の可能性に関し日本側の空気を打診することを当面の目的として来朝せしものに非ずやと被存候。一、来朝に先立ちルーズベルト大統領と連絡を取りたると信ぜらるる口吻あること」（『井川忠雄　日米交渉史料』傍線筆者）

そして、その二日後、井川は近衛総理にドラウト神父の草案覚書を送付するが、その際にも、

「右書面は同師一人の作に非ずして相当の背景あるに非ずやと想像せられ候」（同右）と、ルーズベルト大統領の存在を繰り返していた。そのため大橋忠一外務次官は、

「両師は又日本に出發する前に大統領始め米國政府當局とも話合つて來たとも言つた」（『太平洋戰爭由来記』）として井川の話を信じていたのである。

日本の外交は、総理大臣、外務大臣、特命全権大使などが担当しているが、そうではない者も外国の大統領や首脳と会ってから帰国し、それを政府がバックアップすることも歴史上あった。ドラウト神父らも、宗教者でありながら、米国の代表責任者と関係があるかのように装って来日し、日本の要人と接触し

帰国をしてから米国大統領の承認を取り付ける、このような手法で動いていたのである。題目も、日米首脳会談と日米経済提携という対日和平交渉であったため、日本側にとって簡単に拒絶できない提案だった。

松岡外相の本音

ドラウト神父は近衛総理や松岡外相との会見を望んでいた。当時近衛政権は、蒋介石の中国国民党軍との紛争状態の打開を模索していた。井川はそんな近衛総理に、対中紛争解決のためにドラウト神父が提案している日米首脳会談を行い、米国を日本と中国との仲介役にすれば、日支事変の問題も解決すると説明したのである。

日独伊三国同盟を結んだ松岡外相も、ドイツに好意的かといえば本当はそうではなく、警戒さえしていた。もともと彼は一三歳の時に渡米し、その後は皿洗い、行商、伝道師助手などさまざまな経験をしながら米国の大学を出た苦労人であった。松岡の長男謙一郎も、

「父は十代のはじめにアメリカへ渡り、アメリカ人の家庭に住み込んで皿洗いをしたり、労働をして向こうの大学を卒業しています」（『文藝春秋』一九八九年九月号）

と語っている。朝四時半ごろに起きると八時まで家事を手伝い、それから食事をし、学校に行く。三時に帰ってきて、畑仕事や掃除、食器洗いなどをしてから自分の夕食となり、その間寸暇を惜しんで勉学に勤しんだ。そうした努力をしつつ、彼はオレゴン大学法学部を次席で卒業する。そして、九年後に、母屋を人手に渡して隠居所で暮らしていた母親を案じて、山口県熊毛郡室積町に帰郷した。彼は、在米中、

週に一度は母宛の手紙を書いており、母を安心させたいと願っていた。そこで、帰国後、独学で外交官試験の準備をし、受験したところ、首席合格を果たし、外交官の道に進んでいたのだ。後に近衛首相に請われて外相になった松岡は、米国人に対しては次のような信念をもっていた。

「野中の細い一本道を、君がこっちから歩いて行くとする」

松岡が語っていた米国人観を、彼の長男が次のように述べている。

「アメリカ人が向こうから歩いて来て睨み合いになり、お互いに譲らない。しびれをきらしてアメリカ人は、君のことを殴ってくる。そのとき横によけて道を譲ったら、次からはものも言わずに殴ってくる。それが一番の解決方法だと思うわけだ。

しかしながら、アメリカ人と野中の一本道で最初に出会ったときに、反撃して殴り返しておけば君のことも人間だと見直し、その後は刎頸（ふんけい）の友になる機会ができてくる」（同右）

大橋外務次官は、ウォルシュ、ドラウト両師の希望を松岡外相に報告した。すると、松岡洋右外相は、ドラウト神父の希望を受け入れ、十二月五日に面会した。その際に、ドラウト神父は日米会議開催の必要を述べてから、「松岡外相に対しては予めドラウト氏の準備せる日米会議案に関する書面を提出」（『井川忠雄　日米交渉史料』）したという。それは、

Working analysis of our (Japanese) position & policy in the Far East, with particular reference to United States（「米国に特に関係する、極東における我が（日本の）立場と政策についての実務分析」）と呼ばれる長い題名の覚書で、ドラウト神父が米国で書き上げて日本まで持参してきたものであった。

井川は、ドラウト神父が持参した右の覚書について、

「ドラウト氏が自己を仮に日本人の立場におきて執筆したるもの」（『近衛資料』）と説明している。つまり、その覚書は、米国人であるドラウト神父が、自らをわざわざ日本人という立場に置き換えて作った日米国交案であった。

井川は、十二月十一日、帝国ホテルに両師を訪問した際、予期していなかった日米国交案を打ち明けられ、ドラウト神父が書いたその覚書を手にしたのである。彼は十二月十四日、近衛首相に次のように報告していた。

「前略　一昨十二日御内報に及び候件（略）ドラウト氏より同日の談話要旨の補足とも見るべき書面別紙写の通送付し来り候条（略）

右書面は同氏が自己を仮に日本人の立場に置きて執筆したるものとのことに有之候（略）

右書面は同氏一人の作に非ずして相当の背景に非ずやと想像せられ候。先は右供覧迄（略）」

（『井川忠雄　日米交渉史料』傍線筆者）

しかし、ドラウト神父は何故に米国人である彼自身をわざわざ日本人に入れ換えるような覚書を作る必要があったのか――。同神父が聖職者であることから、米国人の敵である日本人の立場にあえて置くことで両国の和平を考えようとしたのであろうか？

そうではない。英国情報部元米国代表ワイズマンと連携していたドラウト神父は、右の草案を対日・対米への両面工作に使うことを考えていたのである。先ず米国出国前に、日本側に受け入れられるような覚書を作る。そして、訪日中は、政財界、陸軍関係者に会って、持参した覚書の内容を再調整する。そして、それを米国に持ち帰り、この覚書は日本側から提案された「日本案」であるとしてルーズベルト大統領に面会して直接提出する。

そして、これをルーズベルト大統領とハル国務長官が「日本案」として受理するなら、同案は日米交渉でも使ってもらえる——、そう考えていたのである。

とにかく、日米間で交渉のようなものを始めれば、日本側は動き出す。日米交渉は合意を前提にするものでなくても全く構うことはない。外交交渉はこじれてしまうくらいがかえって一つの勢いが生まれてくるから好都合、と考えていた。

ドラウト神父は、日本を日独伊三国同盟から離間させることを狙っていた。そのために、同神父は松岡外相にも工作活動をしていた。その一例が、新駐米大使として離日する野村吉三郎大将送別会で、一九四〇年十二月十九日、ウォルシュ・ドラウト両師が、大橋次官を訪れてきた。そして、鞄から書類を出したドラウト神父は、同次官に、

「野村大使送別會の際、松岡外相より是非この通り挨拶して貰いたい」（『太平洋戰争由來記』）と、一国の外務大臣に持参の演説草稿を押し付け、「日米國交を調整する為にはかように呼び掛ける必要がある」（同上）と付け加えたのである。

大橋次官は、聖職者のそんな態度に不愉快ではあったが、松岡外相にその演説草稿を渡したところ、松岡外相は少し読むとすぐに放り投げた。

松岡は英語の達人でもあったので、そのようなものを信用するはずはなかった。それでも、両師は十二月二十三日、千駄ヶ谷の松岡邸に招待され、昼食会に加わった。その日は井川忠雄、外務省の若杉要ニュ

ーヨーク前総領事、沢田節蔵前ブラジル大使らが同席した。その翌日十二月二十四日、井川は近衛総理に次のような書簡を送っていた。

「拝啓（略）別紙の如き内談有之候。之に依れば同師らは松岡外務大臣閣下の御款待（ママ）に大に感激し、（略）帰米の上は直ちに同師等の抱懐する日米親善工作に着手する決心を固めたるものと被存候条」（『井川忠雄　日米交渉史料』）

そこには、訪日中の両師の収穫が予想以上だったことが述べられていた。そのため、ウォルシュ司教はドラウト神父と帰国し、ルーズベルト大統領や政界有力者に働きかけて所期の目的達成をめざすとの決意も明記されていた。

井川はさらに、ウォルシュ司教が松岡外相から受けた歓待に「大に感激し」たとも記していたが、ウォルシュ司教は、その後、極東国際軍事裁判（東京裁判）で、

「在京中私達は時の外務大臣松岡氏から、日本政府が和平協約の交渉をしたい旨の伝言をワシントンへ持って行って貰へないかと訊かれました」（『戦争裁判速記録』三一二号）

と、ありもしない虚偽証言をしていたのである。

井川忠雄元財務官の役回り

ドラウト神父は、ストラウスから紹介された元大蔵省財務官井川忠雄を使って、日本の指導者たちに

接触する。井川は米国人の妻を持つ弁の立つ人物で、近衛総理とは一高の同窓でもあった。そんな彼が、ルーズベルト大統領という名を出し、その米国人密使が表敬訪問を希望している、そう申し入れると、日本のどんな機関も迎えてくれた。

年も押し迫った十二月二十六日、井川は、三宅坂の陸軍省を訪れていた。正面玄関を入り二階に歩を進めると、軍務局のドアを開けて、軍務局長との面会を求めたのである。すると、軍務局軍事課長の岩畔豪雄大佐が応対に出てきた。井川はこの日に会った岩畔と数カ月後にワシントンの日本大使館で働くことになる。

岩畔大佐は、一九二六年に陸軍大学校を卒業すると陸軍省整備局に配置され、一九三二年に満州事変が一段落していた支那大陸に向かい、経済参謀兼特務部員として満州国の産業・経済の育成に当たっていた。新国家満州国は、独立国家に相応しい組織の整備と産業の育成が急務だったからである。

「軍の中では特務（経済関係の　註）というのがあって、ここに専門家がおるわけです。参謀としてはそれを全部ぼくが統べる格好になっておりますから満州国の内面指導というのはぼくがやっていた」（『昭和陸軍参謀秘史』）

関東軍は機密費三〇〇億円（一九六七年時の計算による　註）を持っていた。岩畔はその機密費を使って、岸信介、星野直樹、椎名悦三郎らと交流しながら満州国家整備に当たったたという。

そして、一九三六年八月、彼に陸軍省兵務局員という命令が下されたため、三宅坂の本省に戻ってきた。主務は憲兵隊業務、警察、防諜関係で、彼はここで情報畑へ転じることになったのである。参謀本部は第三部までであり、第一部は作業立案をして軍隊を動かす部、第二部は情報部門を担当し、第三部は満州国の政治経済の担当であった。翌一九三七年十一月、岩畔は参謀本部第二部第八課に移った。参謀本部第二部に配属された岩畔は、防諜、諜報に専念することになったのである。第二部は、ロシア情報、英米情報、それ以外のヨーロッパ諸国情報、支那情報を担当する班に分かれていた。岩畔は、その第二部で、防諜・謀略関係の近代化、科学化を一層図ろうとしたところ、これが評価され新しく第八課が作られ、彼は謀略主任になったのである。岩畔は、謀略を近代的にして、

「ほんとうの（謀略の　註）専門家を作る必要がある」（同右）

そう考えていた。そこで岩畔は、諜報、謀略を専門とする「後方要員養成所」というスパイ養成校を九段に作ったのである。同養成所は定員二〇名だったが、志願者は六〇〇名も集まった。岩畔は入試問題作りや口頭試験の試験官もした。

一期生を出す頃、彼が作った養成所をさらに大きくするよう要望が出たため、後方要員養成所を中野の電信隊跡に移すことにした。しかし、移設に当たり、養成所の内容を知られないように、地名を借りて中野学校としたのである。

岩畔がそのようなスパイ養成校設立を思い立った動機は、

「戦争というものは、（略）武力以前の問題で勝負がつくのではないだろうかという感じを昔から持っておった」（同右）

からであった。岩畔は、中野学校だけでなく、偽造パスポート、偽造紙幣、石灰に模した爆弾、自動車に仕掛ける時限爆弾、水中を渡る装備などを開発する謀略資材研究所も創った。偽造紙幣は、米国紙幣、

支那紙幣などを製造し、実際に撒いたという。

岩畔は一九三九年二月に軍務局軍事課長に昇進した。ところが、彼はその後も第十一研究所を作っている。それまで毒ガスは科学技術研究所が、大砲・兵器は技術研究所が扱っていたが、大砲・兵器・毒ガス部門をばらして十一の研究所にし、第十一兵器本部に統合させたのである。すでに述べたが、彼は、戦争は「武力以前の問題で勝負がつく」と確信しており、そんな彼が目指していた謀略の第一目標とは、「敵の中に相手方（仲間　註）を作ること」であった。陸軍省で井川の前に現われた岩畔大佐とは、このような人物であった。


陸軍省を訪れた井川は、そんな岩畔大佐に、近衛総理の勧告で来訪したと告げた。一方、応対した岩畔大佐は、彼の著書『昭和陸軍謀略秘史』に、井川が、

「私（当時陸軍省軍務局課長）を訪れて、両牧師（原文ママ）のことを述べ、両牧師を陸軍首脳部に引合すことを依頼した」

と明記している。この日、井川は岩畔大佐に訪日中のドラウト神父、ウォルシュ司教の希望を述べ、同局首脳との会見を求めたが、岩畔は日本では両師と会わなかった。しかし、岩畔はこの日が、彼が日米交渉に初めて関与した瞬間だった、として次のように述べている。

「井川君は、近衛総理の勧告に従い〝陸軍の意向〟を打診するため、十二月の初め、私（当時陸軍省軍事課長）を訪ねてきた。そして両牧師（原文ママ）のことを述べ、二人を陸軍省首脳部に引合すことを依頼した。私が日米交渉にタッチしたのは、このときが最初である」

（「平和への戦い」『文藝春秋』一九六六年八月号）

そして、岩畔大佐が井川の要望を軍務局長武藤章少将に伝達すると、武藤は両師との面会を引き受けた。

軍務局は、政府と統帥部との連絡会議、御前会議の幹事として、国策および戦争指導の枢機に参画し、陸軍省で軍隊の中枢の働きをしていた。

武藤軍務局長はドイツ留学経験のあるエリート軍人で、その時の彼の関心事は、「支那事変の速急なる解決と、これがための国体態勢の強化」（『軍務局武藤章回想録』）であった。

日支事変は、井川が軍務局に武藤章同局長を訪れるわずか三年前、一九三七年七月盧溝橋で日支両軍が衝突したことで口火が切られていた。そして、支那事変はその後、泥沼状態に陥っていた。当時、参謀本部課長だった武藤は、一九三九年三月少将に昇進、九月に軍務局長に転任していたのである。

武藤は、日支事変について次のように捉えていた。

「真の原因は支那の国権回収、失地回復の民族運動と日本の大陸発展の衝突であって、実は大和民族と支那民族との民族的抗争と見るべきものであった。

日支事変の本質的性格が以上の如きものであるならば、これが解決は偉大なる政治的決断を要し、外交的に妥協の途を講ずるかないしは武力による決定を与えねばならなかった」（同右）

これからも明らかなように、武藤軍務局長は日支事変は外交での解決が望ましいと考えていた。そのため、岩畔大佐からウォルシュ司教、ドラウト神父との面会を伝えられると、これを受け、十二月二十七日午後に会談が決められた。

そして、両師が再び陸軍省にやって来た。その時に武藤軍務局長を補佐していた石井秋穂軍務課長は、武藤が両師の「構想を聴取し、彼等の構想に原則的に同意すると答えた」「昭和十五年末、ウォルシュ、ドラウトが武藤を訪ね色よき感触を得たことは間違いない」（『石井秋穂の手記』）

こう書き残していた。

武藤にも、ドラウト神父の構想である日米交渉に、ルーズベルト大統領も原則的に同意している、と井川から伝えられたこの一言は説得力があったはずである。さらに、米大統領の側近もそれを共有しているとなれば、武藤が原則的にその構想に同意しないはずはなかった。

ところが、ルーズベルト大統領の方はといえば、ウォルシュ、ドラウト両師とは、その時は全く面識さえなく、従って彼らの訪日のことを知る由もなかった。

井川は、ドラウト・ウォルシュ両師の帰国日の二十八日を控え、築地の一旗亭で送別会の席を設けた。ドラウト神父は、来日してから知り合った井川の能力と活躍を評価し、米国まで一緒に連れ帰る考えだった。しかし、同行は出来ないことを知ると、二人は暗号の取り決めを交わすことにした。

その暗号は、①日米交渉見込みなし（difficult）②各方面順調に進行中（good）③大統領考慮中（satisfactory）④準備完了（complete）というものであった。

「両師は歸米後、アメリカ政府の有力筋と連絡、打合せた上、その工作の進行状況を、以上の四箇の暗号によつて、私宛に打電して來る。私はそれに従つて、日本側を工作するという密約である」（『法衣の密使』）

十二月二十八日、帰国に先立ちドラウト神父らは近衛文麿宅を訪問したが、総理が不在で会えなかったため、横浜にそのまま直行して午後三時、「新田丸」に乗船しサンフランシスコに向かった。

野村海軍大将と岩畔陸軍大佐の対米シフト

武藤軍務局長に両師訪問をつないだ岩畔大佐は、この時の日本の国内情勢について、
「当時日本国内の対米世論は（略）硬化しつつあったが、政界、陸海軍（略）には対米国交調整を希望する者がまだ残っていた」（『岩畔豪雄談話速記録』）
と述べていした。そうしたことから、日本政府は駐米大使に、前外務大臣の野村吉三郎海軍大将を任命た。海軍省は日米開戦には非戦という立場であった。その非戦派の海軍大将で、かつて武官として駐米中、当時の海軍省次官で現大統領ルーズベルトと親しく交流したことのある野村を駐米日本大使として赴任させることは、「近来に無い名人事と噂された」（同右）と、岩畔も肯定的に捉えていた。

ところが、その新駐米大使野村吉三郎が、陸軍省に阿南惟幾次官、参謀本部に杉山元総長を訪れて来て、「『日支事変の経緯に精通している将校を、駐米大使の特別補佐官として派遣せられたい』と申出た」（『平和への戦い』）のである。

すると、野村新駐米大使の申し出は武藤軍務局長のところに降りてきた。
「野村大使の希望として陸軍からも誰か適当な人を随員に出してくれとの事であった。私は私の部下軍事課長岩畔豪雄大佐が適任であろうと推薦した」（『軍務局長武藤章回想録』）

このような経緯で、岩畔豪雄大佐が、陸軍省軍務局御用掛として採用され、野村大使の特別補佐官として随行が決ったのである。岩畔への特別補佐官の内命は一九四一年二月五日で、彼はその一カ月後、三月六日に龍田丸で出発することになった。

岩畔豪雄大佐の特別補佐官内命には井川も喜んだ。井川の渡米の方は、一週間後の二月十三日に迫っていた。そこで、岩畔大佐は、

「井川君と二度会見し、（略）通訳を依頼すると共に、『日米国交打開の良策があれば大に協力しよう』（『アメリカに於ける日米交渉の経過』岩畔豪雄）

そう互いの協力を約した。ただし、岩畔自身はその時点で、「ウォルシュ・ドラウト両牧師の構想の詳細を承知していなかった」（同右）。とはいえ、岩畔は、「井川君が両牧師から聴いたところによると、彼らの構想にはルーズベルト大統領も原則的に同意している」（「岩畔豪雄氏談話速記録」）、このように理解していた。つまり、井川も岩畔大佐も両師から騙されていたことになる。

井川の米国出発は二月十三日であった。彼は、これまで座っていた産業組合中央金庫の机で執務するのも最後と思い、机上をさっぱりと片付け、同金庫理事長に挨拶をした。そして、誰にも気付かれないように氷川丸の一般船室に入ると、バンクーバーに向け出帆した。

第三章 動き出した対ルーズベルト工作

大統領側近F・ウォーカーという男

「彼らは二人とも非常に有望だと考えた結果をたずさえて、一九四一年に入ってからアメリカに帰ってきた」(『真珠湾から核実験まで』)

ドラウト神父に紹介状を持たせて日本に送り込んだユダヤ人金融投資家ルイス・ストラウスは、ウォルシュ司教とドラウト神父が「船からあがるやいなや、私に電話をかけてきた」(同右)、と述べている。

日本滞在中、両師はルーズベルト大統領の意向を受けて来日した密使である、そう日本側には思われていた。ところが、実際には彼らはルーズベルト大統領と一面識もなかったので、船から上陸するとすぐにルーズベルト大統領に面会するべく行動を起こした。ルーズベルト大統領に面会できなければ、彼らの計画は完全に失敗となってしまうからである。

米国の土を踏んだばかりのドラウト神父はストラウスに、今度は、ルーズベルト大統領への紹介を依頼した。しかし、ストラウスは共和党員であったため、民主党のルーズベルト大統領には頼みづらかった。そこでストラウスは、両師にサンフランシスコ郊外に住んでいたフーバー前大統領に会い、彼から紹介してもらうよう伝えた。そこで、両師はフーバー前大統領に会ったところ、ルーズベルト大統領ならフランク・ウォーカー郵政長官を通すのがよい、ウォーカー長官はカトリック信者で、ルーズベルト大統領の選挙参謀だから最適だと助言された。

ルーズベルト大統領政権で郵政長官を務めていたフランク・ウォーカーは、インディアナ州にある彼の母校ノートルダム大学に当時の資料を寄贈していた。そこで私は、同大学図書館にアクセスし、「ウォーカー文書」を入手した。それを読むと、ドラウト神父とウォーカー郵政長官は以前から知り合いで、同神父が日本に出発する前日の十一月八日に、フランク・ウォーカー長官に次のような手紙を書いていたこともわかった。

「ウォーカー様

昨今の日本政府の政策により、両国の人々の間で敵対感情が高まっています。その結果、問題が起きて、日本帝国におけるカトリック伝道の障害となっております。そうした原因の除去を望むのは困難でしょうが、それでもその改善を試したく、メリノール会の上司ウォルシュ司教と私は、明日、日本に出発いたします」(「ウォーカー文書」筆者訳)

さらにドラウト神父は、ウォーカー郵政長官に訪日を知らせる手紙の中で、松岡洋右外務大臣への紹介状をも依頼していたのである。しかし、日本の外務大臣への紹介なら、米国の国務省に対応してもらうのが自然である。同じ宗派だからというだけで郵政長官がハル国務長官に無断で日本の外務大臣に紹介状など発行できようか。さらに、その依頼日が、ドラウト神父が日本に出発する前日であることを考えても、紹介状を持参させることはほとんど不可能である。何故ドラウト神父は、そのような無理筋の要請をウォーカー郵政長官にしていたのか――。

それは、自分たちの日本訪問計画を知らせつつ、日本で松岡外相に会えた暁には、帰米後直ちにウォーカー長官に接触ができる状況を作っておこうと考えていたからであろう。そして、その際に大切になるのは、ドラウト神父が、ウォーカー郵政長官にどんな土産話を伝えるか、ということになろう。というのも、両師が伝える内容が特別重要であれば、同長官はルーズベルト大統領に彼らとの会見をよろこんで設定してくれるからである。

ドラウト神父がルーズベルト大統領に伝えようとしていた内容は、十二月二十三日、松岡外相邸に招かれた会の後、日米関係の話に花が咲いて、いよいよ両師が松岡邸を辞去しようとした時、松岡外相が、「ウォルシュ司教とドラウト神父に、ある書簡を米国まで持っていってもらえないだろうか」（同右）そう頼んだというものである。その松岡の依頼について、ウォルシュ司教は極東国際軍事裁判の場でも次のように証言していた。

「一九四〇年十一月下旬、メリノール会故ジェームズ・ドラウト神父と下記署名者（ウォルシュ司教のこと　註）は日本におりました。東京滞在時でしたが、われわれは外務大臣の松岡氏から、日本政府が和平合意の会談を希望する、というメッセージをワシントンまで持っていってくれないか、と頼まれました。私の記憶では、松岡氏は合意の条件についてははっきり示していなかったように思います。

しかしながら、われわれは、他の役人や代表者たちから、日本政府は、基本的条件として、
① 枢軸国への参加について、公然とはしないが、これを無効とすることを保証する
② 中国からは全軍隊を撤退させ、中国を地理的・政治的に完全な状態に復活させる
このように伝えられました」(Affidavit of Bishop James Edward Walsh International Military Tribunal For The Far East 筆者訳)

ウォルシュ司教は、松岡外相が、両師にワシントン宛のメッセージを直接託した理由は、電信によるメッセージが他国に傍受や暗号解読されないようにするためだと説明していた。

「ウォーカー文書」も、

「ウォルシュ司教とドラウト神父は、そのメッセージ書信が、本当に近衛総理からのものであるなら、という条件で運ぶことを同意した」

と記していた。

ウォルシュ司教は証言台で、松岡外相が言及したという日米の和平提案について、

「その提案については、総理大臣(近衛公)も同意したものでした。そのため、もし私たちがワシントン行きを引き受けるなら、離日前に総理大臣との面会に連れていく、と言われたのです。そして、その計画案を、ドラウト神父と私がワシントンまでもっていってくれるなら、計画の確実性がさらに増すと伝えられました。

ドラウト神父と私は、ためらいながら米国に帰る船の予約をすることにしました。一九四〇年十二月二十八日、横浜出航予定のものです。乗船(略)前日の夜、私たちは総理の東京事務所に案内されて訪ね

たところ、総理は外出しておりましたので、翌日（十二月二十八日）総理に会えないまま、新田丸に乗船し出航したのです」

このように証言している。

しかし、ウォルシュ司教は、証言台で松岡外相から条件付きで預かったという近衛総理からの書信をルーズベルト大統領に提出したとは証言していない。それは当然で、実際のところ同書信は実在しなかったからである。詳細は、後に記すように両師らは、米国に帰着後は近衛総理から書信を託された使者であると公言して、大統領との面談を取り付けたかったのである。

ドラウト神父とウォルシュ司教は、ルーズベルト大統領との面会を取り付けるべく、ウォーカー郵政長官に会うため、一九四一年一月十三日、ニューヨークに戻ってきた。

「米国に到着すると、ドラウト神父は国務省のグレイ氏に電話を入れ、それからJ・ケネディ氏と大統領との面会の件で話をしました。ウォルシュ司教の感じでは、ケネディ氏がウォーカー氏に連絡を取るよう教えたようです。そこで、ドラウト神父が一月十六日、ウォーカー氏にニューヨークから電話を入れ、その数日後、ウォルシュ司教とドラウト神父は、ワシントンでウォーカー氏と会ったのです」（「ウォーカー文書」CWLK123/32）

「ウォーカー氏が両師の任務とその目的をはっきり理解すると、彼は両師のことをルーズベルト大統領とハル国務長官に伝え、話し合いをしました」（同右）

その話し合いの結果、

「大統領は、ホワイトハウスで両師と面会することを受け入れ、(一月二十一日か二十三日)、二人の修道士、ハル長官そしてウォーカー氏が出席することになりました」(同右)

「ウォーカー文書」は、

「近衛公からルーズベルト大統領に宛てられた書信の主旨は、ドラウト神父が用意した『極秘覚書』の中で要約されている」

と続けている。しかし、右の説明を読むと、次のような疑問が出てこよう。

両師は、松岡外相邸を訪問した際に、近衛の書信をワシントンまで運ぶよう依頼されたというが、それなら、彼らはドラウト神父が用意した「極秘覚書」などではなく、近衛書信をルーズベルト大統領に渡せば良かったはずだ――と。しかし、これこそが彼らの考えていたトリックであり、そのために、「ルーズベルト大統領への極秘覚書」という文書を提出したのである。この文書はウォルシュ司教が提出していたために「ウォルシュ覚書」(『日本外交史』第23巻　以下日本外交史と表記)などと命名されているが、実際はドラウト神父が、前年十二月に帝国ホテルで井川に渡したものとほぼ同じものであった。

日米による対独包囲網戦略

具体的には両師は一九四一年一月二十三日、大統領執務室において、大統領に、近衛書信ではなく、ドラウト神父の手による「ルーズベルト大統領への極秘覚書」(Strictly Confidential Memo For President Roosevelt, January 23,1941 CWLK123/32 Frank Walker Papers, University of Notre Dame Archives)

を提出して、それを説明したのである。同覚書の要旨は次のようになる。

「日本政府は公認はしていないが、ルーズベルト大統領の経済制裁と軍事政策が政治面で非常に成功しているため、今や日本は国際的立場を変えて、中国への政策を修正する用意があります。

日本政府の国内状況は、一九三二年のドイツ・ブリュウニング内閣に似ており、日本は、強硬派に国内の戦いで敗れるよりも、中国での戦いで負けるかもしれない。しかし、支那事変で敗退して米国と戦うという切迫した危機になってしまえば、過激な国家主義者が民間を完全支配下に置くことになります。こうした中、近衛公、松岡氏、有馬伯、武藤将軍等および天皇を含む保守派の要人が外交面で、安全な経済と国際的立場を確保できていれば、日本の国内世論はこれらの保守勢力を復活させるでしょう」

「日本の大多数は、米国の援助を必要としているが、それが得られないと国内過激派と中国の急進派が結びつく可能性があり、その場合、ヨーロッパの独ソ同盟に匹敵する結びつきになります。仮に三月か四月前に、日本が米国と建設的な協力関係が作れない場合、英国・ドイツのどちらが春攻勢で勝つかに関係なく、日中では強硬派が支配権を握ることになり、そうした事態になると、極東での連合国の動きは扉を閉ざされることになります」

「私たちは、日本の政府当局者が米国と親善を回復する可能性を切望していることを見てきました。ルーズベルト大統領の政策、地中海でのイタリア敗北のためなどで、われわれにとって有利な条件で、極東での状況を強固にできる機会ができています。日本は明らかに米国と協力する計画で動いており、松岡氏の十二月十九日の演説は、その意向を示したものと言えます。

日本は、三国同盟が公式かつ法的に破棄される前に、実質的に無効にされるべきと感じています。日本当局者は、(その準備を暗殺される覚悟してまでは認めませんが)次のような側面が受け入れられるなら、ドイツを米国に入れ替える用意があります」

ドラウト神父は、「ルーズベルト大統領への極秘覚書」で、日本が同盟国をドイツから米国に入れ替える側面について、Ⅰ法律、Ⅱ政治、Ⅲ経済　から述べていた。

Ⅰ　法律

A　日本政府は、欧州戦争が米国（より多くロシア）に波及するのを防ぎ、これにより世界平和が維持できるという考えから三国同盟を締結したという。ならば日本政府はドイツにも同じ考えを適用できる。つまり、ドイツが現在の戦局以上に戦争を拡大する場合、米国を介入させてドイツを脅すのである。（これによりドイツは対米宣告を思い留まるかもしれない）

Ⅱ　政治

A　米国は昨年十月に蒋介石から提案された秘密停戦協定に関して日支事変の和平合意を受認すること。これにより中国の政治・経済秩序が保証され、軍事的脅威もなくなる。欧州列強の中国支配が除去されれば、日中は中国・極東の共産主義に連携して対抗でき、現在ロシアを通して活動しているドイツを中国から追い出すことになろう。

B　極東モンロー主義の承認（略）

C　日英は揚子江貿易を再開する条約に合意した。これからしても英国は日米交渉に反対はしまい。

Ⅲ　経済

A　日本（そして日本と共に、極東）は、不本意ながら低水準な生産の商品経済に組み込まれようとしており、米国の援助がなければこれも避けられない。米国の支援は、政治的な合意が保証されて与えられるが、極東経済もそれによって根本から変わるため、ドイツ勢は商売ができなくなろう。（略）

B　日本は他の極東諸国と同じ扱いを受けるなら、門戸開放を完全許可して、米国と特定の基本商品、重機等の受け入れを許可する互恵貿易の条約に締結するであろう。（略）

ドラウト神父は、来日の際に持参してきた自らを日本の立場に置いて書いた覚書で、極東を日米で共同開発することを提唱していて、欧州諸国の帝国主義的な進出や共産主義に対する警戒を説いていた。

そして、右のような内容の覚書は、公式手段を使っての交渉は難しいので、大統領の代表者が日本側の支配層と極秘に合意をして既成事実を作るのが良策であると説明し、

「もしルーズベルト大統領がその可能性を求めるおつもりなら、私たちは、大統領の代理人になって喜んで協力する所存です」

そう付け加えていたのである。

ウォルシュ司教は、ルーズベルト大統領との面談について、極東国際軍事裁判（東京裁判）で、次のように証言していた。

「大統領と国務長官は、私たちがとった苦労に感謝を表すと、この問題を熟慮してみよう、と言いました。私は、この会見の後で、米国政府は直ちに日本の申し出を研究してみることを決定し、この件で日本政府の代表と会談に入ることになった、そのように考えます」

ルーズベルト大統領との会見がホワイトハウスで行われる数日前、ドラウト神父は井川に、二十日は「グッド」(順調に進行中)、二十一日は「サティスファクトリー」(大統領考慮中)という暗号電報を送っていた。そして、第三電でルーズベルト大統領との会談を知らせていた。すると、井川はこれを受けて、次のように返信した。

「ワシントンから悪いニュースが次々に伝えられてくる現時点で、貴殿よりの報せを受け、此の上もない朗報と心から喜んでおります。(略)

こんなに早く大統領との間にルートが開けたことは喜ばしい限りです。太平洋を囲む日米両国間に平和の礎が(略)実現することになればおそらく大統領と共に平和の努力をした崇高な貴師とウォルシュ司教様の行為は、歴史に書き残されることになるでしょう」

(Fr. James M. Drought Papers, Maryknoll Mission Archives 筆者訳))

井川は、早速、ドラウト神父からのルーズベルト大統領会見報告を近衛総理に電信した。

「拝啓

ドラウト神父より今朝左記の通来電有之候間不取及内報候。頓首 井川忠雄

記

二十四日午後三時五分紐育メリノール局発(間送電報)

二十五日午前五時五十五分東京局着
大統領往訪ノ結果有望進捗中、展開期待セラル」(『井川忠雄　日米交渉史料』)

井川はその後も、ドラウト神父からのルーズベルト大統領情報を近衛総理に届けていた。「これらについて、逐一連絡を受けるに及んで、近衛首相は井川に対して極めて好意的になり、その渡米にも同意するに至った」(『日本外交史』第23巻)

ドラウト神父とワイズマンが蒔いた種に、新芽が出始めたのだ。ドラウト神父はその時、どんな気持ちだったのか、その一端を示す手紙を、一九四一年二月三日、ルイス・ストラウスに送っていた。

「親愛なるルイス
私は最近ウィリアム・ワイズマン男爵と刺戟的な会談をしました。彼はそのことを絶対に貴殿に話されているでしょう。戦争に関して私たちは完全な感情統制を生み出さなければならないとする考えは広く宣伝されねばならないという信念をもちつつ、以前私が書いた記事を同封します」(Fr. James M. Drought Papers　以下「ドラウト文書」　筆者訳)

井川はドラウト神父に、軍務局軍事課長岩畔豪雄大佐がワシントンに派遣されることを知らせた。
「彼はおそらく三月三日にここを出発します。岩畔大佐は武藤将軍の右腕で、陸軍のいわゆる推進勢力の一人です。この重要な場面に彼が選ばれたことは、大変意義深いです」(同右)

岩畔大佐は、ウォルシュ司教やドラウト神父とまだ会っていなかった。英語が得意でない彼は、三月六日に日本から米国に出発し、ニューヨークで初めて会うドラウト神父と日本の将来を決する極秘プロジェクトに関与するのである。そして、上司の武藤章軍務局長にも無断で始めたというその活動は、やがて日本を米国との開戦に巻き込むことになる。

ワシントンからニューヨークに戻ってきたウォルシュ司教は一月二十七日、ウォーカー郵政長官に次のような書信を送っていた。

「親愛なるウォーカー氏
本日、私たちは、日本政府が同意している計画について、契約の話し合いのために信頼できる代表者を送る用意があるとの電信を受けました。選ばれた人物は、以前一九二二年の政府軍縮会議で活躍したとのことです。（略）
大切なことは、日本からのこの最新情報が、私たちが日本から出国前に議論した内容と一致したものであることです。（略）私は、ドラウト神父をワシントンに一週間ほど待機させてもらいお役に立てさせていただければと考えています。かの政府がはっきりと指示を出してきましたので、迅速に動くことが成功につながるものと思っております。（略）
私たちは当件につきまして、完全に貴殿の御判断にゆだねる所存です。そのようなため、貴殿の御意見は、書信ではなく、電話か電信でお示しいただければ幸甚です。
敬具　ジェームズ・E・ウォルシュ）」（「ドラウト文書」　筆者訳）

ウォーカー郵政長官は、右の書信をルーズベルト大統領に届けた。

その前日、ルーズベルト大統領は、ウォルシュ司教からの覚書（六十四頁参照のこと 註）を読み終えると、

「これは、先日、司教からわれわれに提出された覚書だが、どうしたら良いと思うかね？ ＦＤＲ」

(Foreign Relations of the United States Diplomatic Papers 1941 Vol. IV 以下ＦＲＵＳと表記 筆者訳)

というメモをハル国務長官に送っていた。


ここまでに分かったことは、次のようになる。

一 日米交渉の提案は、ドラウト神父、ワイズマンらによって始められ、ウォルシュ司教、ドラウト神父の訪日でそれが始動した。訪日中、ドラウト神父はルーズベルト大統領から遣わされたと公言し、井川忠雄を水先案内人にして日本の要人たちに面会を求めた。
二 ドラウト神父は、日本の要人らに、自前の日米交渉、日米首脳会談、日米経済連携の提案をしたところ、賛意を得た。
三 とはいえ、ウォルシュ、ドラウト両師は、ルーズベルト大統領に本当は会ってもいなかった。ところが、帰米後両師は、今度は近衛首相からの書信を持参しており、これを手渡したいと偽り、ルーズベルト大統領の閣僚である郵政長官を仲介人にしてホワイトハウスで大統領との面会を実現させた。
四 両師はルーズベルト大統領、ハル国務長官に面会すると、近衛書信を提出せず、その代わりに自前の

「ルーズベルト大統領への極秘覚書」を提出し、これを使って日本報告を行った。その際、日本側は日米交渉を協議するため、協議担当者をワシントンに派遣してくると伝えた。

五　ルーズベルト大統領とハル国務長官は、司教と神父の報告を信じ、純粋に個人という資格で日本大使館と連絡を取らせ、日本側の考えを文書にまとめさせてみようと決めた。

「ウォルシュ覚書」に否定的なハル長官

ヨーロッパは、英国を残してヒトラーの支配下に入っていた。ルーズベルト大統領としては、ヒトラー・ドイツが主敵で、英国が落ちれば、ヨーロッパは完全にヒトラーに管理されてしまう。そうなれば米国はヨーロッパの市場から完全に排除されるのである。このヒトラー・ドイツの破壊力を前にして、チャーチル首相はルーズベルト大統領に盛んに軍事支援を要望していた。しかし、ルーズベルト大統領はドイツを制圧したかったものの、ウォルシュ・ドラウト両師と面会した頃は、まだドイツ戦への準備が整っていなかった。米国民が戦争参加に乗ってこなかったばかりか、軍事面でもまだ準備不足だったのである。

ハル国務長官も、ルーズベルト・両師会談に同席した頃、次のように考えていた。

「一九四一年一月、米国政府の立場ははっきりしていて、日本は米国を標的とするヒトラー、ムッソリーニの同盟調印者であると見なしていた」

「日本が知らなかったのは、米国がどのような状況下になれば武力を行使するか、であった」（The Memoires of Cordell Hull　Vol. II The Macmillan Company 1948 以下 Memoires of Cordell Hull と表記）

ハル国務長官は、ルーズベルト大統領から受け取っていた「ウォルシュ覚書」への回答書を二月五日に提出した。

「ルーズベルト大統領宛　ワシントン　一九四一年二月五日
数日前、日本との関係改善を主題とする、ウォルシュ司教から貴殿に提出された一月二十六日付（正確には一月二十三日　註）覚書につきまして、注意深く検討致しましたのでここに詳しく評する次第です」（FRUS）

右回答書は、ハル国務長官名になっていたが、実際は親中国派のホーンベック国務省顧問が作っていた。そのため、

「現段階では、日本政府および日本人は（「ウォルシュ覚書」に記されているような　註）協定を受け入れる可能性はないと思います」（同右）

と、「ウォルシュ覚書」に否定的であった。理由は、

「提起されている計画が、実行性があると思えるものに乏しい」（同右）

ことで、例えば、

「『I　法律』について、（略）
日米合意がなされるなら、米国が欧州戦争で戦う勢力から攻撃を受けた場合、日本政府は、政治、経済、軍事的手段を用いて米国を援助するというが、私は日本がそうした一方的約束をするとは思いません」（FRUS）

としている。そして、「II　政治」についても、

「共産主義者を国内から一掃する件では、中国は、日本からの支援要請を日本軍による占領作戦の口実であるとしてこれを常に拒んでいるところです」（同右）

と、「ウォルシュ覚書」を批判していた。さらに、同回答書は、「ウォルシュ覚書」の提案について、「日本政府および日本人も現段階でこのような協定を受け入れるとは思えない」（同右）

と否定的に結論していた。

ウォルシュ司教とドラウト神父は、ルーズベルト大統領に、

「日米戦争の発生を防ぐため個人の市民としてできる限りの努力をしたい」

このように述べていた。しかし、ハル長官は、次のように記していた。

「カトリック僧たちが私たちに話してくれたことは、松岡外相や他の多くの日本の公的指導者が世界に宣言していたものとは根本から対照的であった」（「The Memoirs of Cordell Hull」）

このようなため、同長官は、「ウォルシュ司教とドラウト神父からの接触を、要注意をして見ていた」（同右）という。

しかしながら、「両師らが行った提案は、日本人高官の多くに受け入れられ、日本では賛同されたと主張」（同右）したのを受けて、ルーズベルト大統領とハル国務長官は、米国側としても、太平洋での戦争を避ける機会はおろそかにしたくないという意見で一致したという。そこで、ハル国務長官は、

「大統領と私は、ウォルシュ司教とドラウト神父に、完全に個人の資格ということで、ウォーカー郵政長官と共に日本大使館と連絡をさせて、日本側が考えていることを文章にまとめさせてみよう」（同右）

と決定し、ドラウト神父とウォルシュ司教に、ワシントンの日本大使館と非公式な接触を続けるよう要請し、両師とハル国務長官との連絡役は、ウォーカー郵政長官が務めることになった。

ウォルシュ司教は、一月二十七日、ウォーカー郵政長官に、

「本日、私たちは、日本政府が同意している計画について、契約の話し合いに信頼できる代表者を送る用意があるとの電信を受け取りました」(「ドラウト文書」)

と連絡をしてきた。信頼できる代表者とは井川忠雄のことである。

井川は、二月十三日、横浜港から氷川丸で出航した。二週間の船旅で、その間、彼はドナルド・スミスという米国商務官補と知り合いになった。ところが、そのスミス商務官補は、井川が語った話の内容を書きとめ、バンクーバーに到着するとハル国務長官に次のような報告を送っていた。

「バンクーバー、一九四一年二月二十五日

拝啓

私は、日本政府の任務を受けて米国に到着する井川忠雄氏について、横浜・シアトル間航海中に彼から得た情報を国務省へ注意勧告を申し上げます。手短ですが、井川氏は大蔵省官としてニューヨーク、ロンドンに駐在経験があり、大蔵副大臣を務め、日本の外国為替法の著書もあり、現在は産業組合中央金庫(日本国内預金で第二位)の社長であります。興味あることに、井川氏は熱心なキリスト教徒で、米国女性と結婚し、娘はコロンビア大学在学中です。このため、彼は米国の渡航目的を娘との面会としています。(略)

しかし、井川氏の話ぶりからするに、彼は『陸軍の推進力』の一人である岩畔大佐の訪問を準備する

ようです。井川氏は、同大佐は日本陸軍の全組織に支配力を行使できるため、陸軍の南進政策は大佐のワシントン訪問までは執行されないと断言していました。岩畔大佐の日本発は三月初旬で、井川氏は三月二十日に大佐とサンフランシスコで落ち合い、ワシントンまで同行するとのことです。大佐は、（略）非外交特権資格で六カ月間駐米します。大佐は、英語は話せず、日本語は別として仏語と独語のみわかります。
岩畔大佐は、日米関係を解決するため日本陸軍から明確な提案を持参すると思われます。推察ですが、井川氏と岩畔大佐は野村大使と共に活動するようです。さらに、彼らの任務には日本政府から裁可と賛意が出されているものとうかがえます。井川氏は、日本の国内勢力から支持を得ているため、米国との違いを解決する可能性について楽観視しています。（略）しかし、岩畔大佐の任務が失敗するようなことになると、日米間の和平の望みは無くなってしまうとのことです。（略）
国務省も、井川氏の任務について熟知しているものと思いますが、ご興味あるかと思い、バンクーバーから航空便で情報提出する次第です。私は三月一日にワシントン着します。国務省に直ちに御報告に参る所存です。敬白　ドナルド・W・スミス」（FRUS　筆者訳）

国務省は小さな省であった

「日本と米国との間で行われる交渉の取扱については、完全にハル国務長官の手中にあった」（「ウォーカー文書」）

ウォーカー郵政長官は、日本側との交渉は、ハル国務長官に一任されていた、と明記している。国務長官は、日本でいえば、外務大臣に相当する役職になる。ところで、米国務省が日本の外務省に相当する役所であると言うと、読者は一九四〇年当時も同省はきっと巨大な組織であったと想像されよう。しかし、現実は逆で、国務省在籍者はわずか二〇〇人ほどの小さな省であった。そして、中国課や日本課となるとさらに少人数になり、その職員はといえばプロテスタント牧師の子弟たちが多くを占めていたのである。

例えば、東京の米国大使館では、奈良教会牧師を父に持つユージン・ドゥーマン参事官が、日本情報を一手に引き受けて国務省に送っていた。そして、これをインド生まれの牧師の息子ジョセフ・バレンタインが受け、ハル国務長官に渡していた。しかし、ハル国務長官は日本のことに詳しくないため、日本側との交渉は、ジョセフ・バレンタイン参事官に担当させていた。バレンタインも米国のはるか彼方、インドのマハラシュトラ州ガンディナガールという町で生まれていた。やはりプロテスタント牧師の家庭で、その町には祖父の代にやってきていて、彼の父親は祖父から受け継いだ教会、病院、学校などをインドで経営していたのである。

プロテスタント牧師の子弟の多くは、幼少時代は両親のもとで育つが、十二歳くらいになると米国に送られ、大学卒業まで学寮で過ごす。彼の祖父母は自分たちでバレンタインの父親を教え、十二歳になるとアムハースト校に送り、そこを卒業させた。そして、米国からインドへ帰る途中のロンドンで、南アフリカで働いていた女性教師と巡り合って結婚し、ジョセフ・バレンタインが生を享けたのである。

祖父の代からインドにいたため、バレンタインは英語、ヒンディー、マラーティ、グジャラーティなど地方語まで話せた。さらに両親から個人指導を受けていたため、アムハースト校には飛び級で入学し、同校では英語とフランス語を専攻した。そして、卒業年度時に国務省外交官試験を受けると合格することができたのである。外交官の任地先として彼は日本を希望した。日本語は全く知らなかった。しかし、彼はインドの地方語まで話せたので、

「日本語だってゆで卵を作るくらい簡単にマスターできる」（The Reminiscences of Joseph Ballantine, Columbia University）

そう軽く考えていたという。彼はその後、日本に派遣され、早朝六時から英語が全く話せない侍の家に自転車で通って日本語を学ぶが、後に、彼はこの侍先生のことを自分の父親のように思うようになったという。彼はそれから広東、大連、瀋陽などの駐在を経て、ワシントンの国務省に戻されて勤務していた。

そして、一九四一年二月、今度は彼に重慶の米大使館への赴任命令が出たため、北京に家具を発送していた。ところが、そのような時、彼はハル国務長官に呼び出され、ニューヨーク出張を告げられた。バレンタインが同長官に、用件を訊いてみると、

「ウォルシュ司教が日本から米国との協議案を持って来た」（同右）

「彼ら（ウォルシュ司教とドラウト神父　註）は日本滞在中に井川という人物と話をした。その井川がニューヨークに到着するので、出迎えがてら彼と話をし、協定についてどんな考えを持っているか、探って来てくれ」（同右）

と言われたのである。

そこで、バレンタインはニューヨークに向かい、井川を待つことにした。

第四章 一民間人が背負った対米工作

「太平洋の橋渡し」を託された男

井川は、来日中のウォルシュ・ドラウト両師から、「太平洋の橋渡し」をするよう説得されると、「神の啓示を得たもののごときショックを受けた。私は両師に対し（略）渡米し、両師と協力、提携して挺身この難事に当たるべきことを告白」（『「井川メモ」の全貌』）していたという。

「産業組合中央金庫理事の職を擲つた私は、文字通り、一布衣として、密行者の如く、横浜解纜の氷川丸に身を投じた。時に昭和十六年二月十三日であった」（『法衣の密使』）

二月二十七日、氷川丸がカナダのバンクーバー港に着くと、井川はニューヨークに飛び、宿泊先であるバークシャー・ホテルに到着した。すると、ウォルシュ・ドラウト両師が井川を待ち受けていた。そして、そこで初めて井川は日米交渉の蔭の有力者の存在を打ち明けられ、その人物がニューヨークの私邸で待っているというので、三人はブロードウェー一六〇〇番地に向かった。その邸宅の扉が開き、井川は、陰の有力者に紹介された。フランク・ウォーカー郵政長官であった。井川は、この人物について、

「ウォーカー長官は、すでに民主党全国委員会財務管理人や、大統領執行評議会の書記長の閲歴もあり、

後には民主党全国委員会委員長の最高要職も占め、さながら民主党の幹事長の大物」「弁護士として、東部では著名な財界人でもある。莫大な年収を惜し気もなく振り捨ててこのポストについたのは、ルーズヴェルト大統領との特殊な関係による」（同右）

と説明している。そして、目の前に現れたウォーカー郵政長官こそがウォルシュ・ドラウト両師を日本に送り込んだ人物である、そう断定したのである。ウォーカー長官は両師と祖国を同じくするアイルランド出身で、宗教もカトリック信者だった。そんなウォーカー長官にルーズベルト大統領が日米交渉の裏方役を頼み、これを受けて両師がその使者として日本に遣わされた、井川はこのように結論した。ところが、事実は、ドラウト神父とウィリアム・ワイズマンが計画を練り、ルイス・ストラウスとウォルシュ司教の協力の下、平和の使者を装って来日していたのであり、ウォーカー長官は単なる連絡役にすぎなかったのである。

ウォーカー郵政長官は初対面の井川に、ボスのルーズベルト大統領とハル国務長官は最良のコンビであり、寛容で融通無碍なルーズベルトと正義感が強いハルが一緒ならば、日米国交は必ず成功する、と満面笑みをたたえて言ったという。そして、ウォーカー長官は、井川と両師の方を向くと、

「御三方で御協議を進め、国交を正常化する方法を決めてください」（同右）

と伝えた。ウォーカー長官がルーズベルト大統領の意を受けて両師を日本に送り込んだ、と理解した井川は、同長官に、

「なぜかかる重大な国交の瀬踏み役を両神父に」

と神父を日本に送った理由を訊ねてみた。ウォーカー郵政長官はそんな井川からの問いに、米国の外

交はシャツの袖をまくって実践する素人外交が特色で、「米国が派遣する大使、公使も大統領選挙の際の論功行賞という意味があり、政治家、財界人等から」（同右）任命される伝統になっている、と説明したのであった。

民間外交、大いに結構というウォーカー郵政長官の説明を受けたその翌日、二月二十八日に、ニューヨークからワシントンに着いた井川は、近衛総理に次のような報告をした。

「昨日紐育到着後直ちに例の人々より聴取りたる所要領左の通。

一　大統領の根本方針

イ　挑戦せられざる限り日米戦争絶対回避

ロ　従つて日米会談実現切望

ハ　討議事項は太平洋平和維持問題を主とす（略）」（『井川忠雄　日米交渉史料』）

井川は、日米交渉を実現させるため、次の条件で準備を進める、と述べていた。

一　国務長官、郵政長官以外には極秘とする

二　国務省の次官以下は大使にも知らせない

三　ウォーカー郵政長官がドラウト・ウォルシュ両師の連絡役になる

四　本件は、口頭で交渉し、電話や文書では行わない

五　このような条件下で、相手方と協議を重ね、協定成立した暁には、日米政府の共同声明をもって日米

首脳会談の発表をする。日米会談は四月か五月、東京かホノルルで開催の予定

野村吉三郎新駐米大使は、二月十一日紀元節の当日、ワシントンに到着していた。野村は、前外相の時にルーズベルト大統領と知り合っていた。さらに以前、野村は海軍武官としてワシントンに駐在していて、その時、ルーズベルトは海軍省の次官補であった。野村新大使は、二月十四日に旧知のルーズベルト大統領と初会見を行ったが、ルーズベルト大統領は、野村大使に、自分は

「日本の友（friend）であり、君は米國を能く知って居る米國の友である。随ってお互いは充分率直に話が出来る」（『米國に使して』）

とやさしく話しかけ、日本が当時置かれていた立場について、

「米國の援英は米國獨自の意思に基くも、日本は三國同盟あるが為に其の行動に充分獨立的の自由がなく、却て獨伊兩國が日本を強制（force）するの惧もある」（同右）

と同情をしてみせ、

「今後自分は何時なりとも喜んで君に面會するであろう」（同右）

そのように野村大使に約束したという。

野村大使は英語が上手に話せないため、小畑通訳が同席していた。

ホワイトハウスに比べて国務省の対応は、野村大使が期待していたものでなかった。野村は、ワシントンに到着した日、ハル国務長官に会いに行き、その翌日は、同長官に天皇からの信任状を呈出したが、

ハル長官の南部なまりの英語が聞き取り難く、応対にも親密さが感じられなかった。
それは当時、国務省が日本に対してとっていた政策と無関係ではなかった。野村が松岡外相から駐米大使就任を依頼された際、初めは渋った野村であったが、海軍の先輩豊田大将から説得され、近衛首相も野村の要望を受け入れ、更に伏見宮軍令部総長も野村を支援する状況にまでなったため、彼は米国赴任を決意し、単身着任して来たのであった。

秘密裡に行われた野村・ハル第一回会談

「渡米に当つて、私は、近衛首相の依嘱を受けていた。それは、米国首脳部の意向――日米交渉に関する――を打診して、それを報告して欲しい、ということであつた」（『法衣の密使』）
井川は、彼には近衛首相がついていた、と述べている。そんな井川は、ニューヨークでウォーカー郵政長官との連携が得られたため、活動に加速がついた。そこで、彼はワシントンに行くと日本大使館で野村大使に面会し、ドラウト神父の日米交渉計画を明かしたのである。それを聞いた野村大使は、三月一日、外務省にこう報告した。

三月一日発野村電
「井川中央金庫理事二十八日日本大使ヲ来訪、ウォルシュ及ドラウトトノ関係並ニ米国大統領ト直接ノ連絡ヲ保チテ日米一般会談ヲ開催セントスル工作ニ付、詳細陳述スル所アリタルガ、本使今後同人ト接触スル都合モアルニ付、同人ハ貴大臣ニ如何ナル連絡ヲ有スルヤ、又同人云ウ所ノ近衛総理並陸海軍当局トノ関係如何ヲ本使心得迄ニ内報願度シ」（外務省記録）

井川はさらに、若杉公使と面会し、彼が得た情報を近衛首相に送信したいので、大使館の暗号コードに組んでくれるよう頼んだ。しかし、これは断られたため、井川は元在籍していたニューヨーク財務事務所を使って河田蔵相に打電し、河田蔵相から近衛首相に井川情報の伝達をするようにした。ワシントンに着いた頃の井川は孤立無援で、若杉公使からは出しゃばり者扱いされていた。ところが、ドラウト神父に連れられて井川がウォーカー郵政長官を再訪した時に、転機はやってきた。

「ハル国務長官と野村大使が秘密裡に会合し、極めて自由な立場で腹蔵のない意見を交換して見てはどうか？」（『法衣の密使』）

同長官から、ハル国務長官と野村大使との会見を提案されたのである。出所はドラウト神父だった。彼は井川と二月二十七日にニューヨークで再会した後、翌日、ウォーカー長官を訪れて、

「日本政府の全権大使がワシントンに到着する。彼は極東のあらゆる問題解決のために米国と具体的な条件を交渉する権限を与えられている」（「ウォーカー文書」）

といい、そこで作られる覚書をルーズベルト大統領に届けてくれるよう依頼したのである。全権とは、一国の代表として条約の交渉や署名にあたる権限を意味する。

ドラウト神父は、井川を日本政府の全権代表に仕立て上げ、ウォーカー郵政長官を使って、井川立ち合いの上での野村大使とハル国務長官の会談実現に向け動き出していたのである。ハル長官は、井川について、部下の報告などを分析した結果、「公式会談をできるようなものでない」、と判断した。そうしたた

め同長官は自邸で井川と会うことにし、それも誰からも見られないようカールトン・ホテル裏口の非常階段を使って訪れるよう指示をした。そして、部屋のドアは開けておくので、ノックをしないで入ればハル国務長官本人がいるようにするというのだった。

井川は野村大使を訪ねて、
「明日三月八日朝にハル国務長官に会って欲しい」
と伝えた。

ところが、野村大使に日本から同行して駐米していた若杉公使は、一国の代表ともあろうものが、何故ホテルの裏階段を上がり、ノック無しに国務長官邸を訪れて会談することなどあるものか、と一笑に付し、井川の話を取り合おうとしなかった。しかし、野村大使の方は、自分こそが日米問題を解決しなければならないという強い思いから、井川との同行に乗り気を示し、
「若し（ハル国務長官に　註）会えねばそれまでだし、又、誤って他人の部屋に入ったのなら、隻眼だから部屋を間違いました、と謝るまでだ」（『法衣の密使』）
と告げたのである。野村は、上海滞在中に、朝鮮人が投げた爆弾で一眼を失い義眼をつけていた。だから、それを口実にすればよいというのだ。

そして、三月八日、野村大使が午前九時半を目指して出向いたところ、ハル国務長官が待っていたのだった。

野村大使を認めたハル長官は、以前に会った時の態度とうって変わり、

「人眼を憚るためですから悪しからず。たゞし、アドミラル・ノムラ、老人同士の密会も満更ではありませんね」（『「井川メモ」の全貌』）

とジョークで出迎えたので、両者は爆笑した。

その日のハル国務長官との会談について、野村大使は回顧録に次のように記していた。

「三月八日午前九時半、國務長官を往訪、長官の住所カールトン・ホテルに於て二時間に亙り二人ぎりで會談した。先ずハル長官は世間周知の彼の經濟政策を語つたが、（略）余より『日米關係は大統領に於て悪化する狀態と云はれたが、若し萬一最悪の場合に到達したとすれば、それは毎十年、二十年に於て繰返されることであつて、兩國の不幸此の上もない』と述べたところ、長官は共鳴した」（『米國に使して』）

第一回のハル・野村会談がこうして持たれたのである。ハル国務長官は、大統領と彼は同じ意見なので、野村がルーズベルト大統領との会見を望むなら仲介すると野村大使に伝えた。

野村大使・ハル国務長官の第一回会談を成功させたため、井川は野村大使からの信頼を一気に獲得することになった。彼は、

「爾後私は野村大使の依嘱によつて、日米交渉の側面工作に当ることになつた」（『「井川メモ」の全貌』）

そう述べている。

一方、当日、野村大使・ハル国務長官の会談に同席していたバレンタイン参事官は、次のような報告書を作っていた。

「会談で、私は、大使の同朋らが日米両国のより良い理解のために献身していることを知り、そうした立派な民間人の決断に深い感謝を申し上げた。

とはいえ、日米間での公的な問題については権限が与えられている日本の大使だけと扱えること、自国政府と他国との政府間事案についても最終責任を負う大使に限られ、個別の市民とは取り上げられない由、くり返し伝えた。

私は会談中、野村大使に日本政府の方針および対案などで具体的な考えがあるか、と訊いた。これに対し、大使は、日本政府は中国との和平協定が遂げられれば喜ばしいと応じた。そこで、私がどのような条件によるのかとその詳細を訊ねると、岩畔大佐が米国に向かっており、彼がその詳細情報を持ってきます、と答えた」（FRUS　筆者訳）

当時、松岡外相秘書官で、その後も日米交渉を担当することになった加瀬俊一は、「新任大使と国務長官の第一回会談がこのような変則的手段によって——すなわち、井川の策謀によって——行なわれたのは、外交常識からみて奇異に感ぜざるを得ない」（『日米外交史』）とハル・野村会談について述べている。しかし、同会談の策謀主はドラウト神父であり、井川は駒として使われていたのである。

ドラウト神父は、ウォーカー郵政長官からハル国務長官に渡してもらう次の文書作りを始めた。そして、三月十一日にそれを書き終え、ハル長官に提出された。

「一　我々はすでに協定草案の準備を始めました

二　日本の代表（井川のこと　註）は、近衛首相と暗号電報で連絡を取っています
三　井川氏は、三月二十日か二十一日にサンフランシスコに到着する岩畔大佐と相談するまで、日本政府がこれ以上の行動を取らないよう願っています
四　井川氏は、ルーズベルト大統領が同意をするなら、近衛公とのホノルル会談開催を提案します
五　松岡外相の訪欧中は、（略）松岡を排除して、近衛公が日米交渉を直接指揮しやすくする機会と考えられます
日米交渉が行われる際、近衛公はその支配を直接行使する都合を考えて、松岡を邪魔にならないところに遠ざけた策であると解されます
六　ホノルル会談の日本側代表団は、近衛公、若槻男爵（枢密顧問官、首相二回、政界長老）、平沼男爵、陸軍武藤将軍か岩畔大佐、海軍岡提督および他四名の計一〇名、専門家、事務員等は数えません
七　米国政府との交渉を望む日本政府内で『漏洩』がありました。『国内の裏切り勢力から強い抵抗が出るのを予期しなければならない』（野村提督の言葉）
八　岩畔大佐が、龍田丸に乗船前、『心配無用、枢軸同盟の詳細な指令を持参する』という電信を送ってきました
九　港湾当局および航空職員が日本陸軍岩畔大佐に最優遇の対応をするよう指示を要請します。注（彼は英語を話しません）　井川氏は岩畔大佐に会うためここからサンフランシスコに飛び、そこで彼と予備草案を検討します（日本人は丁重な応対を非常に喜びます）」
（「ウォーカー文書」）

ドラウト神父は、ウォーカー郵政長官に井川のことを日本全権大使であると納得させようとしていた。同神父は、その間、右文中にある予備草案を推敲し、同案を井川にサンフランシスコまで持参させ、そこに到着する岩畔大佐にその内容を解説して、了承を大佐から得る計画であった。なぜなら、これを日米諒解案の原案にしたかったからである。

切れ者情報将校岩畔大佐の思惑

グルー駐日米国大使は、岩畔大佐のために、

「東条（原文ママ）大臣の直系で陸軍切っての実力者である。陸軍が岩畔を派遣することは好戦的な日本陸軍が対米和平を真面目に取上げるものと見られる。ついては岩畔の取扱には特別の配慮を払われたい」

（『岩畔豪雄氏談話速記録』）

という報告を国務省に送ってくれていた。彼は中野学校創設に関わり、日本陸軍で有力な存在であった。ただ、岩畔大佐は、ワシントンで米国人神父と一緒に行動することは、上司や同僚にも黙っていた。岩畔の後任として軍務課長を引き継いだ佐藤賢了大佐でさえ、岩畔大佐が、

「日米非公式交渉に当たるなどとは、東条（原文ママ）陸相も武藤局長も思いもよらなかったものであり、岩畔大佐も日米交渉に関しては誰にも話さず、また何らの訓令も受けずに渡米した」（『大東亜戦争回顧録』）

そう明記している。岩畔大佐渡米後、彼の後任となった佐藤軍務課長は、その後、極東国際軍事裁判（東京裁判）で終身禁固刑になり十一年間服役をした。岩畔豪雄大佐は、そんな自分の後任佐藤大佐にさえ、

陸軍省内の廊下ですれ違いざまに「ちょっと米国へ行ってきます。支那事変を何とかしたいと思いましてね」、と簡単な一言を投げていただけだったという。一方、佐藤は、

「アメリカに行って支那事変をどうするつもりなのか」

と岩畔の言葉を不思議に思っていたが、岩畔は、野村大使の補佐官として渡米が決まっていたのである。

そもそも蒋介石政府（首都重慶）が対日抗戦を続けられている理由は、米国が蒋介石に援助をしていたからであった。米国が武器援助を止めて、日本との和平を仲介するならば、泥沼状態になっていた日支事変は解決への道が開かれる。そう考えていた時に、岩畔は、井川からルーズベルト大統領の意を受けて来日したというドラウト・ウォルシュ両師のことを聞かされ、それに関心を持ったのである。井川は、ドラウト神父の日米和平交渉が実現すれば、日米衝突も回避されて、現代文明の救済になると説いていた。世界文明についても調べていた岩畔は、この説明に興味を持ち、両師を頼って日米交渉を行い、日支事変を解決することを考えたのである。その際、井川だけが彼をドラウト・ウォルシュ両師に紹介できた。岩畔は、井川から両師がルーズベルト大統領の意を受け、日米和平樹立のために来日したと伝えられていたため、井川に両師を仲介してもらい、自分の計画を実行しようと企んでいたのである。

しかしながら、岩畔は計画実行にあたり、陸軍省には責任が絶対に及ばないよう初めから考えていた。それは、岩畔の次の口述から判明する。

「日米交渉は、米国宣教師ウォルシュ・ドラウト両人と当時農林中金の理事であった井川忠雄の間で持ち上がった話に端緒を発し、野村大使補佐の任務をもつ私が之に加はって、之を『諒解案』にまでまとめ

上げたものである。従って、この諒解案は陸軍に関する限り私以外何人も関与せず且つ関知しなかったものである。それ故、この諒解案を越権であると見るならば、それは岩畔、井川両人の越権であって、その尻を陸軍にもって行くことは筋違いも甚しい」(『近衛第二次内閣決定の経緯と三国同盟成立当時の陸軍の立場』岩畔豪雄述)

岩畔は、彼の計画が越権であったと自認してはいた。しかしながら、その責任は陸軍にないとし、責任を負うのは外務大臣であると、次のような理由を述べていた。

「外交交渉というものは売買等と同じく、話しの起りには相手から持ちかけてくる場合、仲介人から提案される場合、自ら話を切り出す場合の三つがある。その採否の決定は外相自らがしなければならないが、自ら話を切り出す場合以外は取上げないような量見の狭い外交官がいたら世の笑い物である」(同右)

さらに、責任が外相以外にある場合は、野村大使が負うべき、と岩畔は言うのである。

「私ノ主ナ任務ハ全面的ニ野村大使ヲ輔佐スルコトデアリマシタ私ハ日米國交ヲ速ニ回復セネバナラヌトノ見解ノ下ニ豫メ井川忠雄氏ト打合セ(略)日米間ノ交渉ヲ公式化スル腹案ヲ持ツテ居リマシタ。近衛公モ我々ノ交渉ニ同意ヲ表シテ居リマシタ井川氏ト私トハ渡米後此ノ計画ヲ野村大使ニ報告シマシタ處野村大使ハ快ヨク対応シテ下サイマシタ日米國交ハ此ノ計画ニ沿ツテ進捗スルコトニナリマシタ(『岩畔豪雄口供書法廷証第3442』)

岩畔は日本大使館付武官ではなく、野村大使補佐官として駐米していた。そのために、彼は、野村大使の命令であれば軍事と関係ないことにも対応しなければならない立場にいた。例えば、諒解案の作成にとりかかる前や、その第一案が出来上がったときも、彼は必ず野村大使に報告して、その指示も受けており、独断でやったことは一つもない。つまり、岩畔は野村大使の了解のもとに行動していたので、批判するなら野村大使にこそすべきで、責任についても野村大使にあるとして、彼自身にも完全に責任はないという考えをしていたのである。

岩畔豪雄大佐は、三月六日、横浜埠頭から龍田丸で出航し、三月二十日にサンフランシスコに着いた。「船が桟橋に横づけになると早速井川君が船に乗り込んできた」（『岩畔豪雄氏談話速記録』）

井川は、その日の朝、ドラウト神父が作成した予備草案を抱えてワシントンから空路でサンフランシスコに来ていた。井川は、岩畔に会うと、「ウォルシュ、ドラウト両牧師（原文ママ）は、その後も熱心に日米国交打開工作を推進していること」「両牧師（原文ママ）とルーズベルト大統領の連絡に当たっているのは郵政長官フランク・ウォーカー氏であること」（同右）などを伝えた。一方、井川に会った岩畔大佐は、

「井川君の話を聞く前から、熟慮の結果私は『井川君が関与している日米国交打開工作』に真けんに取り組む腹を決めていた」（同右）

のであった。岩畔は、戦後に二本の論文を発表しているが、実に三六年後となる一九七七年に、初めて右のような彼の決断を明かしていた。しかし、岩畔は、そのような重大な関与について、上司や陸軍省に全く相談もなしに決めていたのであり、彼のこうした勝手な独断が、日米開戦への道を作り、やがて日本を真珠湾攻撃への道に導くことになる。

〝民間人による合作行動〟を否認した米大統領

「国務卿は今尚日本は一方に於て日米親善工作を為して米国を油断させ、他面枢軸国との提携を固くして米国を叩き付けん（略）との疑を捨てざるも、大統領は飽く迄宗教家の報告を信じて親善工作に邁進の方針なり」（『井川忠雄 日米交渉史料』）

井川は、三月十一日、近衛総理にハル国務長官は別にしてルーズベルト大統領の方は、あくまでもドラウト神父を信じ、日米親善のために邁進する方針であると伝えている。では、ルーズベルト大統領が信頼しているとされていたドラウト神父は、その時、どのような「親善工作」を進めていたのだろうか――。

井川は、その三日後、近衛総理に宛てた三月十四日の電報で、次のように記していた。

「一 昨夜ドラウト内談中注意すべき点左の如し。

（A）元来自分等（ウォルシュ・ドラウト両師のこと 註）は日米間の取持役を勤め、従来不当に誤解され居る日本側の為に弁じつつ日米会談の成功に資せむとの考以外何物も有せざりしに、種々の事情上大統領の私的代表たることを辞退し切れざるに至りたる（略）

（B）自分等は日本に於て貴君等との接触に依り、米国側の観測に反し日本の国力には尚底力あり、米国の出様如何に依りては一戦亦辞せざる態度見えたりとの点を強調して大統領等を説得したる（略）

（C）何れにせよ此際は万事迅速を尊ぶを以て、来る二十日頃迄に太平洋平和維持根本原則案の如きもの

を作成したきに付、（略）日本側の遠慮なき希望要求等を自分迄申し聞かせられ度」（『井川忠雄　日米交渉史料』　傍線筆者）

井川は、右のようにウォルシュ司教、ドラウト神父のことをルーズベルト大統領の私的代表であると明記し、

「大統領側近の考えにては、非公式折衝に依り太平洋平和維持根本原則案の如きものを迅速に作成し、之が両国外交代表の同意するところとならば、直ちに両国政府同時に日米会談開催計画を公表する段取りと為さん」（同右）

と、大統領の側近も同案を作成し日米会談の開催を計画していることを近衛に報告している。右文中の「太平洋平和維持根本原則案」という長いタイトルを短縮して「原則同意」予備草案、と呼ぶことにするが、もとはドラウト神父が作成した草案のことである。その同予備草案を三月二十日までに完成させたい、井川はそう近衛総理に報告していた。

なぜ三月二十日までにか――。それは、岩畔豪雄大佐が、その日に、サンフランシスコ港に到着するからである。

井川が裏面工作を進めていた三月十四日午後一時半、野村大使はルーズベルト大統領と第二回目の会見をした。特に発展はなかった。しかし、ルーズベルト大統領が野村大使に言った次の言葉が気になった。

「時々日本政府の代表といふやうなことを云ふ人が來るけれども、米國政府としては之等の人を相手にする譯にはゆかない。何時だりとも今日の如く貴大使とは胸襟を開いて話すことを自分は喜ぶものであり、

又貴國との外交交渉は貴大使のみと語り得べく、當方としては自分自身又は國務長官に於て此の任に當る」（『米國に使して』）

ルーズベルト大統領はウォルシュ、ドラウト両師の動きについて言及したのであり、両師は大統領の代表などではない、ということを意味していたのである。

太平洋平和維持根本原則案は、日米首脳会談を提案したドラウト神父が作ったもので、英文で書かれていた。井川は、それを日本文に翻訳し同試案（日本語翻訳版）にして、近衛総理と岩畔大佐に読んでもらおうと考えていた。

近衛総理へは、同試案をサンフランシスコに入港してくる龍田丸に託すことにした。井川は、三月十八日近衛総理宛の電報で、

「右写は明後日朝桑港着の岩畔大佐と検討可仕。因に大統領は本試案を慎重審議の為側近同道近く南方に休養旅行を試むる計画」（同右）

などと夢を持たせる報告をしていた。

岩畔大佐にはサンフランシスコで手渡すことにしていた。そして、彼が同案を岩畔に説明し、これに好反応がもらえたら、次には野村大使補佐官の岩畔から野村大使に同案を提案してもらい、日米交渉でこれを使うよう考えていたのである。

サンフランシスコで会った井川と岩畔は、二人の「思想統一を固めるため」（『岩畔豪雄氏談話速記録』）、カリフォルニアを数日旅行したが、その時に、井川は予備草案のことを岩畔に説明したのである。そして、

「この小旅行のうちに井川君と私との対米意見は完全に一致した」（同右）、と岩畔は述べている。

岩畔は英語がわからず、米国も初めてだった。だから本来なら、サンフランシスコから二人で一緒にドラウト神父のいるニューヨークにそのまま向かうのが当然なはずであろう。ところが、井川は、岩畔を一人残したまま空路ニューヨークに戻って行った。予備草案に対する岩畔の意見を、一刻も早く報告したかったからだ。

井川は、ニューヨークでドラウト神父から次のような情報を与えられた。

「① 大統領は大体に於て当該試案を承認し、ハルに命じてハルの個人的代表者として元国務相官吏ヴァレンタイン氏（略）を紐育に派し折衝せしむることとし、既に三日間も小生等の帰紐を待ち居たること判明。
② 日米会談には重大なる支障起らざる限り大統領自ら出馬に内定、以てルーズヴェルト、近衛にて世界史上画機【期】的事業を開幕する意気込の由。
③ 支那和平問題に関し大統領は最早や蒋介石政権に【何】等こだはる必要なしとの意を洩せる由。
④ 満洲国承認問題も既報の通」（『井川忠雄　日米交渉史料』）
彼は、
「三十日岩畔来着（小生同様密に紐育東五十二丁目二十一番地ホテルバークシアに紐育の本拠を置く予定）を俟ちて、此機を逸せず両人共力して折衝予定」（同右）
と記していた。

三月二十四日、バレンタイン参事官は、ニューヨークにいた。当日午前にドラウト神父に面会するためで、ホーンベック政治顧問から同神父の調査を命じられていた。ホーンベック顧問はスミス商務官から二月二十五日付極秘報告を受け、井川忠雄については駐日グルー米大使に次のように調査を要請していた。

「メリノール修道会のウォルシュ司教が太平洋平和構想を持って郵政長官に接触してきた。ウォルシュ司教は井川氏と連絡があるようで、スミス商務官は、井川氏がこの国で岩畔大佐と行動するものと伝えてきた。この件については、国務省内ではハル長官、ウェルズ次官、ハミルトン局長、そして私以外は知らされていない。そちらもこの手紙の内容をドゥーマン氏以外には明かさないようくれぐれも宜しくのほどを。スタンレー・ホーンベック」（ＦＲＵＳ　筆者訳）

バレンタインは、ウォルシュ司教とは中国駐在中に知り合っていたが、ドラウト神父とは初対面であった。

バレンタインがドラウト神父に会うと、ウォルシュ司教と日本に行ったところ、滞在中に日米問題に巻き込まれ、松岡外相に会うことになった、として次のように伝えられた。

「ウォルシュ司教が、松岡外相に日本の政策の誤りを直接伝えたところ、同外相からは米国との関係改善を深甚より願っていること、大統領に一時間でもよいから会って日米改善に努めたい、と訴えられたのです。そして、松岡外相は両師に米国と良好な関係を切望する覚書を大統領に渡してくれるよう依頼したのです」（Memorandum of Conversation by Joseph W. Ballantine　ＦＲＵＳ　筆者訳）

バレンタイン参事官はドラウト神父と面談した後に、井川の部屋に連れて行ってもらい、彼と会った。

第一印象は悪く、バレンタインは、「自分は井川とはうまくやれるとは全く思えなかった」（同右）という。井川はバレンタインに、「日本側は国務省の官僚は信用していない。日本側は、政府首脳だけとの会談を希望する」（同右）と告げたので、バレンタインは、ワシントンに帰って国務長官に、「個人的意見ですが、井川は口先のうまい野郎です」（同右）と報告したのだった。

ドラウト・岩畔による日米諒解試案

サンフランシスコに残された岩畔は、列車で単身シカゴに向かった。そして、列車がシカゴ駅に到着すると、井川が駅のプラットホームで待っていた。その晩、岩畔と井川はシカゴで一泊し、三月三十日にシカゴから空路ニューヨークに入り、翌三十一日、ニューヨーク五番街のカトリック教会に向かった。岩畔豪雄大佐は、ドラウト・ウォルシュ両師にまだ会っていなかった。

「両牧師（原文ママ）の名前はよく知っている私であったが、会見したのはこの日が初めてである」（『平和への戦い』）

と岩畔は述べている。

彼も、ルーズベルト・近衛の首脳会談の実現を狙っており、これを現実化させるには、それに合った立案が前提であった。それが、ドラウト神父が用意し、井川がサンフランシスコで岩畔大佐に見せた草案であった。井川は岩畔から同案への賛意を得ると、ドラウト神父に報告していた。そして、さらに同案を修正するために行われた、ニューヨークでの「四人の会談は十年の知己のような友好的空気の中で進められ」（同右）た。

同日、岩畔大佐と井川はワシントンに移動し、ワードマン・パーク・ホテルに宿泊し、翌四月一日午前、二人は日本大使館に出向き、挨拶をした。岩畔には多くの人が初対面だった。野村大使も初対面であったが、大使は岩畔補佐官に、

「日米国交打開は刻下の急務であるから自分としては渾身の努力を払うつもりである」（『平和への戦い』）

と伝えた。さらに野村大使は、井川の斡旋で野村・ハル会談のきっかけが出来た経過も岩畔に満足そうに説明したのだった。

翌四月二日、ドラウト神父がワシントンに到着し、井川、岩畔らと同じワードマン・パーク・ホテルにチェック・インした。岩畔は述べている。

「その夜から、ドラウト師、井川君および私の三人は、ほとんど徹夜で『日米諒解案』の試案起草に当ったが、この案の内容はドラウト師と私との論議によって決め、井川君が通訳の労をとった」（同右）

つまり、岩畔大佐は、日米諒解案の起草者にならんことも狙っていたということになる――。

この点について、ノートルダム大学図書館所蔵の「ウォーカー文書」は、

「井川氏は、二月に米国に来ると、ニューヨークの宿泊先バークシャー・ホテルを本拠地にしていた。井川氏は、日米間の重要問題に関し、その解決のために具体的な条件を交渉する権限を与えられている、と主張した」（筆者訳）

と記している。同文書によれば、ドラウト神父は、二月からニューヨーク・バークシャーに投宿中の井川と「原則同意」予備草案を書き上げていた。井川は、その後、岩畔大佐が到着するサンフランシスコに行き、そこで同案の日本語版を使ってその概略を岩畔大佐に説明して、同大佐の反応と意見をドラウト神父に報告するため一度ニューヨークに戻った。こうすれば、岩畔大佐がニューヨークに着くまでに、ドラウト神父は野村大使補佐官の岩畔大佐に日米諒解案の予備草案が用意できるからである。ただし、ポイントになる事項があった。

ドラウト神父は、ウォーカー郵政長官に次のように書いていた。

「井川氏は中国に関係する特別事項は、保留しておくことを望んでいます。ワシントンに向かう前、岩畔大佐は数日間、われわれと行動を共にします」（同右）

中国や枢軸同盟に関する事項についてては岩畔だけが情報を持っていた。

「ドラウト師、岩畔大佐と私の三人は、其夜から、宿舎ワードマン・パーク・ホテルの一室に閉籠り、日米交渉の基盤となる、草案の作成に、渾身の心血を傾倒した」（『法衣の密使』 傍線筆者）

その「日米交渉の基盤となる、草案の作成」には、ドラウト神父が作った予備草案が使われていた。

岩畔は日米諒解案作成に当たって、

「其の案の内容はドラウト師と私との論議によって決め」（『平和への戦い』）た、と述べ、「試案をまとめ上げたのは、三日後の四月五日である。この間、われわれ三人は数時間の仮眠をとったに過ぎなかった」、と述べている。

岩畔大佐は、井川の通訳に助けられ、必要に応じて同神父に予備草案の修正を申し入れつつ、日米諒解案の試案作りに当たった。

同案の作業が続いていた四月四日、ドラウト神父は次のような報告をハル国務長官にした。

「この草案は、数日中に完成され、準備中でも我々に示されます。日本側が、同草案を非公式にハル国務長官に示した際、長官は、この草案を容認されるか否か、非公式に第三者に知らせていただければと存じます。

この草案が、容認されれば、同案は直ちに野村提督からハル長官に提出されます。そして、日米両国は太平洋の平和確立のために交渉を行なう共同声明を出すことになります」（FRUS 筆者訳）

つまり、ドラウト神父と岩畔大佐が作っていた日米諒解案の試案が、ハル国務長官に提出され、それが容認されたなら、野村大使は米国政府に正式提出する、という段取りが考えられていたのである。

四月五日、ドラウト・岩畔による日米諒解案の試案が出来上がった。岩畔大佐は、

「試案がまとまると、ルーズベルト大統領と野村大使との内意をうるため、ドラウト師は試案をもってウォーカー氏を訪れ、同氏を通じて大統領の内覧に供し、また私は試案を大使館に持参して、野村大使に提出した」（『平和への戦い』）

こう述べている。岩畔は、この試案がルーズベルト大統領の手に渡り、内意を得るため検討されるものと思い込んでいた。

野村大使の方は、岩畔から試案を受け取ると、翌六日に若杉要公使、磯田三郎陸軍武官、横山一郎海軍武官、岩畔大佐と井川ら五名を集めた。提出された試案の逐条審議をするためであった。

横山海軍大佐は、前年八月末、南支那海作戦に従事していた頃、東京に呼び戻されて、在米日本大使館付武官を命じられ赴任していた。日本からの出発は一九四〇年十月四日であったが、その前日に彼が海軍省軍令部に出向くと、海軍大臣及川古志郎大将から口頭で次のような訓令が授けられたという。

「君にワシントンに行ってもらうのは、普通の海軍武官としてではない。此の度、日独伊三国同盟を結んだのは、戦争拡大を回避するためであった。ところが米国は、それを曲解し敵対行為であると称している。この情勢に対処して、最善をつくして米国朝野の誤解をとき、日米戦争が生起しないように努力してもらいたい。（略）充分同大使（野村吉三郎のこと　註）を助けて活躍してもらいたい。こういうことを云うと軍令部は怒るかも知れないが、軍事情報の蒐集などはどうでもよい。君は只戦争にならぬよう呉々も最善の努力をしてもらいたい」（「日米交渉輔佐官の秘録」『人物往来』一九五六年二月号）

及川大将の力のこもった言葉に、横山海軍新武官は、とんでもない難局の中に飛び込んで行く身を感じていた。その彼の目の前に、同試案が差し出されたのである。横山は、彼の前に出された試案のことを、信仰上の一致などが有利に作用して、「両国間の意見を一応調整した一案の作成に成功した」（同右）ものと判断した。そして、

「私としては願ってもない及川訓令を実行する有力な手段が出来た」（同右）

と受け入れたのである。

「諒解案」を巡る日米間の齟齬

日米諒解案試案の要点は次のようであった。

両国政府は両国々交の最近の疎隔の原因は論議することなく、緊急な重要問題に限定し、太平洋に道義に基く平和を樹立する

一　日米両国の国際観と国家観
各国、各人種は相拠りて八紘一宇となす
両国固有の伝統に基く国家観、社会観および道義的原則を保持し、之に反する外来思想の跳梁を許容せず

二　欧州戦争に対する両国政府の態度
日本政府は三国同盟の軍事義務として、ドイツが欧州戦争に現に参入し居らざる国より積極的に攻撃された場合のみ発動することを声明する
米国は現在および将来において一方の国を援助して、他方を攻撃せんとするような攻撃的同盟に支配されないことを声明する

三　支那事変に対する日米関係

米大統領は蔣政権に対し左の条件で和平を勧告する
a 支那の独立 b 日支間の協定に基く日本軍撤兵 c 支那領土の非併合
d 非賠償 e 門戸開放 f 汪蔣合作 g 支那への日本集団移民の自制
h 満州国の承認

四 太平洋における海空兵力ならびに海運関係
a 配備の相互不脅威
b 日米艦隊の儀礼的訪問
c 米国の希望に応じ日本船舶の太平洋就航

五 通商および金融提携
日米通商条約の復活。東亜経済改善のために商工業の発達と日米経済連携を実現するに足る金クレジットを供与する

六 南西太平洋の日米経済活動
日本が欲する同方面における石油、ゴム、錫、ニッケルなどの資源、物資の生産および獲得に米国は協力する

七 太平洋の政治安定
a 欧州諸国が東亜および南西太平洋で領土を割譲、又は現存国家の併合を為すことを容認せず

右のような試案を読んだところ、内容について誰も異論をはさむ者はなかった。ただし字句の修正は

出た。そこで、これを受けて、四月七日からドラウト、岩畔、井川らの三人は字句の修正作業にかかり、それを八日に完了させた。

その間、四月七日にバレンタイン参事官がドラウト神父を訪ねてきた。井川や岩畔大佐らの活動をさらに詳しく知るためであった。

ドラウト神父は、バレンタイン参事官に、日本人たちは仕事に没頭していて、前回にニューヨークで会った時とは状況が違っていると告げた。試案は四月八日夜に完成するといい、その後米国政府に提出予定であるが、日本人たちは、それが提出される前に受理されるというヒントのようなものがもらえれば、それを受けて帝国議会も行動ができ、野村大使に試案提出を命じられる、とも告げた。欧州歴訪中の松岡外相が帰国する四月二十二日前に、これらを完了するのが望ましく、松岡外相の帰国後では簡単でなくなる、というのだ。

ドラウト神父は、日本陸・海軍は試案の提出を支持しているが、外務省の方が難しい、と付け加えた。

ドラウト神父は、その後、井川に連絡をとり、井川は自分の部屋に彼らを招いた。そこには岩畔大佐もいて、バレンタインは岩畔と初対面をした。岩畔大佐は四五歳前後の元気旺盛な男で、バレンタインが日本語で話したため、最初は日常的な話であったが、岩畔大佐の方から日米戦争の話を切り出し、両国が戦えば三年から五年は続く大災害をもたらす結果になり、生活水準も激しく低下すると指摘した。バレンタインも、今日の戦争では勝者にとっても経済的利益は得られるようなものではない、と応じた。その後、バレンタイン参事官は、大東亜共栄圏について質問をして岩畔と井川の米国でのミッションを探ろうとしたが、わからないまま彼らと別れた。

四月九日、ドラウト神父はハル国務長官に「日米民間人の仲介により国務省に提出された提案」（ＦＲＵＳ）を提出した。

同案は、ドラウト・井川が作った予備草案を基に、岩畔大佐が加わって修正したものであった。

ハル国務長官は、四月九日に同案を受け取った際の様子を次のように記している。

「その日、私は彼らから参加者の意見が一致した提議の草案を受け取った。次の二、三日間私は国務省の極東問題の専門家と慎重にこれを検討した。我々がその提案を検討するにつれ、我々の失望は甚だしくなった。それは我々をしてかくあるべしと信じさせていたものよりも、ずっと調停の余地のないもので、その条項の大部分は日本の帝国主義者たちが要求していたものであった」（The Memories of Cordell Hull 筆者訳）

ドラウト＝ワイズマンの真意

岩畔と共同で作られた日米諒解案の試案は、ウォーカー郵政長官からハル国務長官に提出してもらった。しかし、ハル国務長官らは、ドラウト神父がなぜ岩畔大佐、井川ら日本人と動いているのか、その意図が分からなかった。である以上、その草案を受け入れて日米政府間交渉を持つことは、英米関係、米中関係の破壊につながるので、交渉に踏み出すことは出来なかったのである。しかし、そのようなことは、ドラウト神父も十分に読んでいた。では、ドラウト神父のターゲットはどこにあったのか――。それは日本であった。

ワイズマンは、英国を救う唯一の道は、米国を対独戦に参戦させること、と考えていた。しかし、その場合、日本が三国同盟に基づきヒトラー・ドイツを援助すべく米国と対戦するようなことになれば、英国の退路は断たれてしまう。要するに、飽くまでも日本を対米戦に向かわせないような工作が必要なのであり、ドラウト神父は、日本を動かせないようにするために、日米諒解案を作っていたのである。

井川は、同案について、

「本条は私的会談の開始后暫くして（三月初）ルーズヴェルト大統領の希望ある所を体して、ウォーカー長官が提言し、ドラウト師に於て起稿し、之をウオルシュ師先ず閲し、ウォーカー長官及小生の意見も参酌されて第一次案のやうな形のものとなつた」（『井川忠雄　日米交渉史料』）

と記している。つまり、「原則同意」予備草案の発生源は、ルーズベルト大統領に由来し、これを受けてドラウト神父が稿を起こし、さらに近衛の代理人である井川と協議して第一次案（日本語版）を完成させたという。そして、日本陸軍代表の岩畔大佐が米国に来てから、「その後四月初に原案を抜粋して第二次原案即ち本案（略）となる際に岩畔大佐の適切なる意見も加つて」（同右）日米諒解案を完成させた、と理解していたのである。

一方、岩畔は、

「私がワシントンに着任した翌日即ち四月二日その起草に着手したもので、（略）第一案を書き上げたのが五日である。」として、岩畔の第一案は、井川の第一次案をもとに作られていた。そして、

「此第一案は日米双方で検討して修正する約束だったので夫々国務省又は日本大使館に持参したのであるが、日本大使館に於ては大使、若杉公使、松平書記官（現国連大使）、磯田陸軍武官、横山海軍武官、井川及私の七人が二日に亘って検討し、可なり多くの点を修正することになった。日米双方の意見が我々三人の手中に集まったのが八日、そこで再び第二案の作成にとりかかり、それが完成したのが十日のことである。」（『岩畔豪雄口述』防研戦史室請求番号依託一〇七）

そして、「試案がまとまると、ルーズベルト大統領と野村大使との内意をうるため、ドラウト師は試案をもってウォーカー氏を訪れ、同氏を通じて大統領の内覧に供し」（『平和への戦い』）たという。すると、米国側からはドラウト神父が、「多少変更された案をもって来た」と岩畔は述べ、井川も、彼の遺稿で、「アメリカ側ではルーズヴェルト大統領、ハル・ウォーカー両長官の三名がこれを検討し、意見を附して、ドラウト師に返す」（『法衣の密使』）という手順だったと記している。

こうして米国側からドラウト神父のところに戻って来た修正条項を受けて、岩畔、ドラウト、井川らは、四月七日から

「再びアメリカ官辺首脳部の意見、及び野村大使を中心とする駐米日本大使館の意見を参酌した第二案の作成をすることになった」（『アメリカに於ける日米交渉の経過』岩畔豪雄述）

そして、第二試案は、四月九日に成案を得る。そして、これが同日、国務省に提出されたが、これを

受けたハル国務長官は、一〇六頁で既述したように
「二、三日間、国務省の極東問題の専門家とこれを綿密に検討したが、研究をするにつれて非常に失望した」
と四月九日案のことを述べていたのだ。それは、国務省極東部も同様で、四月九日案に対する批判的な報告をハル長官に提出していた。

予期せざる日ソ中立条約締結

ところが、そのような時、米国にとってはあまり嬉しくない事態がロシアで起こりつつあった。
「われわれが日本側の提案を検討していた時、松岡はベルリンからモスクワを通って日本に帰る途中、四月十三日にスターリンと中立条約を結んだのだ」(同右)
松岡外相は、三月十二日に東京を出発、シベリア経由で二十三日モスクワに到着し、翌二十四日スターリンと会談してからドイツに向かい、二十七日にヒトラーと会談を行っていた。その際、ドイツ側は独ソ関係の悪化を伝え、日本に対英戦争への参加を求めたのである。松岡は、その後ローマでムッソリーニ首相を訪問してから四月四日にもヒトラーと再会談を行い、翌日モスクワに向かっていた。三国同盟を結んでいた松岡は、さらに日ソ条約を結べば、米国は動けなくなると考えたからである。
一方、米国の方は、スターリンにヒトラーがソ連侵攻を計画していることを知らせていた。そして、ドイツ軍によるソ連侵攻が実行される場合、ドイツの同盟国日本もそれに合わせて北進し、シベリア攻撃

をするかもしれない、とも。ところが、そのようなことが起きた場合、ソ連は内部分解を起こして敗北してしまう。だからスターリンは日本に北進させないよう、松岡と会談し、日ソ中立条約を結んだのである。

『大本営機密日誌』は昭和十六年四月十三日、次のようにこれを記していた。

「日ソ中立条約が調印された。この条約の特徴は左の点であった。

（一）（略）

（二）実質的に満洲国をも含む不可侵条約なること

（三）有効期限は五ヵ年にして、一方が破棄を欲するときは期限満了一ヵ年前に通告すること

ソ聯との間に中立条約が出来たことは日本のため慶賀の至りであり、松岡さんの得意はどんなであったろう。しかしながら、スターリンの心中深く企図するところは何であるか、不明であった」

スターリンの心中は、日本に北進、つまりシベリア進攻をさせないことにあった。その証拠に、翌十三日、クレムリンでの調印式の際に、スターリンは、わざわざ「日本の南進のために」、と南進を言葉に出し、乾盃したほどだった。

スターリンは日本の北進を防ぎ、その代わりに南進させ、日米が衝突することを望んでいた。ヒトラーも日本軍が南進しシンガポールを攻撃することを望んでいた。その結果、英国は焦ってハル国務長官に助けを求めていたのである。

こうなるとハル国務長官としても、同盟国の大英帝国を見捨てるわけにはいかなくなった。ハル長官から「ジョー」と呼ばれ頼られていたバレンタインは、その時に同長官がした決断を次のように証言している。

「ハル氏の言葉をそのまま使えば、『世界は燃えている』状態だったので、そうした事態を好転させるためならば少しの機会も逃がしたくはなかったのです。そこで、国務長官は日本大使を呼んだのです」（The Reminiscences of Joseph Ballantine　筆者訳）

ハル長官は、この頃、カールトン・ホテルからワードマン・パーク・ホテルに住居を移しており、四月十四日、野村大使がハル国務長官宅に訪れてきた。

「私は野村に、二国間の問題解決のための非公式な提案を受け取ったことを伝え、野村大使自身もこれに参加されていると聞いているが、と付け加えた。」（The Memoirs of Cordell Hull）

そして、ハル国務長官は野村大使に、それを公式に提出して日米交渉の第一歩にしたいのかと訊いてみた。すると、

「野村はすぐに、文書のことは全て知っており、書き上げるのに日本人と米国人に協力を得たその文書を交渉の基礎としたい、と応じたのだった」（同右）

これを受けて、野村・ハル会談が四月十六日にも行われた。

「二日後、私は自宅で日米協定の基礎となるべき四つの基本原則に関する声明書を野村に手渡した」（同右）

ハル国務長官が、野村大使に伝えた基本原則とは、次の四点であった。

「私は野村の前に四つの原則を提示した。それらは、

（1）すべての国の領土と主権を尊重すること

（2）他国の内政への不干渉原則を支持すること
（3）通商の平等も含め、平等の原則を守ること
（4）平和的手段により変更される場合を除き、太平洋の現状不変更のことであった」（同右）

ハル長官は、野村大使に対して、

「これら四点が受け入れられ、彼が日米の私人らによって作られた非公式文書を日本政府に提出し、これを日本政府が承認をして、正式にわれわれに提案するように貴下に訓令したなら、それがわれわれとの交渉開始の基礎となる」（同右）

このように伝えたという。同会談に立ち会っていたバレンタイン参事官も、

「国務長官は、日本大使にわれわれの原則と政策は何かを話した。どのような合意もこれら基本原則の範囲内で収まるものでなければならない」（The Reminiscences of Joseph Ballantine）

このように語っている。

ハルは、右の回想録で、

「野村は四月九日の文書を、私の四原則と一緒に東京に送った。そこで、われわれは日本の返答をしばらく待つことにした」

と述べている。ところが野村大使は、ハル長官が説明していた四原則のことを、東京に送っていなかった。

四月九日案が国務省に提出されてから二日後、ドラウト神父から、同案が米国政府側の理解が得られた、という連絡が入った。

あとは野村大使から正式に提案がなされれば、米政府は交渉に入り、案文作成にとりかかるという。そこで、ドラウト神父は一人で、十一日から十三日にかけて、日米諒解案の最終案に取りかかり、四月十六日朝にまとめた。野村大使はこれを持って、ハル国務長官のところに向かった。

この時の様子について野村は、

「四月十六日、前回同様の所に於て國務長官と會談した。その時長官から、日本人及び日本の友人たる米人の作成した所謂『日米諒解案』に依つて交渉を進めて可なりといふ日本政府の訓令を得られたき旨申し出で」(『米國に使して』)

があったと明記し、さらに、彼は、

「『日米諒解案』なるものについては豫てから内面工作をやり、米國側の眞意を探つて居つた次第であるが、長官に於ても大體異存がないやうに確め得た」(同右)

と、ハル長官に提出した日米諒解案についての反応を述べている。

野村大使は、この四月十六日案を日米諒解案である、このように考えていて、次の英文メモも残していた。

April 16 I visited Mr. Hull at Wardman Park Hotel. There was a document prepared privately by

Japanese and Americans.

By our conversation I requested the authority from Tokio to make further conversation with Mr. Hull on the topics mentioned in the documents. This is the start of our talk.（野村吉三郎文書九〇五）

「四月十六日ワードマン・パーク・ホテルにハル氏を訪れた。日本人と米国人により私的に準備された文書の件について、我々は話し合い、私は東京当局にハル氏と文書中の項目について交渉に入るよう要請した。これは交渉の始まりである」（筆者訳）

同案は、日米諒解案と命名されていたが、それは日本・米国の両政府が了解したというものではなかった。政府間条約には米国上院からの批准を得なければならず、それには上院三分の二の賛成が必要となる。日本との条約にはそれほど多くの票数も集められないため、通俗的な意味で、諒解という言葉を使うことにしたのである。

この日米諒解案を日本の外務省に送る暗号電報は、若杉公使が起案を担当した。ところがその際に、「重要な一点が故意に改変せられた。それは日米諒解案が米国政府の起案にかかるかのようにした点」（『岩畔豪雄氏談話速記録』）

であった、そう岩畔が述べている。日米諒解案はドラウト・岩畔がまとめたものであったが、日本に送る際、これを米国政府案であると「改変」して送った、というのである。何故、そのように変えたのか。岩畔は、四半世紀後にその理由を明かしている。

「日米諒解案が正常ルートによって纏められた外交文書ではなくて、ドラウト師、井川君及び私の三人がデッチ上げた」(同右)ようなものだ、などとしたら日本政府がまともに受けとるはずもない。しかしながら、同案は米国側からの提案である、そう言い方を変えれば日本政府はこれを真剣に受け取り、検討することになる。そこで、中野学校創立にも関わった岩畔大佐は、

「『真実のことを述べるよりも、このように改めるのが本国政府の意見をまとめるために好都合であろう』との判断」(『平和への戦い』)をして、「『日米諒解案』が、米国政府の起案にかかるようにした」(同右)というのである。

岩畔は米国に来てから、ドラウト・ウォルシュ両師が訪日をしたのはルーズベルト大統領から密命を受けていたもので、「ルーズベルトの謀略以外の何ものでもない」と確信するようになっていた。

そのため、彼としては、

「相手側が謀略で来るなら、我方としてもこれを受けて立たずばなるまい、というのがこの時における私の偽らざる心情であった」という。だから、岩畔は自分が関与した日米諒解案を、米国政府案である、このように偽って本国政府に宛て発信した、というのである。それも、松岡外相の訪欧という留守中を狙い、一〇〇パーセント日本語で書かれたものを「米国政府案」として送ったのだ。

諒解案に食いついた陸軍幹部

桜の花も散った四月十八日、日比谷の三宅坂にあった陸軍省で、武藤章軍務局長は、佐藤賢了軍務課

長と真田穣一郎軍事課長に来室を命じた。そして、彼らが入室してくると、

「君たちこれを読んでみろ」

と、武藤軍務局長は声をひそめながら、ワシントン日本大使館から着信したばかりの「米国政府案」を差し出したのである。それは同大使館の磯田武官が打電したもので、その中で岩畔は、

「之ヲ大使・ハル会談ニ移スコトヲ提議シタル処、（略）直チニ第二次試案（日米諒解案）ノ題目ヲトラヘテ会談ヲ始メタルガ（略）第二次試案ハ『ルーズヴェルト』ノ同意ヲ得アリ、（略）『ハル』ヨリ野村大使ニ対シ、先ヅ東京政府ノ意見ヲキカレタシトノ提案アリタル次第ニシテ、（略）日本側ノ意思表示アリ次第、ソノ大綱は一、二日中ニ決定スルコト確実ナリ」（『外務省記録』）

と報告し、日米諒解案は、ルーズベルト大統領の同意を得ていると明記し、日本側からの賛意と対応を求めていた。

そこで軍務局では、佐藤、真田両課長、西浦軍事課高級課員、石井秋穂軍務高級課員らが加わり、日米諒解案の検討に入った。当時の記録事務を担当していた石井秋穂大佐によれば、佐藤と真田が同案に反対を表明したという。ところが西浦と石井は賛成したため、議論が二つに分かれてしまった。

日米諒解案は、七つの項目から出来ていて、

（一）日米両国の国際観と国家観

（二）欧州戦争に対する両国政府の態度

(三) 支那事変に対する日米関係

が焦点となった。特に、第一項目には、

「両国政府は各国並に各人種は相依りて八紘一宇を為し、等しく権利を享有し、相互に利益は之を平和的方法に依り、調節し、精神的並に物質的の福祉を追求し、之を自ら擁護すると共に之を破壊せざるべき責任を容認することは両国政府の伝統的確信なることを声明す」

と書かれていた。これを読んだ石井大佐は、米国側が八紘一宇を取り上げたことを痛快に思っていた。岩畔の後任課長になっていた佐藤大佐の方は、日米諒解案を読むと、

「若い娘が豪華なファッション・ショーでも見たときのような、そしてまた睫毛にツバでもつけたいような」(『大東亜戦争回顧録』)

感を持ったという。例えば、

「米国は日本の八紘一宇の建国精神を認め、満洲国承認・支那事変の和平仲介・欧州戦争不介入をすら約しようとする」(同右)

が、佐藤大佐からすればあまりにも話がうま過ぎるのである。一方、武藤局長は、岩畔の米国派遣のいきさつについて、

「支那事変に通ずる陸軍将校を特派してほしい」

という野村大使の依頼に応じて彼が決めたが、日米交渉の件は岩畔が

「何らの訓令も受けずに」(同右)

独断で行ったものだ、と説明した。しかしながら、そこにいた彼ら全員が、日米諒解案は米国政府か

らの案である、と信じた。そして、石井軍務局高級課員も、

「コノヨウナ了解案ニアメリカガ乗リ出シタノハ日『ソ』中立條約ノオ蔭デアロウ。サテモ松岡ノ布告ハ偉大デアル」（『石井秋穂大佐回想録』）

と、事務記録に書き入れていた。

結局軍務局の全員が、米国政府がこのような日米諒解案を送ってきたのも、松岡外相が主導した枢軸外交と日ソ中立条約の成果だと評価していた。そして石井は、このように日本に軟化を表わしている米国政府案とされる「日米諒解案」に、「陸軍デハ全員コノ諒解案に食イツイタ」と記している。

一方、

「東條陸相ハ（略）警戒ハシタモノノ矢張リ乗リ氣デアッタ（略）岩畔氏ガ事前連絡ナク押シツケ的ニ尨大ナモノヲ出シタノデ不決ノヨウデアツタ」（同右　傍線筆者）

と、陸軍省最高責任者であった東條陸相の複雑な反応も述べていた。

米国政府が日本側に近づいてきた理由について、ドラウト神父は、

「先方（米国　註）ガ急ギ居ル理由ハ、独逸ノ春季攻勢ヲ控ヘテ一芝居打タムトスルニ在ル」（『新資料・井川メモが語る日米交渉』）と井川に説明していた。そして、ルーズベルト大統領は対ドイツ戦略のために日米連携を利用しようとしているのであるから、

「我国（日本　註）トシテモ此ノ情勢ヲ逆用シテ有利展開ヲ策サルルコト肝要ナラザルヤ」（同右）

と甘言を説いていた。

ドラウト神父からの説得に、岩畔、井川らもこれを受け、

岩畔は、日米諒解案を発信した際、その末尾に、

「この案に対する返事を速にしない場合には日米交渉は成立しない恐れがあるからなるべく速に日本政府の決定を通知して戴きたい」（『岩畔豪雄氏談話速記録』）

と書き添えていた。そして、井川の方は四月十六日、近衛総理に次のように書き送っていた。

「拝啓愈々御健勝の段、邦家のため大いに賀し奉り候。さて小生、（略）途中岩畔氏の来りて、真に百万の援兵に値する助力を受くるものあり、大使また全幅の信頼を我々両人におかかるるに至り、大使館幹部もついに『余りに良過ぎる』と一笑に付しいたる私案を、全面的に支持するに至り、他面、ル大統領・ハル長官・ウォーカー郵政長官等の、小生に対する絶対的信頼と、近衛侯爵に対する絶大の尊敬とのお蔭にて、愈々今明日中に、世界歴史上特筆大書に値すべき大事件の礎石がおかかるる運びと相成り申し候。（略）大統領の希望として、日本側は是非閣下の御出馬を得て、両人して開会式を歴史的出来事たらしめ、必要なる一石を打たんとの心組なるよう察せられ候間、御多忙中恐縮ながら、邦家のため又世界平和のため、御出馬の労を賜りたく願い上げ候」（井川忠雄発書翰『近衛文麿関係文書』）

四月十八日、大本営連絡懇談会（第十九回）が総理官邸で緊急に開かれた。「対米国交調整ノ件」で、同会を主催していた杉山元参謀総長は、近衛総理に対してさっそく、日米諒解案が米国ワシントンの日本大使館から送られてきた経緯について、説明を求めた。近衛総理はこれに応じ、

「本件ハ昨年暮米宣教師二名来朝セシ自分モ会ヒ其他ノ要人モ会ヒ日本国内ノ空気ヲ知リ帰国ス」（『杉

山メモ上』）

と井川からの情報をもとに答弁をした。そして、その答弁中に、近衛総理が

「本宣教師ハ『ルーズベルト』モ能ク之ヲ知ツテ居ル」（同右）

とも答えたため、その日の出席者たちは、ウォルシュ・ドラウト両師とルーズベルト大統領は特別な関係がある、と受けとめたのである。ただし、近衛総理は、松岡外相が欧州外遊から帰国するのを待って日米諒解案への態度決定をすることにした。

近衛の説明の後、杉山参謀総長も所感を発表し、日米諒解案は

「『ルーズベルト』及『ハル』等ト既ニ話カ進ミアルコト」

なので、出席者はこのことを考え、

「外部ニ洩レヌ様充分注意ヲ要ス」

として、秘密厳守を伝え、同会を結んだ。

右のように、野村大使・岩畔・井川らが送った日米諒解案は、日本政府や陸海軍首脳らにより、ルーズベルト大統領・ハル国務長官らが直接関与している米国政府案である、そのように位置付けられていたのである。

一方、同案が日本に届いた時、松岡外相は訪欧中で、モスクワでは、スタインハルト駐ソ米国大使に会っていた。互いに旧知の間柄で、米大使とは三度会い、最後の日にルーズベルト大統領に会いたいという伝言を同大使に依頼した。

松岡の方は、駐ソ米国大使を使って日米国交への手を打っていたのである。

四月十三日にスターリンと日ソ中立条約調印を成功させた松岡外相は、シベリア鉄道で日本に向かった。そして、大連の満鉄総裁公舎で休んでいる時に、近衛総理から電話が入った。

「はあ、はあ」と電話に向かって言っている松岡のそばに、加瀬秘書官が近づいていった。

「えっ？　アメリカから提案がきたんですか。はあ、そうですか、急いで帰りましょう」

松岡は近衛総理の報告を聞いてから受話器を置くと、加瀬秘書官の方を見て、

「できたぞ。さあ、今度はアメリカへ飛ぶんだ」

と、ご機嫌で言った。大連までの帰路、スタインハルト米大使からも、

「お話はルーズベルト大統領に報告。反応は大変良好」

という電報を受け取っていたので、自分が伝えておいた日米国交の話が実ったものと理解したのだ。

岩畔は、満州国駐在中に松岡と交流があったため、訪米をする前に松岡邸を訪れていた。そのため、日米諒解案がまとまってから、四月二十日、松岡外相に次ぎのような電報を送っていた。それは、ご機嫌な松岡に不吉さを感じさせるものではあった。

「松岡宛
カクカクタル　ガイセンヲ　ココロカラ　オイワイモウシアグ
コチラカラノ　オミヤゲモ　イチリウノ　タツシキト

フトツパラニヨリ　ヒトノミニシテ　イタダクコトヲ
キタイシテイマス　　　　　　岩畔　カールトンホテル　四〇〇号室」
（赫々たる凱旋を心からお祝い申し上ぐ　こちらからのお土産も一流の達識と太っ腹により一飲みにして戴くことを期待しています）（『戦争指導重要国策文書七九七』）

日米諒解案への松岡外相の反応

松岡外相は、四月二十二日、東京立川空港に到着予定であった。大橋外務次官が近衛総理を誘って立川の飛行場に向かった。

山本熊一局長も近衛総理の車に続いた。山本熊一は上海の東亜同文書院出身の中国スペシャリストで、米国経験はなかったが、日米交渉に日支事変の処理が焦点になっていることから呼ばれていた。

そして、午前十時半頃、山本は、記している、

「遥かあなたから爆音が聞こえて來た、一同所定の位置につくと間もなく細雨低雲の中から機影が近づいた。飛行場は喜悦と嚴粛の裡に凱旋將軍を迎ふるかの如き氣分に滿ちた。斯くて颯爽と機體から降りた松岡外相は旅の疲れも見せず先つ近衛總理と左手で握手（右手はモスコーで痛めたとの事であつた）。總理は懇に慰勞の言葉をかけ次で獨伊大使、大橋次官など順次に挨拶を交し、飛行場事務所の一室に用意された席で冷酒を酌み交し歡談の上直に東京に向つた。」（『大東亞戰爭秘史』）

近衛も手記で、当日のことを次のように記していた。

「余は自ら外相を出迎へに立川飛行場に赴いた。感情の人一倍纖細な外相には米國案を最初に見せる時が特に重要なりとし、予自ら歸路の自動車の中で之を説明する心組だつたのである」（『近衛文麿手記』傍線筆者）

近衛は、空港からの車中で自ら「米国案」のことを松岡に説明するつもりだったという。しかし、右の近衛の記述は事実ではなかった。というのも、大橋次官自身が、

「近衛公が外相との同乗を希望した話を聞いたこともなければ、日米交渉の話を外相にするよう仰せつかつた覺えもない、二重橋參拜は自動車が進行を始めてから外相が命令した」（『太平洋戰爭由來記』）

と、その記述を否定しているからである。

更に大橋次官は、

「外相は自動車に乘りこみ、私も同乘した。車中で、私は無論日米交渉の纏末をあらまし話した」（同右）

としている。

松岡外相は、車中で大橋次官からの米国案の話を少しも興奮することなく聞いた後、外務大臣官邸に入った。そして、空港で近衛総理から渡された電報の束を加瀬秘書官に渡し、

「きみ、これちょっと急いで読んでくれないか。あとで意見を聞くよ」

と言いながら外務省の局長たちが集まっている方に向かった。加瀬秘書官は、別室に入って受け取ったばかりの案文を読み始めてみた。ところが、英文からの翻訳文らしかったので、電信課長に英文のもの

も要請した。ところが、英文のものは届いていないと言われた。そこで、加瀬は、とにかくその案文を我慢して読み続けた。間もなく松岡外相が、

「どうだ」

と訊いてきた。

「一言で言うと三国同盟と両立しない内容です」

と加瀬が伝えると、

「よく見たね」

と一言、松岡が返事をした。そして、彼は、その日の大本営政府連絡懇談会に出席した。議題は、「松岡外相帰朝報告ならびに対米国交調整の件」で、同会において松岡外相は、

「野村大使提案ノ対米国交調整ニ関シテハ、松岡外相ハ自分ノ考ヘトハ大分異フ故慎重ニ考フル必要アリ」(『杉山メモ上』)

と報告を行なったという。そして、野村大使からの提案については、二、三日仕事の整理などをした後に考えたいと言い残し、帰宅した。


松岡からすれば、野村の提案は、全く彼が関知したものではなかった。ところが、帰国すると突然、彼の目の前に米国案とされるものが届いていた訳である。松岡は、同案について、米国がウォルシュ・ドラウト両師を使って日本を三国同盟から離脱させようとする陰謀であると考えた。

すでにその「米国案」を読み、両師に会っていた大橋外務次官は、

「兩師はウォーカー郵政長官と懇意であり、ウォーカーはルーズベルトの幼友達であった事實から押すと、兩師は少くともルーズベルトの謀略に使われたことは容易に推測がつく」(『太平洋戰争由來記』)と結論していた。

松岡外相の加瀬秘書官も、ウォルシュ・ドラウト両師のことをよく憶えていた。

「神父が来たときは、松岡さんはまだヨーロッパに行く前で、会いたいというから二度ほど会った」(「私の昭和史」『知識』一九八六年七月号)

松岡に同席して彼らの話を聞いていた加瀬は、

「二人の神父は、ルーズベルトの陣営ではかなり重きをなしているウォーカー郵政長官の手先として来ている」

ことがわかった。そして、彼らはルーズベルト大統領の意も受けていて、

「何とかして日本を三国同盟から脱落させて(略)やろうという魂胆で」(同右)

来日したことも見えてきた。彼らはその目的達成のために、井川忠雄と岩畔大佐をこれに参加させて、提案書を作り上げ、

「それを野村吉三郎大使がある日、日本に、アメリカ政府の正式な提案ですと打電したんです」(同右)

以上は、加瀬秘書官が、戦後になってから下した分析であった。

「〝送った魚〟は早く料理しないと腐る」

当時、日本では、英国諜報部W・ワイズマンとドラウト神父の関係については全く予測もされていなかった。ワイズマンとドラウト神父は、日本を三国同盟から脱落させようとしつつ、日本側が、思わず飛びついてしまうような企画を出したのであった。例えば、日米首脳会談を含む日米交渉というような話を提案し、そのような話に日本をうまく乗せて米国との交渉を始めさせてしまえば、三国同盟の一角をなす日本といえども、対米戦は起こせなくなるので、作戦は成功である。米国側も軍事準備を必要としていたため、これが整うまで、交渉を続けることは戦略面からも有利に働く。そのようなためにドラウト神父はウォーカー郵政長官を使ってルーズベルト大統領とハル国務長官に接触し、井川と岩畔大佐は神父の駒として使われていたのである。

その頃、ワシントンにいた岩畔、井川らは、東京からの回答が気懸りであった。例えば、岩畔大佐は、四月二十八日、陸軍省に

「アノ案ハ自分ノ可愛イ子供ノヨウナモノダカラ何トカ早ク物ニシテ欲シイ」（『石井秋穂大佐日誌其二』）

という文面の電報を送り、陸軍関係者に協力を要請していた。岩畔はそれだけでなく、翌二十九日、井川とニューヨークに行き、松岡外相宅に直接電話をすることにした。ワシントンの電話は盗聴されてい

る、と考えてのことである。

二人は、ニューヨーク五番街のバークシャー・ホテルにチェック・インすると、赤ワインを注文し、天長節を祝した。そして、午後八時（日本時間午前七時）まで待つと、千駄ヶ谷の松岡邸に、岩畔大佐が電話をしたのである。

松岡外相は在宅だった。岩畔はその松岡に、

「欧州での御成功まことに御目出とうございます。次にこちらから送った魚ですが、至急料理しないと腐敗する恐れがあります」（『平和への戦い』）

と話し始めた。「送った魚」とは、ワシントンから送った日米諒解案のことで、これに至急日本側から回答をもらわないと、

「腐る恐れがあるというので当方の製造元――アメリカ首脳部のこと――では非常に心配し、焦慮しているのです」（『法衣の密使』）

と、「米国首脳部」が松岡の返信を心待ちにしている、と懇請したのである。岩畔のそうした懇請に対して、松岡は受話器の向こうで、

「わかっちょる、わかっちょる」

そう繰り返すばかりであった。そこで、岩畔はさらに、

「独り合点は禁物です。あなたがそんなに呑気であられるなら、魚は腐るに違いありません」（『平和への戦い』）

と注意を勧告しつつ、

「腐ったが最後その全責任はあなたが背負わねばならないのですぞ」（同右）

と念押しした。ところが、そのように懸命に訴える岩畔に、

「ああわかっちょる。わかっちょる」

松岡は同じように応じ、そのまま電話を切ったのだった。

「嗚呼！　井川さん、お聴きの通りですよ。松岡さんにはアメリカの事情が全然判っていないンだなあ」

岩畔大佐はこう言うと受話器を投げ出し、ベッドにひっくり返り、ため息を吐き、瞑目して放心状態のまま固まったという。

（『法衣の密使』）

近衛総理も、松岡外相に日米諒解案への即答を求めていた。というのも、近衛総理の周りは米国が同案を送ってきたことに驚くと同時に、その内容に満足していた。加瀬外相秘書官も述べているように、
「政府・軍部代表は狂喜乱舞せんばかり、大本営政府連絡会議は即刻、受諾に全員が一致した」（『日米戦争は回避できた』）
ような状態であった。同案が米国政府案であることを全員が信じていたのである。それは東條英機陸相も同様で、彼は後に首相になってからも、そのことを疑うことはなく、戦後、極東国際軍事裁判（東京裁判）の場に至ってさえも、日米諒解案のことを、米国政府の提案だと信じていたのである。
一方、松岡は、同案への回答をすぐにしなかった。彼は帰国後、伊勢神宮を参拝してから風邪をひき、

「私は数日間私邸に閉じ籠らなければならなかった。私は野村大使から電報された日米諒解案を研究したが、その結果この交渉は私の知らぬ間に誰かがやっていたものと思わざるを得なかった」（『文藝春秋』一九八九年九月号）

と述べている。

彼は、この交渉は、米国がドラウト・ウォルシュ両師を使って日本に対して三国同盟の破棄を仕掛けたもので、送られて来た日米諒解案とは、ハル国務長官の私案である、と見ていた。それは御殿場の松岡別荘で彼と同案への回答作業をしていた斎藤良衛外務省顧問も、日米諒解案とは、

「ハルが野村に告げた通り『日本人および日本の友人たるアメリカ人の作成』したもので、外務本省で知らぬ間に（略）作成した日本案の国務省版であった」（『欺かれた歴史』）

という判断をしていた。

そこで、松岡は、

「日米間の正式外交交渉に引き戻すべき」（同右）

とし、五月五日、斎藤顧問と日米諒解案の検討作業を開始したのである。

「松岡修正案」に対するハルの反応

その頃、松岡の風邪は重くなっていて、午後になると決まって三八度前後の熱が出た。しかし、病気よりもこのような重大な外交案件が彼の知らない所で、知らない間に取り上げられ実行されていたため、

身の置き所のない恥ずかしさと怒りを感じていた。

松岡は、

「野村大将の誠意については全く疑を持たなかつたが、彼の背後にあつて東京その他から絲を引く連中の誠意を大に疑つた」

と述べ、危機感を抱きつつ斎藤顧問と米国案への対案作りに没頭した。そして、松岡の回答案は、五月十二日、野村大使に送信され、ハル国務長官に手渡される。

松岡案は、米国案（日米諒解案）が扱っていた六項目に対応するもので、それぞれに修正を加えていた。それらは、米国に三国同盟を認めさせ、日支事変の解決のために米国に貢献を要求するものであった。そのため米国案（日米諒解案）とは内容が対立していた。松岡が野村大使に「ハル国務長官ニ手交セラレ度シ」と電信した文書は、松岡自身が筆を執りドスのきいた英文で書かれていて、それはハル長官に向けた訓令のようであった。

Strictly Confidential
I feel it hardly necessary but in order to leave no room whatever for any misapprehension
I wish to put the following on record at this juncture.

「極秘

本大臣はほとんど必要ないこととは思うが、一切の誤解の余地を残さないために、この際、次の点を記録に留めることを希望する」（『外交資料　日米交渉記録ノ部』筆者訳）

松岡は、このようにハル国務長官に向けて「次の点を記録に留めることを」明確に伝えようとしていた。その「次の点」とは、

on the premises that United States would not enter the European war and that the United States Government agree to advise Chiang Kai-shek to enter into a direct negotiation with Japan with view to bring about peace between Japan and China at the earliest possible date.

「米国は、欧州戦争には参入しないようにすること、さらに米国政府は最短可能日に日中間に平和をもたらすことを考えて、蒋介石に対し日本と直接和平交渉を始めるよう勧告することに同意する」（同右）

という要求をしていたのである。つまり、米国は英国を守るためであっても、対独戦に参入してはならないこと。さらに、米国政府は蒋介石政権に日本と直接和平交渉するよう勧告し、邪魔はするなと伝えていたのだ。

ハル国務長官の変心

右のような内容の松岡からの回答案を渡されて、ハル国務長官は誰よりも驚き、裏切られた、という気持ちになったはずである。というのも、日米諒解案の作成に従事していた井川、岩畔、野村らはハル長官宅を訪れ、まるで物乞いをするかのように日米交渉の実現を懇願していたのである。そして、そんな彼

らをウォルシュ司教、ドラウト神父たちが献身的に援助をしているものとハル長官は思っていた。
ところが、そうして出来上がった同案を日本に送ったところ、松岡外相は同案に同意するどころか、これを完全に否定した松岡案をハル国務長官に回答してきたのだ。このため、井川らから受けていた説明も疑わしくなり、井川が日本政府の全権大使などでないことも判明してしまったのである。ハル国務長官は回顧録で、

「井川は、口先のうまい政治家タイプ」

と「全権大使井川」を酷評している。ハル長官は、前国務長官のスチムソン陸軍長官から、日本との交渉にはくれぐれも注意するよう忠告を受けてもいた。だからハル長官にしてみれば、そんな日本勢に危く足を掬われてしまうところだったのである。

それでは、ウォルシュ・ドラウト両師のことはどのように捉えられていたのか——。

ハル長官の直属部下であるバレンタイン参事官は、瀋陽総領事であった時、ウォルシュ司教と知り合い、彼の献身的な活動を見て聖人だと思っていた。そして、聖人はとかく世間知らずで簡単に人の言うことを信じがちなので、日米諒解案の件も、両師が日本を訪れた際に口先うまく日本側に乗せられ協力させられているものとハル長官に報告していたため、ハルもそのまま受けとめていた。ところが、ハル国務長官はここに至りそのような話も信じる訳にいかなくなってしまったのである。

「私は覚書の印象とその合意について大統領と連絡を取り、日本人と会談を始めるのかを決めなければならなかった」(The Memoirs of Cordell Hull)

ハル長官は迷っていた。

松岡回答案は、米国側が基本原則を捨てなければ合意しないような要件を提案していた。ハル国務長官に提出された松岡回答案は、日本からの公式な提案でもあった。しかしながら、その提案が米国側の基本原則に合っていなくても、その頃のハル長官は、松岡が示してきた回答案を拒否できない事情に直面していた。

その事情とは、独ソ情報であった。

五月十五日、木戸幸一は、関西行啓に赴く皇后陛下を東京駅で奉送した際、

「同所に於て東條陸相より独ソ緊迫の情報を聴く」（『木戸日記』）

と記した。当然、ハル国務長官も、同情報に注意をしていた。そして、この独ソ戦に連動する可能性の高い国といえば、日本であった。そのため、ハル国務長官は、

「私と大統領は、日本を三国同盟から脱退させるという、可能性もわずかな作戦をやってみよう、本当にそうなればヒトラーには大打撃で、（米国の　註）同盟国側を活気づける」（The Memoirs of Cordell Hull）

と決断し、対日説得を選択することにした。その結果、ハル長官は松岡案に理解を示すふりをしながら野村大使と会談を進めてみることにしたのである。

「日本政府の修正意見に対し、米国側は正式な解答を寄す代りに、ハル長官と野村大使と会談を重ねることになった」（『岩畔豪雄氏談話速記録』）

同会談に同席していた岩畔も述べている。

右の文中、「日本政府の修正意見」とは、松岡案のことで、同会談には、野村大使、井川、岩畔が、米国側はハル長官とバレンタイン参事官が参加した。会談場所は、ワードマン・パーク・ホテルのハル長官の応接室兼書斎で、会談時間は夕方から夜の九時頃まで続けられた。

岩畔は、ハル長官が松岡案を受けた直後に、野村大使、井川らと訪れた。その時、

「ハル長官は私に対して、特に親愛の情を示し、野村大使と井川君には褐色製の応接セットを勧めた」(同右)

という。さらに、ハル国務長官は、岩畔大佐に向かって

「カーネル(大佐)・イワクロ、君は幸福者だよ」

と話しかけると、

「自分は終日の労苦を了へて帰宅するや否や此の椅子に足を伸ばし、妻の奨める一杯のウイスキーを乾して、十五六分休養するのであるが、これ程自分の元気を速に回復させるものはないやうな気がする」(『回想』)

と続け、

「今夜は特にこの椅子を大佐に勧める」

とハル長官お気に入りの安楽椅子を岩畔大佐に勧めて、彼への敬意を表したのだ。そして、その安楽椅子はその晩だけでなくその後も、ハル長官宅を訪れるたびごとに岩畔大佐にあてがわれた。このようにハル長官が彼を特別扱いをした理由は、日本陸軍で第一級の情報通の岩畔を目の前に置きたかったこと、さらに、日米諒解案を利用した日米交渉の提案者が井川でないとしたら、日本陸軍のものであるに違いな

い、と考えて岩畔を主賓席に据えたのである。

野村大使は、ハル長官宅を五月十四日、十六日、二十日、二十一日、二十八日、と頻繁に訪れて会談をした。

そして、三日後、

「五月三十一日、午後六時過ぎバレンタイン参事官が、國務長官の使として米國案を持參した」(『米國に使いして』)

国務省からバレンタインが届けた同案は、松岡外相が五月十二日に「松岡修正案」として提出したものへの米国側からの回答であった。その米国案は松岡案に合わせるように六項目構成にされていた。ただし、争点となっていた米国の対独参戦、日支事変の和平解決に関しては、期待していたものは見当たらず、日米首脳会談についても言及されていなかった。

このような米国案を日本に送れば、最初に送った米国案(日米諒解案)とは内容が異なっているではないか、と批判されてしまう。そのため野村大使は、バレンタイン参事官から受け取った米国案を東京には打電をしないで、両国が受け入れられるような修正案を仲間内で考えてみることにした。その際、井川の発案で、ウォーカー郵政長官にも、「日本側に受けそうな米国対案を作成して貰ひたい」(『回想』)と相談した。

こうして、ウォーカー長官も加わり、その草案作りを始めた。

ところが、丁度そのような頃であった。なんと、ドラウト神父に井川忠雄を紹介したユダヤ人国際金融家のルイス・ストラウスが、ワシントンの海軍情報部に、突然出頭したのだ。

ストラウスはその頃、ワシントンの海軍省に籍を置き、少将兼顧問という特別待遇を受けながら、日米交渉の行方に関心を持って見ていたが、ユダヤ人として最新のドイツ情報に接していた彼は、突如、ヒトラーのソ連侵攻を知ることになったのである。そのため、それが本格的に行われる前に、米国政府に忠誠を示しておく必要から、五月二十二日に出頭すると、日米諒解案が作られた背景について自供したのだ。

ストラウスが語った報告は、直ちにハル国務長官の手元に送られた。それによると、井川は、日本を代表する全権大使などでなく、「この考え全体の責任者はメリノール修道会のジェームズ・ドラウト神父である」という、それまで考えていた推論を逆転させる事実が浮かび上がったのである。

「ドラウト神父がこの件をすべて引き受けていて、神父は発起人と同時に販売人という役割なのです。つまり同神父が最初に、日米交渉という企画とそれに対する賛意を日本人に『売り』つけ、その後は、全力を尽くしてその企画を貴下に、(さらに貴下を通して大統領に)『販売』していたのです」(FRUS 筆者訳)

「つまりこの件では、ドラウト神父が操り主であり、この件で貴下と会談を行っている郵政長官、井川、岩畔、野村大使らは、彼の補佐役として使われているのです」(同右)

ルイス・ストラウスの出頭報告は、ハル長官に驚きと貴重な情報をもたらした。その証拠に、ハル長官は、ストラウスが話した内容を、彼と共に会談に参加していたバレンタイン参事官にすら、教えなかったからである。

岩畔は、それまでハル長官宅を訪れる度に座り心地の良い安楽椅子を与えられ、長官から特別待遇を受けていた。ところが、六月七日、そんな彼に忘れられないような出来事が起きる。

野村、岩畔、井川らがハル長官宅を訪れると、ハル長官はいつもとは全く別人のように不愛想に招き入れると、次のように宣告したのだ。

「諸君との会談は、おそらく今夜が最後のものとなるであろう。東京からの情報によれば、東京政府は日米国交の打開問題に対しては熱心でないようである。東京政府の態度がこの有様ではこれ以上会談を続けても無益である」（『岩畔豪雄氏談話速記録』）

ハルは、それから野村、岩畔、井川らの顔を見ながら、

「日米の関係が如何様に悪化しても身柄は保証する」（同右）

そう伝えたのである。

その翌日、野村大使は、現況報告（六月八日付）を松岡外相に電報した。その中で、彼は、五月三十一日に受け取った米国案（中間案）に対する起草作業を進めていると伝えた。野村大使、岩畔、井川らは、ウォーカー郵政長官の力を借りて、米国側に受けそうな草案作りをしていて、十四日にそれがまとまった。

「野村は六月十五日、新草案を私に提出した」

ハルは、十五日に野村から米国案（中間案）に対する修正案を受け取った、と回顧録（英語版）に明記している。野村は、その新草案を、米国政府案として松岡外相に再度、送るつもりであった。しかし、そのような「米国案」を松岡が受け入れるはずもないことは目に見えていたが、その前にハル国務長官が、最終決断を示してきた。

第五章 隘路《あいろ》に嵌った日米交渉

独ソ開戦を見抜けなかった岩畔補佐官

ハル長官は、野村からの回答案を受けて、六月二十一日に米国案を手渡すと伝えてきた。野村は、
「六月二十一日午後〇時半、國務長官を往訪。彼は病床に在つた。今日まで進行したるものを、懸案は懸案として書き残しつつある米國案を受取った」(『米國に使して』)
と米国案が渡されたことを記している。
野村大使に同行していた岩畔は、その日のことについて、次のように語っていた。
「これより先き五月下旬ハル長官は病を得て十余日に亘りウエスト・バージニアの温泉に転地療養に出かけていたためハル・野村会談も自然流れていた」(『岩畔豪雄氏談話速記録』)
ところが、ハル国務長官は、六月中旬に、転地療養先からワシントンに戻った。
「そして六月二十一日になると同長官から野村大使に電話があって『至急ワードマン・パーク・ホテルの私室で会見したい』」(同右)
と連絡が入った。
これを受けて、野村、岩畔、井川たちはハル長官宅を急いで訪れると、三人はハルの寝室に招じ入れ

られた。ハル国務長官はベッドに横たわっていた。これを見て、三人は長官に病気見舞いの言葉を述べてから、先着していたバレンタイン参事官と、長官のベッドを囲むように座をしめた。ハル長官はそんな日本人来客者に突然、

「独ソ開戦の見通しはどうか」

そう質問してきたのであった。諜報の岩畔と言われる彼なら、独ソ開戦については一番その情報に接していなければならなかった。ところが、その彼は、

「これに関する情報はどこからも得ていなかった」（同右）

と答えたばかりか、野村大使が岩畔に代わり、

「日本大使館も、その見通しについては的確な情報を入手していない」

そうハル長官に答えるより外ない有様だった。一方、ハル長官は岩畔の実力を見究めたかのように、

「最早話すべき事柄は無いと云う素振りをした」（同右）

という。そこで岩畔たち三人はベッドのハル長官に

「『病気養生を大切にするように』と述べて辞去した」。（同右）

ところが、ハル長官の寝室で独ソ開戦の見通しを尋ねられて帰ったその翌日、独ソ開戦が始まったのである。

「それにしても一国を代表する大使（野村大使のこと　註）ともあろう者が明後日に迫っていた独ソ開戦のことを知らなかったとは何たる迂闊な話であろうか」（同右）

岩畔は、野村大使をこう批判していた。しかし、批判されるべきは、大使補佐官として野村大使に独ソ開戦情報を与えられなかった岩畔の方であった。

ドイツ情報は、ベルリンにいた駐独大使大島浩陸軍中将により発信されていた。その大島大使は、独ソ開戦は不可避であるとして、すでに六月六日に次のように知らせていた。

「最近獨ソ関係悪化、戦争不可避、ソ連ハドナウ河口問題デ獨ノ失敗ヲ期待シテオル、(略)ドイツトシテハ日本が協力サレレバ歓迎スル、準備ヲ早クヤッテ欲シイ」(『石井秋穂大佐回想録』戦争指導重要国策文書)

これに対して、岩畔の上司、武藤章軍務局長は、

「独逸の対英戦争が中途半端にある今日、ヒットラーが気でも狂わん限り、対蘇戦争を始むる気遣い無用と判断していた」(『巣鴨日記』)

として独ソ開戦を全く予想していなかった。岩畔は武藤直属部下であったため、武藤同様にヒトラーのソ連侵攻のことを考えていなかったのだろうか。

ところが、軍人でもないハル国務長官の方は、当日、ドイツ軍のソ連侵攻情報を持ちながら岩畔大佐を寝室で待っていたのである。

岩畔は、ハル国務長官宅を訪問し、そこで

「『問答が行われているときには既に独ソは戦争状態に入っていた』のであるから、迂闊を通り越した一幕の喜劇であった」(『岩畔豪雄氏談話速記録』)

と述べている。しかし、その日の喜劇の主人公こそ、岩畔豪雄大佐その人であった。そして、日本陸

軍の情報力を確認すべく、病人を演じて日本人三人を寝室に招いて彼らの本音を確保しようとしたハル長官は、千両役者と言えよう。いずれにせよ、ヒトラー・ドイツの突然のソ連侵攻は、ハル国務長官やスティムソン陸軍長官らを「神の恵みだ！」と叫ばせる、心から望んでいた展開になった。つまり、ドイツ軍がソ連へ侵攻してくれたため、英国はヒトラーからの攻撃を免れ、その敗北から回避され、ひとまずは生き残れることになったのである。

ヒトラーのソ連侵攻を「神の恵み」として、ハル国務長官、スティムソン陸軍長官らの知らない所で、同じように喜んでいるグループがいた。英国を守るべく対日工作をしていたワイズマンとドラウト神父である。ドラウト神父とワイズマンらは、ヒトラーのソ連侵攻で英国への攻撃が一先ず避けられたため、一年前に持っていた危機感から解放されていた。

そんな中、六月二十一日の米国案が東京に電送されてきた。近衛内閣は、独ソ戦争という一大事態に全神経を集中することを余儀なくされる中、大本営政府連絡会議を開き、送られてきた米国六月二十一日案の審議に取りかかった。米国案を読むと、次のようなことが判明した。

一　欧州戦争について、日米が平和のために協力するという一項が削除され、あくまでドイツ打倒に進むこと

二　米国とドイツが戦争の際は、日本は行動しないと明言すること

三 中国問題では、蒋介石政権と南京政府という区別をなくし、「支那国政府」に和平を慫慂すること

独ソ戦争が起きたために、艦艇建造、兵力の増強、訓練に必要となる時間的余裕を手に入れた国務長官ハルは、ドラウト神父が作成した日米諒解案とは異なる独自案を出してきたのである。例えば、「オーラル・ステートメント（口上書）」は、野村大使、岩畔、井川を利用して次のように書いていた。

「國務長官ハ（略）日本大使及其同僚（複數）ノ見解ト所見ヲ同シクセラレ且之等崇高ナル目的達成ノタメノ行動ヲ支持セラルルナランコト疑フ理由ヲ有セス不幸ニシテ政府ノ有力ナル地位ニ存ル日本ノ指導者中ニハ國家社會主義ノ獨逸及其ノ征服政策ノ支持ヲ要望スル進路ニ對シ抜キ差シナラサル誓約ヲ與ヘ居ルモノアル」（『外交資料』日米交渉記録ノ部 傍線筆者）

これを受けた近衛総理は、右の記述を次のように理解した。

「米国としては熱心に日米諒解の成立を希望しているのであるが、（略）『……政府の有力なる地位にある日本の指導者中には国家社会主義のドイツ及びその征服政策の支持を要望する進路に対し、抜き差しならざる誓約を与える者のあること』を情報によって確かめられ、かくては両国諒解も『幻滅的』なものではないかと、暗に松岡外相を非難した文句があった」（『近衛文麿手記』傍線筆者）

ハル国務長官は、松岡洋右外相がいる限り日米交渉はまとまらない、そう伝えてきたのだ。

そこにはハル国務長官に次の読みがあってのことである。

独ソ戦が始まったものの、国務省内はソ連の防衛力に悲観的であった。ヒトラーも、数カ月内でソ連を打ち負かすと公言しており、スターリン自らがルーズベルト大統領に直接援助を求めてきていた。その

ような時、駐日グルー米国大使は、日本は枢軸同盟第三条に従いソ連に侵攻をするという報告をハル国務長官に送っていた。そして、こうした日本のソ連侵攻の可能性は、国務省内部で圧倒的に支持をされていて、六月二十二日ウェルズ国務次官も、ハリファックス駐米英国大使との会談で、

「日本は早晩ソ連攻撃を開始する。その場合、英ソ同盟を結べば日英戦争が避けられなくなるので、英ソ同盟は結んではならない」（ＦＲＵＳ）

と忠告していた。さらに、例えば、国務省のソ連専門官チャールズ・ボーレンも、六月二十五日の覚書で、独ソ開戦でソ連の国家構造は二、三週間のうちに完全崩壊してしまう、と指摘していたのである。

突然勃発した独ソ戦争が、日本をそれまで以上に注目され、無視できない重要な存在へと押し上げたのである。具体的に、ハミルトン国務省極東部長は、

「独ソ開戦で日本には南進論と北進論がある。南進するのは対米戦争をおそれて遅らせる。北進については日ソ中立条約を破ってもその可能性は高い」

このように述べていた。そして、アダムス同次長も、「日本はウラジオストクを狙い南進はしまい」と日本の北進を明確に予告していた。ワシントンの国務省は、日本軍がソ連のシベリアなどに進攻するようなことになれば、ソ連はドイツと日本からの二正面攻撃に直面し、ソ連国内でも分裂が誘発され、シベリア地区軍隊は同地区に釘付けされて対独戦に回せなくなり、その結果、ドイツ軍に敗北する可能性が確実に高まってしまうと分析していたのである。

英国が頼りにならないルーズベルト大統領は、対日戦を考えた時、スターリンのソ連を使わなければ日本を降伏させることはできない、とチャーチルにさえ伝えていた。さらに、ソ連がドイツ軍に敗れた暁

には、米国軍をヨーロッパに派遣することも困難になってきてしまうため、日本の北進はそれほどまで米国側に危険視されていた。

しかし、欧州での戦争準備を急いでいた米国ではあったが、準備がまだまだ十分に整っていなかった。そのため、ハル国務長官は日本の出方を特に心配していて、ソ連にはヒトラー・ドイツ軍との持久戦を望むしか方法はなかった。そのような時、日本で北進を唱えて、米国のみならずソ連も恐れさせていたその張本人が、松岡洋右外務大臣だったのである。


対ソ参戦論の急先鋒で、南仏印進駐への警戒論者であった松岡外相は、六月二十四日の連絡会議で、

「独ソ戦は、まず日本の参戦をきめたい。これに関連して日ソ中立条約の存在を気にする向きもあるが、三国同盟は中立条約で左右さるべきではない」

と発言、六月二十六日、二十七日、二十八日、三十日に、

「三国同盟により行動しドイツと策応して対ソ開戦すべき」（『大本営機密日誌』）

と即時の対ソ開戦を主張した。松岡外相は、さらに、六月二十七日、大本営政府連絡懇談会（第三十四回）が開催された際、次のように主張した。

「今ヤ独『ソ』戦ガ惹起シタ。帝国ハ暫ク形勢ヲ観望スルトスルモ、何時カハ一大決意ヲ以テ難局ヲ打開セネハナラヌ
独『ソ』戦ガ短期ニ終ルモノト判断スルナラハ、日本ハ南北何レニモ出ナイト云フ事ハ出来ナイ。

短期間ニ終ルト判断セハ北ヲ先キニヤルヘシ。独カ『ソ』ヲ料理シタル後ニ対『ソ』問題解決ト云フテモ外交上ハ問題ニナラヌ

『ソ』ヲ迅速ニヤレバ米ハ参加セサルヘシ

米ハ『ソ』ガ嫌ダ、米ハ大体ニ於テ参戦ハセヌ、一部判断違ガアルカモ知レヌガ、故ニ先ツ北ヲヤリ南ニ出ヨ」(『杉山メモ上』)

――いまや独ソ戦が始まった。日本はしばらく形勢を観望するにしても、いつかは一大決意をもって難局を打開しなければならない。

独ソ戦が短期間で終わると判断すれば、日本は南北どこにも出ないなどということはできない。短期間に終わると判断したら、北を先にやるのだ。ドイツがソ連を料理した後に、対ソ問題解決といっても外交上は問題にならない。

ソ連を迅速にやれば米国は参戦をしないので、米国はソ連を助けることは事実上できない。もともと米国はソ連が嫌いだから、米国は大体参戦はしない。一部判断の違いはあろう、しかし先に北をやり、南に出るのは後である――。

陸軍側も即時参戦を主張した。一方、海軍はこれに対し不同意を唱え、議決ができないため、同会は翌日に再開されることになった。

「十六年六月二十八日

午後二時、連絡懇談会を開いた。(略)

松岡外相は最後まで即時参戦を主張し、海軍はこれに対し何等答えず、杉山参謀総長は不同意をとなえて、討議を終った。近来にない電撃的な国策の帰一である」(『大本営機密日誌』)

連絡懇談会(第三十六回)は、二日後六月三十日、午後五時から再開された。

「この日、果然松岡外相は、南方施策促進に関する件の中止を提議した。南方に対する火遊びを止めて北方に専念すべしというのである。

『我輩は予言の的中しないことはない。南方をやれば必ず火は燃え対英米戦に追い込められるであろう』と舌端火を吐くものがあった」

『大本営機密日誌』は、松岡が北方進出を主張し、南部仏印進駐への中止を提議したことを明記している。

そして、七月二日、皇居宮中で御前会議が開かれた。出席者は、杉山参謀総長、塚田同次長、永野軍令部総長、近藤同次長、近衛総理、原枢密院議長、平沼内相、東條陸相、及川海相、河田蔵相、鈴木国相兼企画院総裁、富田内閣書記官長、岡海軍軍務局長であった。(武藤章陸軍軍務局長は欠席)

その御前会議が始まると、先ず、原嘉道枢密院議長が、

「ソ聯を打つべきを熱烈に強調し、これがためには英米との衝突を回避すること、南部仏印進駐は国際信義に反するから中止したらどうか」(『大本営機密日誌』)

と発言し、

「独ソ開戦は日本にとってはまことに千載一遇の好機であることには皆様も異存がないと思う。ソ連は共産主義を世界にふりまいているので、打たねばならない」(同右)

と、北進こそ日本にとって千載一遇のチャンスであると訴えた。ただし、海軍側は、まだはっきりし

た立場を示さなかった。

一方、ワシントンにいた岩畔や井川たちに、独ソ戦争はどのような影響を与えていたのか——。

「独蘇開戦後（略）米国側（略）首脳部の態度は明に日本の歓心を買はうとするに在った。ハル長官すら従来の硬直な態度を捨てて甚しく従順（オトナ　註）しかった。それは此の形勢の急変に依り日本の立場が有利になったと見た為である」（『井川忠雄　日米交渉資料』）

井川忠雄は、ハル国務長官の態度が手に取ってわかるように従順になったと述べている。

そのような米国側の態度の急変に対して、日本側の対応はどうなるものと井川や岩畔、野村大使らは考えていたのか。井川は書いている。

「若し日本が独逸との黙契に依って蘇聯と事を構へるに至らば、支那と西伯利亜（シベリア　註）に二正面作戦を敢てしなければならなくなる」（『回想』）

つまり日本は、北進してソ連と戦えば、中国とシベリアの二正面で戦うことになるため、日本の立場は弱くなる、そう考えていた。

「従って日米交渉でも（日本政府の方が　註）相当妥協的になって来るであろう」（同右）

として、日本政府が米国側に妥協してくるものと予想していた。野村大使はといえば、

「日本が日蘇中立協定を遵守して此際蘇聯と事を構へないならば、蘇聯の方が（略）日本に対し相当妥協的となるべく（略）、支那に対する立場は有利となるべく、従って日米交渉でも（略）米国側が折れて行く他ない」（同右）

と考え、日本が北進をしなければソ連は妥協的になり、米国との交渉もやりやすくなるので、北進反対の立場をとっていた。それは、岩畔大佐も同様で、日本が北進せずに日ソ中立協定を遵守すればソ連は日本に妥協的になり、中国に対する日本の立場も有利になり、日米交渉の際には米国側に対して「強硬なる態度を持続」できるため、「此際日本としても是非日米交渉を妥結せしめ、相当の諒解を成立」(同右)させるよう主張していた。

このように岩畔、井川そして野村大使らは、独ソ開戦時、日本軍の北進にはっきりと反対をしていた。ところが、当時ワシントンで日本軍の北進に反対していた岩畔は、終戦後には、「もし日米戦争に日本の勝機があったとすれば、昭和十五年ごろ、日米の物的比率がまだそれほどひらかないうちに、戦争をはじめればよかった。もう一つはドイツがスターリングラードを攻撃していたときに、シベリアを衝けばよかったのだ。当時関東軍は精鋭十コ師団を擁していたのだから」(『丸』一九六一年一月号 傍線筆者)

と、北進論の方に彼の考えを完全に変えていた。しかし、ハル国務長官の方は、独ソ開戦時の最初から、日本軍がシベリア進攻に向かわないように望んでいたのである。そして、そのための具体策として、ハル国務長官は、七月六日、近衛総理から、「日本は対ソ進攻は行いません」という確約を得るようルーズベルト大統領に近衛宛の電報を送らせてもいたのである。

七月十日、連絡会議(第三十八回)が首相官邸で開かれた。「日米国交調整特ニ六月二十一日附『ハル』

長官ノ回答ニ関スル外務省側ノ意見開陳ノ件」が議題であった。

先ず、松岡外相が、

「『ハル』の回答案のものを取り入れるべきものは成るべく取り入れようと考えて見たが、結局本案は最初の案より悪い」

と報告を始めた。そして、

「野村大使は、決まるものならば私に考えなおして成立できるようにしてくれと言っているが、どうもこの案ではむずかしい。以下斎藤顧問に説明させる」

として六月二十一日の米国案に対する外務省の見解を述べさせた。すると、斎藤良衛は、十二項目にわたり同案を解説しながらそれぞれを否定した。そして、斎藤顧問が着席をすると、

松岡が次のように続けたのである。

「『ハル』ノ『ステートメント』ハ乱暴千万テ帝国カ対等ナル外交ヲ行フ様ニナツテ以来未タ嘗テナイコトテアル

野村ハ自分ト親シイ間柄テアルカコンナ無礼千万ナル『ステートメント』ヲ取継クカ如キハコレ亦不届千万テアル」(『杉山メモ上』)

松岡は、ハル長官が送ってきた回答に激怒していた。そこで、松岡は、

「此際我方の主張すべきことは徹底的に主張し以て米側を啓蒙することが国交調整の近道である」(『大東亜戦争秘史』)

と訓令し、これを受けて、

「外務省では顧問以下總力を擧げて検討の結果（略）對案を得、直に野村大使宛訓令せられた」（同右）

このように、寺崎太郎アメリカ局長と対案作りをしていた山本熊一東亜局長（当時）は、記している。

六月二十一日米国案に対する再修正案は、七月十五日に野村大使に訓電された。ところが、これを読んだ野村大使は、松岡の再修正案（七月十五日案）が、想像していた以上に硬化されていたため、勝手に判断をして、

「種々口實の下に米側に提示しなかった」（同右）

野村大使は、日本案をハル長官に提示しなかっただけでなく、提出を怠ったことをも報告しなかった。

松岡外相更迭の画策

こうした事態の中で、近衛総理は何を、どのように考えていたのだろうか？

すでに述べたように、日米交渉は第二次近衛内閣の時に、ドラウト神父が日米諒解案の基となる甘い話を持参して日本にやって来たことに端を発していた。同神父は、英国情報部の元米国代表ワイズマンの指示下、ヒトラー・ドイツ軍からの英国侵攻を防ぐため、井川忠雄という元大蔵省財務官のカトリック信徒に接触して動き出すと、野村大使や岩畔大佐も、同神父に操られ始める。彼らは、同神父のことをルーズベルト大統領の使者であると信じたあまり、「日米交渉」という企画が、ドラウト神父が作っていた私案であったことなど、日米開戦に至っても全く知ることはなかったのである。

このようなため、その甘い話に疑いを持った者は、日本国内でもごく少数しかいなかった。

その一人が、岩畔大佐の後任として陸軍省軍務課長になった佐藤賢了大佐であった。彼は戦後、極東国際軍事裁判（東京裁判）でA級戦犯容疑者に指定され、終身禁固刑十一年という判決を受ける身となった。彼は、一九五六年三月まで巣鴨刑務所で刑に服している間、牢獄の中で日米諒解案について考え続けていたが、出した結論が、「米国による罠論」であった。

岩畔大佐が米国駐在となり、その後任になった佐藤大佐は、

「諒解案を基礎と考えたのは野村大使の手落ちによる日本側の錯覚であって、これが米国の本音であったのだ。米国は初から諒解案の線で日米交渉をまとめる気はなかったのだ。私は日米交渉は『泥沼に陥って物資欠乏に悩む日本に諒解案という餌を投げかけてきた米国のワナだ』とさえ強く感じた」（『大東亜戦争回顧録』）

と断じている。

しかし、そのように「米国のワナ」と考えるに至った軍務課長の彼でさえも、ドラウト神父の裏側までは知り得ていなかった。

ハル国務長官も、はじめ日米交渉に合意しようとしたが、その考えは途中で消えた。ドラウト神父に井川への紹介状を書いていたユダヤ人金融家ルイス・ストラウスがワシントンの海軍省情報部に自首したことで、敵国日本にではなくドラウト神父の仕掛けた国際的「ワナ」に操られていたことを理解したためである。そして、この真相を知ったハル国務長官は、それまで乗せられていた日米諒解案の流れを、自分たちのために逆利用することにしたのである。

ハル国務長官は、日本を北進させないようにするために、日米諒解案を利用しつつ日本側と会談を継

続する。例えば、ハル長官は日本側との交渉継続を希望しているように装いながら、この交渉を成立させるためには、松岡外相が障害であるとして、野村大使や井川から近衛総理へ、岩畔からは陸軍省に働きかけをさせ、松岡外相の失脚に動き出したのである。

ハル長官の同僚、ウォーカー郵政長官も、井川に、日米交渉に関して次のような打ち明け話を始めた。

「松岡さんは、優れた外交のテクニシアンで、ソ聯では、スターリンと離れ業をやつた。しかし、あの方法は独裁国では可能だが、こちらとの間では駄目です。大統領が会うのならば、近衛首相でなければなりません」(『法衣の密使』)

岩畔も、ハル長官から、松岡外相に対する不信感が露骨になっていることを読み取っていた。

そして、そうした米国側の空気を受けて、どうしても日米交渉を合意に至らせたかった彼らは、松岡外相の更迭が望ましいという報告を日本にしたのである。野村大使補佐官であった岩畔大佐は、

「野村大使の要請に基づき、井川君からは近衛総理に、陸軍武官からは陸相に、海軍武官からは海相に、それぞれ外相更迭の要あることが具申せられた」(『平和への戦い』)

と、具体的に述べている。

ハル長官は、北進論者の松岡が失脚すれば、日本は南進すると読んでいた。その日本軍が南部仏印に進駐した時、ルーズベルト大統領が対日石油禁輸を発動すれば、日本は日米開戦に出てくるとも考えていた。

岩畔大佐は、井川に、反松岡情報を近衛総理に送らせていた。謀略の第一人者岩畔大佐は、終戦後、自らを平和の使者として認知させたかったようであるが、実は日本に誤った情報を発信して日米開戦に至

らしめたこの事実こそ、知られなければならないのである。

一方、井川や岩畔から反松岡情報を受けていた近衛総理は、東條陸相、及川海相らと北進問題を協議した。東條陸相は日本軍の北進について、「好機を捕捉して武力解決を図る」ことを主張したが、及川海相の方は、「余りソ連を刺戟しないように」と北進に反対した。

そこで統帥部と政府による連絡会議が開かれ、御前会議も奏請された。

「七月二日の御前会議は松岡外相が非常に（ソ連進攻への　註）積極論を唱え、また陸軍も満洲に兵力を集中しており、何時でも対ソ戦に乗り出すという情勢であったので、これを抑えるのが主目的であった。その結果、多少代償的な意味で仏印進駐を認めた次第である」（『近衛文麿手記』）

近衛は、ソ連に進攻しないことを決めた。しかし、北進はしないと決定したものの、軍の要求も少しは受け入れねばと考えた。そこで、北進の代償という理由で仏印進駐を決意したのである。そして、これを発表する直前に、第二次近衛内閣を総辞職させた。

近衛が内閣総辞職をした理由は、ただ一つ。松岡外相を切り捨てたいがためであった。ワシントンから、松岡外相では日米交渉はできないとハル国務長官が難色を示している、と何度も報告が届けられていたので、同交渉を成立させたいがために、近衛は内閣総辞職を決断したのである。

松岡外相は、外務省員一同に離任の挨拶をした。彼が同省を去る際は、次官から給仕に至るまで玄関から門前に整列して心から名残りを惜しんだが、このような例は外務省としても前代未聞であった。

「十六年七月十七日

十六日夜十一時、突如近衛内閣は総辞職、十七日午後一時、大命は再び近衛公に降下した。この度の総辞職の目的は、松岡外務大臣の追出しにあった。新外相には豊田商工大臣が就任した。(略)近衛総理は、今回の外相の入替えでもって、ひたむきに日米交渉の妥結を計る強い決心を見せた。しかしながら北辺はいよいよ危く、また南部仏印への進駐問題もフランス政府との間に交渉されているそのさ中である。―この劃期的な日米交渉が果してうまく進展するか、どうか」

『大本営機密日誌』は第三次近衛内閣について、日米交渉妥結のための松岡外相追出し内閣である、そうはっきりと記している。

近衛は、松岡の首を切り捨て、大橋外務次官を更迭すると、七月二十四日南部仏印進駐を発表した。北進はしないと決定し、南進もしないといえば、近衛は軍との正面衝突を招くので、「その結果、多少代償的な意味で仏印進駐を認めた次第である」(『近衛文麿手記』)

ところが、米国側はこの南部仏印進駐発表を待ち構えていたかのように、その翌二十五日、米国内の日本資産を凍結する大統領令を発布した。資産凍結とは、あらゆる金融取引の停止、貿易の停止、日米間の直航船便の停止である。それは最終的破局の開幕を宣告されたのも同然であった。

そして米国が大統領令を発表した翌二十六日、英国も日英通商条約の破棄を、オランダも日本との協定停止を通告してきた。日本は米・英・蘭から経済封鎖の発動を受けたのである。ところがそれで終らなかった。米国は、八月一日に日本への石油禁輸も発令する。そして、経済封鎖の次に、米国側は、日米交渉の打ち切りをも告げてきたのだ。

近衛総理は、ハル国務長官の意を汲んで松岡外相の首を切り、ルーズベルト大統領からのメッセージを受け入れて日本軍の北進を阻止させ、その代償としての南部仏印進駐を決定していた。近衛総理はそこまでして日米交渉の成立を望んでいた。ところが、米国側は、交渉の成立は全く望んでいなかったのである。

「これで自分は大体見切りをつけたのであった」

ワシントンで、ルーズベルト大統領から日米交渉の打ち切りが発表されると、井川忠雄は米国出国を決心した。彼は荷物の整理を始めたが、これまでの努力も消え、

「使命を果たさざりし責任を痛感して自決しようとの考えから煩悶の幾夜を送った」(『回想』)という。

そのような井川を見た岩畔大佐は、

「互いに君国の為自重しなければならないぞ」と一喝、反省を促すと、野村大使もまだサジを投げてはいけない、と忠告した。

「然らば此上は速に帰国して親しく近衛公等に経過を御報告し尚最後の努力をして見やう」(同右)、井川はそのように気を取り直し、岩畔大佐にも同道を望んだ。

一方、岩畔大佐の方も、

「独ソ開戦といい、またこんどの南部仏印進駐事件、ならびにこれに伴う在米日本資産の凍結といい、すべて日米交渉の前途を暗からしめるものであった。私の滞米はもはや意味のないことになったと、私は思った。すべては終ったのである」(『平和への戦い』)

と考えた。そこで、岩畔も七月二十九日に帰国を決意し、東京に「日米間に於ける一般の状況を報告

すると共に、今後採るべき日本の態度につき意見を具申するために帰国したき旨電報した」(『アメリカに於ける日米交渉の経過』)

するよ、折り返し彼に帰国許可が出された。

井川と岩畔大佐は、当初、汽車で大陸横断し、サンフランシスコから乗船を予定していた。ところが近々入港予定の龍田丸で最終便となるため飛行機で行く以外は間に合わなくなってしまった。そこで、井川がウォーカー郵政長官に電話を入れて席の確保を求めたところ、岩畔と井川にドラウト神父も加わり、計三名分の座席が確保できた。

ドラウト神父は、サンフランシスコまで二人に同行し、即日三十一日に空路ニューヨークに戻ることになっていた。ただし、彼らの行程にはＦＢＩの監視が付いていた。ドラウト神父がウォーカー郵政長官に依頼していたもので、それは岩畔大佐の米国入国時から行われていたのである。

ルイス・ストラウスが自首して、ドラウト神父の正体は暴露されてしまった。そのことを知ったドラウト神父としては、今度はあくまでも岩畔・井川・野村大使らから依頼されて動いていた世間知らずの聖職者という姿を演じたかったのであろう。そのドラウト神父であるが井川、岩畔と別れてから二年後、急死する。

四面楚歌の岩畔大佐

八月二日、サンフランシスコ発の龍田丸に乗船した二人は、十六日に横浜に到着した。

岩畔豪雄大佐は、

「八月十五日（実際は十六日　註）横浜港に上陸してから同月二十九日東京を離れるまでの約二週間、私が歴訪して説明したところは、

陸軍省首脳部、

参謀本部（部員以上全員）、

海軍省及び軍令部（主要な局部長以上）、

外務省（大臣、次官、アメリカ局長）、

宮内省（内大臣、宮内大臣、侍従長、侍従武官長）、

近衛総理、

連絡会議（総理、外務、大蔵、企画院、陸軍、海軍の各大臣、参謀総長、軍令部総長）

の七カ所であって、当時の日本を動かし得る実力者達ばかりであった」

このように自著『平和への戦い』に記している。

岩畔大佐は、八月十六日、東條陸相に帰国の挨拶を述べてから、日米交渉の経過を報告した。ところが、

岩畔大佐の報告に対して、東條陸相はほとんど反応しなかった、という。彼は、それから真田穣一郎軍事課長を訪れた。真田大佐は岩畔の同僚で、四月十八日に日米諒解案が送られてきたときは、同案に賛意を示していた。ところが、その彼が、岩畔に、

「陸軍部内では、親米的意見は歓迎されないから、言動に注意した方がよい」(同右) そう忠告をしたのだ。参謀本部では、日米戦争が必至という雰囲気になっていたのである。そこで、岩畔は、勝つ見込みはあるのかと反問した。すると、真田大佐から「もはや勝ち負けの問題ではない」そう言われてしまったため、彼としては、もはやこれ以上「日米交渉を語っても無益であろう」(同右) と受け止める以外になかった。

岩畔は次に海軍省に行き、海軍大臣、軍令部総長、省部の重要局部長ら約三〇名を前にして米国報告を行った。岩畔は、海軍省の首脳はワシントンで一緒に行動した海軍大将野村吉三郎大使と同じように、対米戦争には慎重であるものと思っていた。ところが、彼が報告を終えると、一人の部長が立ち上がり、

「今やＡＢＣＤラインは着着と進められ、ほとんど完成に近づいている。この状況下において、時間を無為に過ごすことは自滅をまつに等しい。この情勢を打開する唯一の道は、対英米戦争決行よりほかにない」(同右)

と岩畔に反対意見を表明してきた。海軍省部内の空気も変わってしまったことを身をもって実感させられたのである。

外務省で、岩畔は松岡外相の後任外相に就任していた豊田貞次郎海軍大将、天羽英二次官、寺崎太郎アメリカ局長の三人に日米交渉の報告をした。天羽次官は、前職がイタリア大使だったため、日米交渉について何も知らないまま大橋次官の後任になっており、岩畔の説明を聞いても、これを全く信用しないいば

かりか、話を受け付けようともしなかったという。「糠に釘」、岩畔はその日の外務省首脳部の印象を、この一言で表していた。

八月二十日、岩畔は宮内省で、木戸幸一内相、松平恒雄宮相、鈴木貫太郎侍従長、蓮沼蕃侍従武官長らに報告をした。

同日の『大本営機密日誌』は、彼の報告について次のように書いていた。

「岩畔大佐は（略）本日宮中における情報交換において、日米妥協の余地はあるとの報告をしたようである。ところが、海軍の若手連中は大いにこれを憤慨し、参謀本部に連絡してきた」

こうして、岩畔は参謀本部から、親米的意見を吐かないように再度、注意を受けたのである。

岩畔は、近衛総理に二度会った。最初は首相官邸で、井川も同席した。岩畔が米国報告をした後に、近衛総理は二人が留守のときに起きた出来事を話して聞かせた。

「特に松岡外相のことについては、詳細に、内閣改造のやむなきに至った事情を、事こまかに話した」（『平和への戦い』）

首相官邸での会見で印象的だったのは、近衛総理が、日米交渉を成立させることにまだ熱意を示していたことであった。近衛は、「『日米交渉に関しては勇気を倍加して立ち向かう』との決意を披瀝し」、岩畔に向かって、「『今後ともこの問題の解決に専念するよう』と懇請せられた」という。

岩畔が二回目に近衛総理と会ったのは、杉並区西田の近衛邸、荻外荘であった。岩畔と井川が米国でとった労をねぎらう、という名目であったが、実際には近衛、岩畔、井川らは、その夜、日米交渉を好転させるための具体案を研究する会合を持ったのである。日米交渉を如何に好転させるか、という近衛総理の問いに対して岩畔が出した解答は、

「仏印からの撤兵を断行すべきである」(「岩畔豪雄氏談話速記録」)

つまり、日本軍を仏印から全て撤退させること、であった。

前述したように岩畔は、松岡外相の北進に反対していた。井川も同様であった。だから近衛総理も彼らからの情報を信頼して、北進を止め、その代わりとして南進を選択していたのである。

ところが、その夜、岩畔は日本軍を仏印からも撤兵することを近衛に進言したのであった。これにはさすがの近衛も、陸軍が賛成しない、と答えつつ、

「今後ともこの問題の解決に専念するよう」と日米交渉への従事を岩畔に懇請したという。しかし、その後、彼はどうなったか――。岩畔大佐は、近衛総理に日本軍撤兵を進言したその仏印に連隊長として下命され、八月二十八日に現地に向けて離日させられた。そして、彼は、短期出張を除いて一九四五年九月五日まで日本の土を踏むことはなかった。

ウォルシュ司教の「口留め」要請

一方、日米交渉の打ち切り命令で、自殺まで考えた井川も、米国から帰国後、近衛総理に会いに行った。すると、驚いたことに井川は、近衛総理の口から「交渉が再開されてゐる」(『回想』)そう伝えられたのである。そのため、彼は、近衛総理と日米交渉を好転させるため具体案を協議することになったのだ。そ

の際に、井川は、岩畔大佐が提案した日本軍の仏印撤退ではなく、

「近衛・ルーズベルト会談以外に、この両国間の危機を打開する方途なし」（『法衣の密使』）

として、近衛総理とルーズベルト大統領の直接会談を提案したのである。

すると近衛は、岩畔案を却下し、ルーズベルト大統領との首脳会談案を選択した。そして、同案を提案した井川に、再度渡米をして日米首脳会談の準備に当たるように頼んだのだ。これに対して井川は、

「もはや、素人外交家の出る幕ではありますまい」

とその申し出を断る一方、ウォルシュ司教のことを思い出した。

ウォルシュ司教は、井川、岩畔らが日本に帰国する直前に米国を発っていて、たしか日本にも滞在予定だと言っていた。すると、井川からルーズベルト大統領との会談を提案され、これに興味を示した近衛総理は、大統領と親しいといわれるウォルシュ司教を紹介してくれるよう井川に懇願した。とはいえ、井川に心配な点もあった。それは、井川が米国を出国する直前に、ウォルシュ司教がドラウト神父と彼のところにやって来て、

「神様の御助けと両国首脳部の賢明なる計に依り（略）交渉の前途も（略）見込みが付いてきた。これ以上は自分等宗教家の立入るべき範囲でない。それでこの辺で手を退かして戴きたいが只一つ御願がある」

（『回想』）

と要請をしていたのである。

ウォルシュ司教のただ一つの願いとは、

「自分等が此の交渉の手引きをしたなんていうことは決して口外されないことである。又自分等の名前

7248
日米開戦の真実
高尾栄司 著

愛読者カード

＊より良い出版の参考のために、以下のアンケートにご協力をお願いします。＊但
今後あなたの個人情報(住所・氏名・電話・メールなど)を使って、原書房のご案内
どを送って欲しくないという方は、右の□に×印を付けてください。

お名前《フリガナ》　　男・女（

ご住所　〒　　－

市　町
郡　村
TEL　（　　）
e-mail　@

ご職業　1会社員　2自営業　3公務員　4教育関係
5学生　6主婦　7その他（　　）

お買い求めのポイント
1テーマに興味があった　2内容がおもしろそうだった
3タイトル　4表紙デザイン　5著者　6帯の文句
7広告を見て（新聞名・雑誌名　　）
8書評を読んで（新聞名・雑誌名　　）
9その他（　　）

お好きな本のジャンル
1ミステリー・エンターテインメント
2その他の小説・エッセイ　3ノンフィクション
4人文・歴史　その他（5天声人語　6軍事　7　　）

ご購読新聞雑誌

本書への感想、また読んでみたい作家、テーマなどございましたらお聞かせくださ

郵便はがき

金受取人払郵便

新宿局承認

779

差出有効期限
2024年9月
30日まで

切手をはら
ずにお出し
下さい

1 6 0 - 8 7 9 1

3 4 3

（受取人）
東京都新宿区
新宿一－二五－一三

株式会社 原書房

読者係 行

1 6 0 8 7 9 1 3 4 3 7

図書注文書（当社刊行物のご注文にご利用下さい）

書　名	本体価格	申込数
		部
		部
		部

お名前　　　　注文日　　年　　月　　日

ご連絡先電話番号（必ずご記入ください）
□自　宅　（　　　）
□勤務先　（　　　）

ご指定書店（地区　　　）（お買つけの書店名をご記入下さい）

書店名　　　書店（　　　店）

帳合

も決して文書等に残さるゝことなく、永久に闇から闇へ葬って貰いたい。さらば袂を別たい」（同右　傍線筆者）

そう言うと、ウォルシュ司教とドラウト神父は、井川の前から飄然と辞去していたのである。そのようにして別れたウォルシュ司教に、近衛総理のために働いてもらえるか、井川は不安だった。それでも井川は、近衛総理に、ウォルシュ司教に連絡をしてルーズベルト大統領会談への側面援助をしてもらえるよう頼んでみると伝え、京都に向かうことにした。

ウォルシュ司教は六月十九日に来日していた。メリノール修道会への巡察で、平壌、撫順、京都が訪問目的地であった。ただ、朝鮮の地元警察から満州国への入国を止められたため、撫順へは行かずに京都に向かっていたが、その頃は滋賀県唐崎にいて、同司教はそこで井川からの連絡を伝えられ、井川は同司教と再会できたのである。ウォルシュ司教は、井川に会うと、

「日米和平交渉はあれから壁に直面してしまった、それでも交渉をまだ成功裡に終結させる望みが少しは残されている」（Affidavit of Bishop James Edward Walsh　筆者訳）

そう告げたという。ウォルシュ司教によれば、井川が

「私（ウォルシュ司教のこと　註）に、日米交渉を継続させるため、ワシントンの国務省へ覚書文書を渡すこと、および東京でも米国大使館へ覚書の受け渡しをしてもらえないか」（同右　傍線筆者）

そう依頼したという。井川からの申し出にウォルシュ司教は、東京の米国大使館が許可するならそれを受けてもよいと伝え、米大使館に相談の連絡を入れたという。すると、奈良育ちで日本語の堪能なドゥーマン参事官が対応してくれ、彼がグルー大使に事情を説明すると、許可が出されたのである。

「私の代理人から国務省に提出される伝言は、私の名前でニューヨーク・メリノール修道会ドラウト神父に送られ、そこから国務省高官に渡された。私の代理人から東京の米国大使館にあてられた全ての伝言は、私が個人的に米大使館まで持参し、ユージン・ドゥーマンに渡しました」(同右)

近衛総理の依頼でワシントンとの連絡役になったウォルシュ司教は、井川と二人で、日米開戦が起きるまで一緒に歩むことになったのである。

八月二十四日、ウォルシュ司教と井川は、京都発午後四時の列車に乗車し、名古屋では夜行列車に乗り換えて、箱根宮の下にある富士屋ホテルに向かった。同ホテルは武藤章軍務局長の警備下にあり、ウォルシュ司教には近衛総理の賓客として「あざみ」という部屋が予約されていた。彼らは、翌日午前七時に到着した。

ウォルシュ司教と井川が箱根にやって来た頃、

「日米戦争は日本の自殺行為だ、あくまで外交交渉を成立させねばならぬ」(『武藤章回想録』)

このように武藤は考えていたという。

ルーズベルト大統領との会談に賭けた近衛首相

近衛第二次内閣は七月中旬に総辞職していた。松岡外相を失脚させるためだけに行った総辞職で、近衛総理は、そのようにしてまで、日米交渉の成立を望んでいたのである。そして、第三次近衛内閣を組閣すると、豊田貞次郎海軍大将を外相に任命した。

ウォルシュ司教を富士屋ホテルまで案内してきた井川は、同師を初めて近衛に紹介した。そして、

「近衛首相の懇望によってウォルシュ司教と私とは、再び日米交渉の側面工作に携わることとなり、私はいわゆる近衛ブレーンの一員に参加した」（『井川メモ』の全貌」）

井川は、近衛側近になったのである。

新外務次官の天羽英二は、既述したように前イタリア駐在大使であったため、日米交渉のことは分からなかった。近衛総理は、寺崎アメリカ局長と井川だけが頼りだった。その頃の状況について、寺崎アメリカ局長の後任になった山本熊一は、

「第三次近衛内閣の使命は遮二無二日米問題の解決を計らんとするにあつた。此頃民間では一部有識者を除いては殆んど日米開戦免れずとの意見が多く、予自身の所にも強硬説を提げて來訪する右翼の人士や浪人等が踵をついで來た」（『大東亞戰爭秘史』）

と記している。

こうした中、ウォルシュ司教は、八月二十三日、ルーズベルト大統領の閣僚ウォーカー郵政長官に、次のような電信を送った。

「近衛総理の要請でポール井川が私に接触してきた。ルーズベルト大統領への新提案の件につき、貴下より急がせるようにしてくれとのことである。詳細はこれからの会談になるが、近衛総理はルーズベルト大統領を確実に大満足させることであろう」（『井川忠雄　日米交渉史料』筆者訳）

同様に、井川も、

「八月二四日に到つて、近衛首相からルーズヴェルト大統領に宛てたメッセージが発せられた。日米両巨頭会議の提議である。ウオルシュ司教と私とは、近衛公の依頼によつて、それぞれ電報を発した」（『法衣の密使』）

と述べている。

近衛は、日米首脳会談をウォルシュ司教に依頼するため、箱根にやって来ていた。箱根宮の下の富士屋ホテルに落ち着いていたウォルシュ司教は、

「健康状態を宮の下富士屋ホテル宛に電信せよ。明日同志たちと重要な試合あり」

とドラウト神父に発信した。二十六日に日米首脳会談について協議するので、そちらの情報を知らせよ、という暗号文である。すると、ドラウト神父からウォルシュ司教に宛て、

「御承知のようにルーズベルト大統領への要請はフランク（ウォーカー郵政長官のこと　註）が数日前に完了」

という返信が届いた。これを読んだ近衛総理は、ルーズベルト大統領にメッセージを送った。その内容は、

「従来の事務的商議に拘泥せず、大所高所より日米問題を論議し、以つて急激に進展する時局に対処せんとする会見提案の真意を簡明直截的に述べ、会見実現の『一日も速やかなことを希望』」（『近衛日記』）

するもので、同メッセージは野村大使から大統領に直接手渡された。近衛メッセージには英語訳が付けられており、それを読んだルーズベルト大統領の反応について、野村大使は次のように述べていた。

「八月二十八日午前十一時、ホワイト・ハウスにて大統領と會見し、訓令の趣旨を述べて、近衛總理のメッセージ及び前回米國政府の申入に對する我が政府の態度を聲明せる書面を手交した。大統領は近衛メッセージを讀んで非常に立派なものであると大いに称讃し、（略）満足の模様に見受けられた。大統領は、兩首脳會談については、『自分は近衛公と三日間位會談したい』（略）と云ひ、又『近衛公は英語を話すや』と問ひ、『然り』と答へたるに對し、『それは非常に好都合である』（that's fine）と述べた」（『米國に使して』）

八月二十九日、ワシントン日本大使館の磯田駐米武官からも、近衛メッセージはルーズベルト大統領に上機嫌で受理された、という電報が入った。

ルーズベルト大統領にメッセージを発してから数日した八月三十日、近衛総理は、再び箱根に向かっていた。用件は、ウォルシュ司教と井川に会い彼らの意見を聞きながら、近衛自身の日本案作りをするためで、近衛は日記に次のように記していた。

「（井川氏の意見も参考にして）六月二十一日の米国案と同建前の下に包括的な日本案を作り之を外相の参考に供する所があり、大体国務省の主張を重視し之に備ふる必要あることを感じたのである」（『近衛日記』）

近衛は富士屋ホテルに籠り、井川・ウォルシュ司教との協議に総理大臣秘書官の牛場友彦、松本重治らも出席させて、近衛案作りを行った。松本は牛場秘書官と六歳の頃から知り合いで、支那事変後近衛総理に現地事情の説明をして信頼されていた。今回は、近衛から、「日米交渉を何とか打開するため、自分の腹案を作って置きたいから」と言われ、それまで行われていた日米交渉の往復文書を牛場が持参し、これを見ながら近衛案を作ることになっていたのである。牛場らは日米首脳会談が失敗すれば日本の政治は軍部の手に落ちると考えていたため、近衛を頼りにしていた。そして、日米首脳会談について、具体的に、「近衛首相に随行する要員の人選も進められ、陸海軍の各大将（海軍は山本五十六連合艦隊司令官）、両統帥部次長が参加し、重光大使が首席随員に、天羽次官が事務総長に内定」（『日本外交史』23）された。同首脳会談の期日は、九月二十一日から二十五日までで、米大統領は飛行機に乗るのを嫌っていたため、場所は公海上の軍艦と概定された。

米の前提は「会談すれども同意せず」

近衛総理が提出した日米首脳会談への回答が、九月三日、ルーズベルト大統領から渡されることになった。野村大使は、同日午後五時に、ルーズベルト大統領を訪問した。大統領は、近衛が提案していた首脳会談の日取りに言及をして、

「九月下旬には一つの約束があるが、其の他には今の所約束がない」

そう述べた。そこで、野村は、

「太平洋の平和維持の為には大統領のハイ・ステーツマンシップに負ふ所大なるものある」

と説得したところ、ルーズベルト大統領も首肯した。一方で、大統領は、自分と近衛とではなく、「野村大使とハル国務長官との間でまとまらないなら、他の者が何をやっても難しいが……」

とも、同席していたハル国務長官の方を見ながら付け加えた。すると、ハル長官は何かに気付いたように、前述の近衛メッセージに対するルーズベルト大統領の回答を野村大使に手渡した。その冒頭には、「八月二十七日付野村提督より渡された近衛閣下のメッセージを感謝をもって読んだ」と書き始められ、次のような英文が続いていた。

「私は、貴殿が表明している願望を完全に共有するものです。急速に動いている世界情勢に鑑みて、米国政府は貴殿と私とができる限り早く意見交換を行い、二国間の関係調整ができるよう会談準備の仕上がりに向けて進んでいるものと確信しております」(『米國に使して』筆者訳)

しかし、その友好的な表現も次第に雲行きが怪しくなり、最後の段落は、

「貴殿も私の考えに理解してくれると思いますが、我々が合意を求めている必須かつ基本的問題については予備会談をすることが望ましい」

と述べていた。

つまり、ルーズベルト大統領は、日米首脳でなく、その前に実務者での話し合いを要請していたのである。そして、これを受けるようにハル国務長官が、「米國政府の所見を申し述べる」覚書を野村大使に手渡した。それは、「四月十六日に国務長官と日本大使とで始められた非公式会談の最初に、国務長官が米国政府の国際関係での基本四原則を申し上げた」(『米國に使して』)次の四点、

一　領土主権の尊重
二　他国の内政への不干渉

三　機会均等主義の尊重
四　太平洋地域の現状維持を尊重

の再確認を迫るものであった。そして、

「六月二十一日に差し上げた覚書は、五月十二日の日本政府の提案を修正したものである。それにおいては両国政府の意見が不一致なもの（略）もある」

と続け、これに対して米国政府は、

「最終的な討議に向けての発展促進を望んでおり、基本原則に関する日本政府の御答を求める」

と結んでいた。

前述したように、九月三日、野村大使がルーズベルト大統領と会った際、野村は同大統領から、

「野村大使とハル国務長官との間でまとまらないなら、他の者が何をやっても難しい……」

と言われていた。つまり、その日、ルーズベルト大統領は日米交渉については、ハル国務長官に全権限を委ねている、そう野村大使に宣言していたのである。

実は、その日の会談で大統領が野村大使に明かしたように、ルーズベルト政権の外交はハル国務長官が全て掌握していた。そして、ハル国務長官の下にはスタンレー・ホーンベックという政治顧問がいて、彼が日米交渉を一任されていたのである。ただし、ホーンベックは完全に裏方に徹すると決めていたため、野村大使や岩畔や井川の前に一度も姿を現わすことはなかったのである。

米国スタンフォード大学フーバー研究所から私が入手したホーンベック自伝（未完）によれば、日米首脳会談の政策立案責任者であったホーンベックは、

「（日本人たちとの　註）会談に参加するのは有益でないと主張したハル氏と、私は完全に意見が一致していた。そのため、彼らとの会談には、ハル氏本人、ハミルトン氏、そしてバレンタイン氏が出席し、私は背後で相談役兼アナリスト役をしていたのである」（Autobiography, Stanley K. Hornbeck 筆者訳）

と明かしている。そして、近衛が切望していた日米首脳会談については、

「最初から、日米首脳会談の合意はないものと考えていた。同会談に合意することは、日本の目的のみに合致し、米国の利益と目的に反するからである」

と続けていた。

ホーンベックは、右の未完の自伝で、岩畔、井川を含む

「日本側との会談が、ハル国務長官宅だけに完全に限定されて行われるようになっていたこと、さらに、野村大使とハル長官とのやり取りについては、バレンタイン氏がその会談内容の一部始終あますことなく記録することになっていた」（同右）

と述べている。

親中派で固められていた国務省幹部

角ばった顎、にこりともせず相手の心を底の底まで見抜くよう無遠慮に見つめる禿頭の男ホーンベック。彼もマサチューセッツ州の宣教師家庭で育ち、デンバー大学に学ぶと、一九〇七年に留学先の英国オックスフォード大学を卒業した。そして、一九〇九年から一九一三年まで中国で研究生活を送ると米国に

戻り、一九二四年にハーバード大学極東史講師になると、その間、国務省に招聘されたのである。そして、その後、同省の極東部部長に抜擢され、野村大使とハル国務長官の会談が行われる頃は、ハル国務長官の政治顧問として国務省極東部を指揮する立場にいたのである。

野村大使とハル長官会談の際は、すでに述べたように、ホーンベック顧問はそこに同席しないことをハル国務長官と決めていた。彼は、同会談に同席し、その内容を片言隻語までメモをしていた「バレンタイン氏の報告を詳細に分析し、その結果をハル氏、ハミルトン、バレンタインらに助言していた」(同右)

ホーンベックにとってバレンタインの報告が重要になるため、バレンタイン参事官は日米会談では絶対に分かったふりをしないと心に決めていた。例えば、日本側の説明でわからないところ、聞き取れなかったことなど少しでも不明な所があれば、日本側の出席者に必ず確認することにしていた。このように、ホーンベックの下で働かされていたバレンタインは、ホーンベックへの報告作りで神経を使い果たし、日常生活は虚脱状態に陥っていたという。

独ソ戦争が起こると、国務省にさらに変化が起こった。それまではバレンタイン参事官が一人で日本側との対応をしていたが、ジョン・デーヴィスという男をわざわざ中国重慶の米大使館から呼び寄せて、同参事官の配下にしたのである。

デーヴィスの家系は、祖父が英国のウェールズから米国に移住して、シカゴで乾物店を開いたことに始まっていた。ところがデーヴィスの父親は商売よりも聖書の方を好み、ニューヨークの聖書学院で学び、そこで農家生まれの女性と知り合うと、二人は中国での宣教活動のため太平洋を渡ったのである。その頃は、中国人をキリスト教に改宗するため何千人もの伝道師たちが中国に集結しており、ジョン・デーヴィスも彼の両親が中国で宣教活動をしていた一九〇八年四月六日、四川省の成都で生まれたのである。

成都は人口五〇万人ほどあったが、外国人は一五〇人しかいず、そのうち三分の一が米国人で、ほとんど宣教関係者であった。そのようなところで、幼少期を過ごしていた子供たちは、その後、上海の米国人学校に送られ、それから米国に向かったのである。デーヴィスもオハイオ州のオバーリン校に送られ、一九三一年にコロンビア大学を卒業すると、一九三一年十一月九日に国務省に入省した。

入省後、彼はカナダ駐在を命じられたが、中国語が話せたためすぐに中国勤務に回され、奉天（現在の瀋陽）の米国領事館へ赴任命令が出た。そして、その時の奉天米国総領事がオバーリン校の先輩でもあったバレンタインで、デーヴィスは、彼の部下として働いていたのである。

日米交渉の裏方としてハル国務長官、ホーンベック顧問の下で日本側と交わされた文書作りに日夜奮闘していたバレンタインは、独ソ戦争という新局面を迎えたためデーヴィスを重慶から呼び寄せて使うことにし、六月下旬付で、彼を国務省極東部に戻したのである。極東部ではマクスウェル・ハミルトン部長が、行政管理を主務にしていた。ハル国務長官に届けられる日米交渉関連文書は、バレンタインからホーンベック経由で届けられたが、中国成都生まれで毛沢東派のデーヴィスにも文書を作成する任務が回ってきたのである。

日米交渉の文書作りに重慶から呼び戻されたデーヴィスは、

「一九四一年五月から一九四一年十二月七日まで日本大使との交渉が国務省で極秘で行われていた」

「私は中国を犠牲にして日本と取引をする取り決めに対しては、あらゆる手を使ってこれに反対する陳述文書を書き上げることにしていた」（China Hand - An Autobiography　筆者訳）

右のように述べている。

ここで注目すべきは、野村大使とハル国務長官との間の日米交渉の文書を、中国成都生まれの毛沢東派外交官が作成していたことである。

デーヴィスは、守秘義務の宣誓をさせられてから作業に当たった。しかし、初めは何のための守秘か、その理由がわからなかった。ところが、しばらく経つとハミルトン極東部長から、

「陸軍と海軍――両軍とも緊急強化中であった――が国務省に時間稼ぎを要求しており、日本との交戦はまだ避け、遅らせるよう頼んできている」（同右）

そう明かされたのである。

デーヴィスは、ハミルトン極東部長のこの説明を聞いて、自分の誤解にすぐ気が付いたという。つまり、ハル国務長官やホーンベック顧問は中国を犠牲にして日本と取引をしているどころか、

「日本を、戦争する以外には選択の余地がないところに追い込む」（同右）

ことを考えていたことがわかったからである。デーヴィスは、重慶米大使館駐在時、ホーンベック顧問に中国情報を送っていたことから、彼が親中国派であることはよく解っていた。そんなデーヴィスは、ホーンベック顧問だけでなく、ハル国務長官も、熱心な親中国派であったとし、「ハル・ホーンベックのコンビにとって、日米交渉は最初から妥協はないものと保証されていた」（同右）

そう断言している。

さらに、国務省で、バレンタインの下で日米交渉の文書作りに従事していたデーヴィスは、

「日本と米国は戦争に向かうよう予定されていた」（同右）

とも述べている。この表現は、予定説を一〇〇パーセント信ずる宣教師であった彼の父親から洗礼を受けていたプロテスタント信徒デーヴィスからすれば特筆すべきともいえよう。日米戦争はハル・ホーンベックの二人によって、避けられないものとして受け入れられていたのである。

米艦隊を敢えて真珠湾に置いた意図

日米交渉はもともと合意されないものとされていて、日米開戦も予定されていた。このようにデーヴィスは述べていたが、実はハル国務長官の政治顧問ホーンベックも、同じように考えていた。それは、スタンフォード大学のフーバー研究所に所蔵されている彼の未完自伝を読んでいるときに私も得心したのである。

ホーンベックは未完自伝の七八頁に、米国艦隊司令長官J・D・リチャードソン提督を登場させている。米国艦隊はカリフォルニア沿岸のサン・ディエゴ湾を基地とし、一九四〇年四月十日にはハワイ沖で大演習を行っていた。ところが、同艦隊のリチャードソン提督は、六月二十二日、艦隊をサン・ディエゴ湾には戻さないで、試験的に真珠湾に停泊させておくよう、海軍作戦本部長から通告されたのである。そこで、リチャードソン提督は通告に従ったが、しばらくしてサン・ディエゴ湾基地に帰港するための申込書をハロルド・スターク提督に提出した。すると、リチャードソン提督はルーズベルト大統領からホワイトハウスでの昼食会議に招待されたのだった。ルーズベルト大統領は、ハワイ海域を基地にしてそこに米国艦隊を置く考えを持っていて、そこに停泊中であったリチャードソン提督の艦隊を、そのままハワイ海域に留まるよう説得したかったのである。

ところが、リチャードソン提督は大統領の考えに不満を表し、ホワイトハウスで行われた昼食会議で、「彼の艦隊が西海岸サン・ディエゴに戻されなければならないこと、ハワイの真珠湾に置かれていては日本に対する抑止効果が発揮されない、そう言葉を強めて意見を述べた」（Autobiography, Stanley K. Hornbeck　筆者訳）

という。

このようなリチャードソン提督に、ルーズベルト大統領は、ハワイに米国艦隊を置けば日本軍への抑止力になる、そう説得を試みた。それでも同提督は、

「大統領閣下、その考えは信頼できません。そのようにしたら、わが艦隊は開戦作戦の準備段階で、不利に配置されることになります」（同右）

と応じ、ルーズベルト大統領の説得を受け付けようとしなかった。ホーンベックは未完の自伝で、

「リチャードソンは、彼の艦隊をカリフォルニアの基地へ戻すよう主張を続けていたが、ルーズベルト大統領、ハル国務長官さらに某顧問らは、真珠湾を艦隊の基地にしてそこに留まるよう、あくまでも説得した」（同右）

と述べている。その結果、リチャードソン提督は、彼のワシントン滞在中に、米国艦隊を真珠湾に置いておく考えは国務省が主導したものである、と知ることになった、という。同自伝は、

「リチャードソン提督がワシントン滞在中に得た情報によれば、スタンレー・ホーンベック博士（略）が同艦隊に関する行政上の非公式な最高司令官と見なされていた」

と続け、同提督は、次のような談話を残していた。

「自分の発言が間違っているか否かではありません。ホーンベック博士と話した後に、私は、米国艦隊の配置については博士の方が私よりはずっと大きな影響力を持っているという印象をはっきりと持ちました。その時、私は自分の手帖に、彼のことを『極東の権力者、ハワイ停泊の元締め、我々を可能な限りそこに留めるつもりなのだ』と書き残しておきました」(同右)

ホーンベックとリチャードソン提督はその後、ホーンベックの事務室で二人だけで話し合ったが、合意には至らなかったという。

「そのため、私(リチャードソン 註)は彼に、あなたは国務長官の外交顧問として外交文書も多く書いているけれど、米国艦隊のハワイ停泊については完全に誤っている、そう告げておきました」(同右)

その結果、どうなったか――。リチャードソン提督は艦隊司令長官から解任され、サン・ディエゴの艦隊はハワイ基地にそのまま留め置かれたまま、ハズバンド・キンメル少将が新司令長官に任命されたのである。

それでは、サン・ディエゴを基地としていた米国艦隊をわざわざハワイ・真珠湾に配置させたハル国務長官の政治顧問ホーンベックの意図は何であったのか――。

それは、米軍艦隊をハワイ・真珠湾に置いて日本を挑発し、日本に戦争を起こさせる「戦争挑発行動」のためであった。ドイツ・ヒトラー軍への対抗に気のない米国国民を動員させるため、日本の方から戦争行動を起こさせるべく、サン・ディエゴの米国艦隊をハワイ・真珠湾に集結する作戦を採ったのである。

ということは、ハル国務長官と顧問のホーンベックは、そのようなことをしてまで日本に開戦を望んでいたということであり、ハル国務長官には、日米交渉に合意する考えは全くなかったということになるのである。

既に述べたように、日米首脳会談の交渉作業は、極秘で進められていた。ところが、ウォルシュ司教が箱根にやって来ると、その情報も漸次洩れ始め、各方面から交渉反対の気勢が起こるようになった。独ソ戦争は進行していた。近衛総理は、対ソ戦を抑える代償として日本軍の仏印進駐を決めていた。その結果、北進は避けられたものの、南進により対英米戦の方が本格化してきたため、参謀本部の首脳まで日米交渉反対を唱え、日米開戦を支持するようになった。近衛総理と陸海外務各相との懇談や、連絡会議が多くなり、その際に、

「ある程度で交渉を打ち切り、対英米戦に突入すべしという『国策』が議題に挙がっていた」(『近衛文麿手記』)

と近衛は記している。

そして、近衛が箱根でウォルシュ・井川らと日米首脳会談の協議をしていた頃、九月六日の御前会議で、さらに重大決定がなされた。その決定とは、対米交渉において、

「十月上旬頃までに日本の要求を貫徹できなければ戦争の準備をする」

というものであった。つまり、十月上旬までは外交交渉を主とするが、その後は戦争をする、という決定がなされたのである。御前会議にこれが上程されたとき、天皇は、

よもの海みなはらからと思ふ世になぞ波風のたちさわぐらむ

という明治天皇の御製をお詠み上げになった。

ハルに翻弄される近衛文麿

近衛総理はあせっていた。彼は、野村大使だけでは自分の真意が充分に伝えきれない、と考えた。近衛はそこで、九月六日、御前会議の直後に、

「余は自らグルー大使に会って話をする決意をし（略）極秘裏に大使と、通訳としてドゥーマン参事官と会見懇談した」（同右）

のである。

ドゥーマン参事官とは、既述したように奈良キリスト教会牧師の息子ユージン・ドゥーマン参事官のことで、ワシントンの国務省バレンタイン参事官と直接連絡を取り合っていて、終戦時はポツダム宣言を起草する人物である。近衛との懇談に出席したのは、グルー大使、牛場友彦秘書官、ドゥーマン参事官で、米大使館に午後五時頃に車が回されると、グルー大使とドゥーマンを乗せて芝公園三丁目の伊藤文吉邸に到着した。近衛総理とグルー大使はそこで会談をし、ドゥーマンはその内容を国務省に送ったのである。

「日本は枢軸国であったため、国民の大多数はドイツとイタリアの同調者で、日本の外務省内でさえも、その数が多かったために、外交を通じての日米交渉は実質的に不可能な状況でした」（Occupation of Japan Project, Eugene H. Dooman, Columbia University　筆者訳）

ドゥーマンは、その頃の状況について右のように語っている。

そうした中、近衛総理はグルー大使に、ルーズベルト大統領と日米首脳会談をホノルルで行いたいと

提案し、同会談の際は

「ルーズベルト大統領に絶対嫌といわせないような提案をさせていただく」、そう強調したという。近衛はさらに説明を続けたが、耳の悪いグルー大使にその内容がよく聴き取れなかった。すると、牛場秘書官がドゥーマンに向かい、

「私からは言えないことをお話します。これは、純粋にあなただけの情報ですので、頭をお使いになってグルー大使に上手にご説明ください」

牛場はこう前置きしてから、

「近衛公が大統領と合意できれば、そのことをただちに天皇陛下に報告し、これを受けて天皇陛下が陸軍に交戦停止を下命するということです」(同右)

そう伝えたのだ。つまり、近衛は、ルーズベルト大統領との合意については、天皇が持つ超権力を利用して解決しようと考えていたのであった。

ドゥーマン参事官は、

「近衛総理が私たちに、今日の会談は豊田外相や政府関係者も知らない中で行われているとも明かし、だからルーズベルト大統領以外はこのことについて秘密にし、ハル国務長官にも内緒にしてもらいたい」(同右)

そうも伝えられたという。

さらに、グルー米大使に、

「近衛公は、ハル長官が日米関係を修復させるため基本として求めていた四原則についても受け入れる」

（同右）

そのように口に出してハッキリといったという。これを受けて、ドゥーマンは、その場で聞いたそのままをハル国務長官に報告した。すると、ハル国務長官から、

「大統領は近衛公と喜んでホノルルで会談することを望んでおり、日時や場所もそちらに同意する」（同右）

という返信が、東京の米国大使館に届けられた。しかしながら、日米首脳会談の内容については、ドゥーマンが送った秘密厳守の警告が守られていず、ハル国務長官は野村大使を呼んで、

「近衛公は四原則を受け入れたが、その後にそれを否定した」

と伝えてしまったという。この話は、豊田外相が野村大使から右の報告を受けたために、判明したのである。ドゥーマンは、ハル国務長官が近衛総理の頼みを拒否したものと判断した。

奈良で少年時代を送ったドゥーマン参事官は天皇崇拝者で、グルー駐日米国大使も認める親日外交官であった。そんな彼は、日本への非難や告発は、ワシントンの国務省員らが製造元になっており、国務省は日本に経済制裁を発動して日本を追い込み、国や国民を立てなくしてしまう決定をしていて、その司令官はホーンベック顧問である、と次のように断定していた。

「一九四一年七月二十二日に発動された対日経済制裁は、国務省が決定したものでした。そして、同省で対日強硬派を指揮していたのが、ハル国務長官の政治顧問スタンレー・ホーンベックでした」（同右）

ドゥーマンは、そんなホーンベック政治顧問を支持していたのが国務省内の中国派や左派関係者で、

岩畔大佐と井川を担当していたバレンタイン参事官もその一人であった、と断定している。
ドゥーマン自身も、国務省極東局在職中にホーンベック顧問と四年間一緒に働いた経験があった。ところがその間、ドゥーマンは、
「ホーンベックには不愉快な経験ばかりをさせられ（略）彼とは人間として客観的な精神状態を保って仕事をすることが全くできませんでした」（同右）
そう告白している。そんな思い出深い四年間を経験したドゥーマンは、ホーンベックが、
「二つの崇高なる情熱をもっていることを発見した」（同右）
と述べている。
「一つは中国への同情と愛、二つ目は日本および日本人に対する病的な憎悪でした」（同右）

ルーズベルト大統領は、近衛総理からの日米首脳会談の提案に、日時と場所は任せる、と前向きな回答をしてはいた。ところが、対日強硬派ホーンベックは、近衛からの提案を、
「私は最初から疑問に感じ、好感はもっていなかった」（Autobiography, Stanley K. Hornbeck）
「私は、両国首脳会談が開催されて、ある程度の合意がなされる場合でも、そうした結果そのものが米国に不利益をもたらす、という結論に立っていた」（同右）
このように自伝に書き残していたのである。ホーンベックは、ドラウト神父が作成した日米諒解案や同神父の意図についても、ユダヤ人国際金融投資家ストラウスから説明を受けて分かっていた。日米首脳会談が実現すれば、ルーズベルト大統領が絶対ノーと拒めないような条件を提示する、近衛はそのように

伝えていたが、ホーンベックはそれも全く信じていなかった。そもそも、英語が全くわからない岩畔大佐がワシントンにやってきたのも、中国を裏で支援している米国に働きかけて支那事変を解決するためであった。しかし、その結果、中国と日本が和平を結ぶようなことになれば、それは米国にとって脅威となり、英国、オランダにとっても同様であった。ホーンベックは、岩畔が支那事変を解決するために米国に来たことを知ると、日本軍を満州国まで含めた中国から撤退させるよう、日本側に求めたのである。とにかく米国が日米首脳会談を行い、日本に少しでも譲歩する姿勢を見せるようなことをしてしまえば、それだけで中国はそれを米国の裏切り行為とみなすことになる。そして、そのことは、英国、オランダにも米国の弱さを示すことになり、逆に日本の強さを連合国や世界に宣伝してしまうことになってしまうのである。

こうした中、近衛総理は、ルーズベルト大統領との首脳会談に望みを託していた。

『大本営機密日誌』も、九月十三日、次のように記していた。

「何でもかでも、近衛・ルーズベルト会談を開き、その上で事を決しようとする肝らしい。もともと近衛総理と豊田外相の腹中は、全面撤兵案であることは明らかで、問題は支那撤兵をやすやすとは容認しない陸軍をどうして引きずって行こうか、というところにあり、両巨頭会談でこの点を取極めてから、陸軍にそれを押しつける肝であるらしい」

その十日後、野村大使はハル国務長官と会談した。この時に野村大使がハル長官に、

「我が政府は兩國首腦會談の速かなる實現を衷心希望するものなることを語つた所、ハル長官は首腦者の會談を促進する爲非常に骨折つて居る」（『米國に使して』）と言われたので、野村大使は近衛総理に、ハル長官が会談実現に努力していると報告してきた。

九月二十五日に、政府（内閣）と統帥部とで連絡会議が開かれた。

大日本帝国憲法では、統帥と国務は独立していた。内閣は非軍事的な事項に権能を有していたが、統帥事項には発言権はなかった。作戦およびその関連事項は統帥部が専断していた。

第五五回連絡会議が、九月二十五日、「対米外交交渉成否ノ見透決定ノ時機ニ関スル件」を議題に開催された。同会議中、杉山参謀総長が、

「アノ諒解案ハ如何取扱ヒタルヤ、米側ニ伝ヘタルヤ」（『杉山メモ上』）

と、諒解案について米国側に返信したかどうか豊田外相に訊ねた。「諒解案」とは、野村大使が九月三日にルーズベルト大統領から受領した米国側覚書を、九月二十日の連絡会議で軍部と折衝を行って承認された対米案であった。豊田外相は、

「未タ伝ヘアラス、本日午後発電ス」（同右）

と答えたため、杉山参謀総長は、

「ナゼ今迄発電セサリシヤ」（同右）

と不満を表した。

豊田外相は、杉山参謀総長や統帥部の督促を受け、同案を米政府に伝達した。その中で、同外相は、日本はドイツとの関係で誤解を生じさせるような犠牲を払っても、ルーズベルト大統領との首脳会談を優先すると伝え、時期は十月十日か十五日を提案した。

内外から追い詰められた近衛総理

十月二日、野村大使は、ハル国務長官からの求めで訪問した。日米首脳会談に対する米国政府の回答が、ハル長官から渡されることになっていた。野村大使は、その時の様子を、

「十月二日午前九時、先方の求めに依りハル長官を往訪。ハル長官は、米國政府の回答（略）を余に渡して、且米國政府は豫め諒解成立するにあらざれば、兩國首腦者會見は危険であると考えて居る」（『米國に使して』）

と記し、近衛・ルーズベルト首脳会談は拒否された、と述べている。

野村大使が、その日にハル長官から手渡された米国政府の回答には、従来通り四原則、

「1　すべての国家の領土保全および主権の尊重

2　他国の国内問題への不干渉原則の支持

3　通商の機会平等を含む平等原則の支持

4　現状が平和的な手段で変更される以外は、太平洋の現状を乱さないこと」

が掲げられていてた。ところがさらに、同回答は、

「日本軍の中国および仏領インドシナからの撤退に関し、日本国がその意思を明確に表明することは、特に批判的な傾向にある者に対して、太平洋地域における将来の安定と発展のために（健全な基礎の確立

を目的とする針路に沿おうとする）日本の平和的意図と希望を知らしめるのに極めて有効であると信じる」（『一九四一年年十月二日国務長官より受領せる米國政府の回答』筆者訳）

と中国だけでなく、仏領インドシナ（南仏）からの日本軍撤退も要求していた。

ところが、これを受けた野村大使は、日本政府に次のように申し送っていた。

「日米交渉は遂にデッド・ロックとなりたる觀あるも打開の道は必ずしも絶無でもなからう。（略）三懸案中二件は概ね解決せられあり、最も重要なるは駐兵問題なるが、之は貴電（豊田外相の電報のこと 註）支那の實情及び混沌たる将來と關聯し若干年間は全部の撤兵は到底不可能なるべく米國と何等か妥協點を見出すの要がある。誠に重大なる問題なるが、これ日米諒解の根本と認めらる、故更に御檢討相成度」（『米國に使して』）

野村大使は、このように、打開の道は全くないわけではない、「三懸案中二件は概ね解決せられ」、残っているのは一件で、駐兵問題である、そう報告した。そして、残された一件については「駐兵問題」のみであるという。とはいえ、今度は中国駐兵問題だけでなく、仏印も駐兵問題に加えられていたことを忘れてはならなかった。右のような野村の楽観的な報告が、日本側に混乱を生じさせてしまう。

「十六年十月四日

日本案に対する米国回答正式文が到着、午後三時から連絡会議を開き、特に幹事の出席を止めて構成員だけでこの米国回答案につき協議した」（『大本営機密日誌』）

十月四日第五十七回連絡会議が、「米側回答に対する帝国の態度に関する件」で開催された。米側からの回答は前夜に到着し、翻訳もちょうど終了したばかりで、寺崎アメリカ局長が米国の回答案を提示した。同案を読むと、東條陸相が先ず、

「米の回答は『イエス』か『ノー』か又は其の中間であるべき所、今次米回答は『イエス』でなく『ノー』でない」

と発言し、外交の見通しをつけるよう要請した。すると、杉山参謀総長も、東條陸相に同意した。

そして、二日後の十月六日、米国回答案を中心議題にして、陸海軍の部局長会議が開催されたものの、陸海軍が対立をした。

「陸軍側は、昨日の部局長会議決定のように、日米交渉はもはや妥結の目途なし、とするのに対し、海軍側は、陸軍が支那における駐兵さえ考慮すれば、目途はある——とするのである」(『大本営機密日誌』傍線筆者)

海軍側は、陸軍側に中国駐兵からの撤退を提案した。しかし、米国は、中国(満州国も含む)だけでなく仏印からも駐兵撤退を要求しており、海軍側はそのことを把握しないまま、主張をしていたのである。

東條陸軍大臣と及川海軍大臣の話し合いは物別れに終わり、夜になってから及川海相が東條陸相にさらに会談を求めてきた。十六年十月八日の『大本営機密日誌』は、記している。

「駐兵(中国駐兵 註)の表現形式に変更の余地はないかを訊したが、陸相はその余地はない旨を答えた。いまや、陸軍の態度は動かず、総理と海軍大臣には遺憾なくその趣旨を伝えており、あとは政治的断ある

のみである」

東條陸相は、右のように戦争の決断を近衛総理に求めたのだった。

十月八日晩、豊田外相は野村大使に電話をし、日本の立場を米国側に伝えるよう訓令した。野村はこれを受け、翌九日午前九時、ハル国務長官を往訪して、「支那の撤兵、駐兵に關し」説明を行い、「ある地點に駐兵の必要なるを述べて再考を促し」（『米國に使して』）た。すると、十月十日、ハル長官から回答を得たため、野村は、日本政府に次のように送ってきた。

「先方は從來の態度よりも退却する所なく十月二日の回答を堅く守りつつ、之と一致する日本の提案は何時でも考慮するといふ出方である。爲念」（同右）

日本側が譲歩しないならば、日米首脳会談は行わない、そうハル国務長官から伝えられたのだ。しかも、譲歩とは、日本軍を満州国も含む中国から撤兵させるだけでなく、仏印からも撤退させることだったのである。

米国側が、このような無理な要求を突きつけていたことについては、野村大使がハル長官からそれを手渡された時点で、素直に解読できていなければいけなかったが、日米交渉というレールに乗せられてしまっていた上、英語力も不十分なため読み取れなかったのである。その証として、ドラウト神父の方は米国側の十月二日案を手にするや、その内容を即座に理解して、ウォルシュ司教に、

「たくさんの変化が困難を引き起こしたことを理解されたし。落胆す。六月二一日案を基本に使うこと。わたしたちはもはや手段がないことを納得せよ」（『井川忠雄　日米交渉史料』）

と、電信していた。

その間、近衛総理は、及川海相、豊田外相らと

「個別的に會談し、危局回避方を協議した。外相は更に十日余を訪ねること兩度に及び、何とかして交渉を継続させる方途につき懇談」（『近衛文麿手記』）

した。近衛が五〇歳の誕生日となる十月十二日、総理は東條陸相、及川海相、豊田外相そして鈴木企画院総裁らと歴史的な五相会議を開いた。

近衛総理は同会議で、

「米国側が誤解しているようなので、交渉条件を若干変更すれば日米交渉の成立見込はある」

と、まだ楽観視していた。しかし、東條陸相は、

「日本ハ今日迄譲歩ニ譲歩シ四原則モ主義トシテハ之ヲ認メタリ、然ルニ米ノ現在ノ態度ハ自ラ妥協スル意志ナシ」（『杉山メモ上』）

として、日米交渉の成立が「妥結ノ見込ナシト思フ」と近衛の見方を否定した。一方、海軍を代表する及川海相は、

「外交か戦争かの決意は総理がすべきものだ」

として、近衛に責任を一任しようとした。そんな及川海相の立場を聞いて、東條陸相は、

「海相は戦争の決意は総理が決めよというけれども、そうではない。その決定は政府と統帥部の合意によるものである。自分としてはもはや外交交渉の目途はないものと思う」

と開戦への決意を述べつつ、

「速やかに外交の確算ありや否やを決すべきである。陸軍は支那事変を放棄するようなことは絶対にない」

こう付け加えたのだ。そうした中、豊田外相が、対米回答案を提示した。十月十二日の『大本営機密日誌』は、豊田外相が提示した対米回答案のことを記していた。

「支那における全面撤退、日支基本条約の廃棄、四原則の承認など、従来この会議では問題にせられなかったものばかりであった」

豊田外相は、米国案に譲歩する立場で、近衛総理も、

「此際は名を捨てて實を採り、形式はアメリカのいふやうにして、實質に於て駐兵と同じ結果を得れば好いではないか」(『近衛文麿手記』)

と考えていた。

そして、彼はそのように考えていただけでなく、その二日後、近衛総理はウォルシュ司教に、ある依頼をする。

「私は、一九四一年十月十四日、総理大臣近衛公の覚書をルーズベルト大統領にワシントンまで届けるよう頼まれました」(Affidavit of Bishop James Edward Walsh, International Military Tribunal For The Far East)

ウォルシュ司教は、極東国際軍事裁判(東京裁判)で右のような証言をしていた。ルーズベルト大統領との首脳会談が諦められなかった近衛総理は、ウォルシュ司教をワシントンに派遣し、近衛の覚書を直接届けてもらうことを決めた。そして、近衛総理はこのことを井川に伝えると、井川からの説明を受けて

ウォルシュ司教は米国大使館に向かった。

「米国大使館に行き、近衛公の提案をユージン・ドゥーマン氏に相談し、彼からこの件のことをグルー大使に照会してもらったところ、近衛公の覚書を私が持っていくことに同意してくれました。

私はそれから総理官邸に行き、官邸で近衛公から覚書をもらうことになりました。近衛公は、その覚書を日本語で読み上げると、同席していた伊藤氏がその英語訳を読んでくれました。

その覚書は、日本政府が米国政府と和平合意の締結を望んでいることを再確認する短い声明書で、厳しい緊張下に置かれていた日本政府は、交渉の時間的余裕がなくなっているため、是非とも合意を切望する、という内容のものでした。

井川氏は、それから私に十月十五日広東行きの日本航空券を渡してくれました。航空券が渡される際、その航空券は武藤将軍が確保してくれた、と話していました。井川氏からは武藤将軍の署名が入った道中の安全を保証する護証も受け取りました。さらに井川氏は、必要な際に、と武藤将軍用に使う暗号もくれました、その暗号は、『フラワー（花）』でした」（同右　筆者訳）

井川が、ウォルシュ司教のため、武藤軍務局長に護証を依頼したところ、愛想よく発行してくれたという。

ウォルシュ司教は十五日に東京を発ち、十八日に香港に着いた。同師は、同地から「二十三日出発、太平洋横断飛行機ヲ予約セリ」という米国に向けた出発予定を井川に電報で知らせてきた。

ところが、そのウォルシュ司教が東京を出発した翌十月十六日、近衛内閣は総辞職する。理由は、陸軍は戦争を決定していたものの、海軍の方が決められないため、「首相の裁断に一任」する、とその決定を近衛に丸投げしてきたからであった。近衛内閣で閣内不一致が生じた結果、鈴木貞一企画院総裁が、「辞めてくれとは甚だ言いにくいけれども、ここに至ってはやむを得ず、どうか東久邇宮殿下を後継首相に奉薦することに御尽力を願いたい」（『近衛文麿手記』）

と近衛総理に伝えてきたのだ。近衛は鈴木の助言を受け入れると、官邸に閣僚を呼び、辞職理由を述べて、十月十六日夕刻に全員の辞表を取りまとめると、参内し天皇に総辞職を報告したのである。

近衛内閣総辞職は、香港滞在中のウォルシュ司教も知るところとなり、井川にこれからの影響を尋ねてきた。これに対し、井川は、第三次近衛内閣総辞職は、表面上は、

「日米交渉を継續せんとする首相と、之を打切らんとする陸相との意見衝突から内閣不統一の結果」（『近衛文麿手記』）

起きたものだが、裏面で重臣会議や木戸内府が次期内閣組織に日米開戦へ持って行かないよう考えているので、日米交渉は継続される、と説明した。そして、井川は、十月二十二日、

「武藤将軍ト共ニ貴下ノ一路平安ヲ祈ル」

と電報を送った。すると、ウォルシュ司教から、

「貴電ニ依リ一方ナラズ安堵セリ。帰米后直ニ情報ヲ送ルベク、ヨロシク」（『回想』）

という返信を受け取った。

近衛内閣が倒れ、木戸内府の発議で東條陸相に新内閣組織の大命が降下された。そして、それから後、

ウォルシュ司教の周辺には次のような不都合が生じる。

十月二十五日「飛行機延期」
十月二十九日「天候不良ノ為飛行機出発延期セルヲ深ク遺憾トス」
十一月六日「信ズベカラザル程不運ナリ。予約上ノ過誤ヨリ更ニ一週間滞在ヲ余儀ナクセラレ、十一月八日出立」

近衛公から十月十五日にルーズベルト大統領宛覚書を渡されていたウォルシュ司教は、ワシントンにまだ到着していなかった。ウォルシュはこの頃はマニラに滞在しており、十一月八日に米国に向かう予定だという。

同司教は、武藤軍務局長が発行してくれた護証を気に入って大切にしていた。彼と日本政府との関係を具体的に証明できるものと考えていたようで、極東国際軍事裁判（東京裁判）でも、武藤発行の護証のことに言及し、

「現在、ニューヨーク・メリノール修道会のファイルに保管されています」

と証言していた。護証は、ウォルシュ師の日本陸軍や近衛総理との強い関係を確実に示す証となるため、これにより彼の部下ドラウト神父とワイズマンの関係を打ち消す道具に使えると考えていたのだろう。

前述したように、ウォルシュ司教は、極東国際軍事裁判（東京裁判）で、「総理官邸に行き、そこで近衛覚書をもらいました」と証言している。しかし、実のところ同師は、「紙の上に書かれた覚書」は、誰

からも手渡されてはいなかった。同師が証言していた「近衛公から手渡された覚書」とは、彼自らが書いていたからである。ところが、その「覚書」を書き始めてみると、それはルーズベルト大統領に手渡される特別な覚書であるため、タイプ作成などで時間がかかるなどし、米国向け出発が十一月八日になっていたのである。ところがその日、ウォルシュ司教がマニラ発の飛行機に乗ると、同機にはワシントンに向かう來栖三郎遣米大使と随行員の結城司郎次も搭乗していたのだった。

第六章「南進」と「北進」の岐路

東郷茂徳を外相に起用した東條新首相

駐日ドイツ大使顧問でソ連諜報員のゾルゲは、一九四一年十月には、

日米交渉と米国の意向について
日米交渉とドイツの意向について
対米戦争問題に関する情報
近衛首相の対米交渉の見通しについて

などの報告をモスクワに送っていた。近衛内閣では日米交渉が極秘で進められていたものの、同総理の勉強会メンバーであった朝日新聞元上海支局長尾崎秀実が極秘情報を入手してゾルゲに渡していたのである。

ところが、そうした中、同年十月十六日、近衛内閣は突然、総辞職したのである。そして、翌十七日、東條英機陸軍大将が首相に任命され、彼に組閣の命が下されたのだった。

東條新首相は、陸相の時から日米開戦を口にしていた。彼は誰にも負けない天皇信奉者であった。東條の秘書官赤松貞雄も、

「東條陸相が首相に選ばれたのは、必ずしも戦争内閣を意味するものではなかった。従来の国策の経緯に精通し、和戦何れに決しても陸軍部内を確実に掌握統制し得るもの、というところから東條さんは、首相になり陸相を兼ねる以外にはないと信じられていたのである。また、その忠誠心の厚いことを確認されて、お上からの仰せに対しては必謹、これを実行すると思われたためでもあった」(『東條秘書官機密日誌』)

このように述べている。東條新首相は、天皇から日米交渉の妥協に努めよ、直接そう命ぜられたため、先ず外交の人選を考えることにした。

「今日から首相という立場で処理しなければならないから、従来のように陸軍だけの代表ではない。公正妥当な人選をしなければならぬ」(同右)

東條は、赤松秘書官にそう告げて、外務大臣は、東郷茂徳に白羽の矢を立てた。東郷は一九三七年駐ドイツ大使としてベルリンに着任、その一年後には駐ソ大使としてモスクワに駐在していた。ところが、一九四〇年七月に近衛内閣(第二次)が成立すると、松岡外相の首切りリストに入れられて駐ソ大使を解任され、八月に帰国してから牛込船河原町の借家にいた。帰国した東郷に対して、松岡外相は辞表提出の要請をたびたびしていた。東郷の一人娘いせも書いている。

「父の大使解任は、松岡外務大臣(略)によるものであり、多くの大公使はこのときその要請にしたがって辞表を提出した」(『色無花火』)

しかし、東郷茂徳本人は辞職を拒んで、軽井沢の別荘と東京の借家を行き来しながら浪人生活を過ご

していたのである。

「公の職を離れた父は、昭和十五年の終わりから翌年の春にかけて、ほとんど終日家にいて、来客と面談し、お習字に励んでいた。職を離れてはいたが、父を訪ねる人は多く、牛込の家は出入りが絶えなかった」（同右）

東郷の長女いせは、父茂徳とモスクワから東京に帰って来た当時のことを右のように記している。彼女が述べている「昭和十五年の終わりから翌年の春」とは、ドラウト神父が来日し、ウォルシュ司教と井川の案内で、外務省、陸軍省を訪れ、帰米し、ワシントンで岩畔らと日米諒解案を作って外務省に送ってきた頃のことである。だから東郷が、「来客と面談」していた話の内容もそうしたものにもなっていたはずである。しかし、人目を避け無口であった東郷のところに、「訪ねる人は多く、牛込の家は人の出入りが絶えなかった」とは、不自然とも思える光景であった。

東郷は、ソ連大使を解任され、牛込の借家で浪人生活をしていたが、同僚で彼と外務次官の椅子を競い合った天羽英二も、イタリア大使を解任され、東郷同様に浪人生活をしていた。そんな天羽は、ローマから帰国して、東京で

「浪人していたとき、新橋の驛で、あいつがビールをのんで、眞赤になつているのと會つた。（略）私は毎月か丶さず會つていて、顔なじみなんだ」（『日米開戰前夜』）

と天羽はこの頃、ソ連諜報員リヒアルト・ゾルゲと毎月会っていたことを明記している。ゾルゲの祖父ウィルヘルムはカール・マルクスの秘書で、彼はその感化を受けて育っていた。彼はウクライナ・キエフの暴動を組織し、イギリスの炭鉱ストを指導していて、来日時はソ連共産党中央委員会機密部に登録さ

れていた。そんなゾルゲは、在日ドイツ大使顧問という表の顔を使って日本の外交官たちに接触していたのである。

松岡外相は、訪欧からの帰路、クレムリンで、米国も予期していなかった日ソ中立条約を締結し、さらにスターリン首相が松岡外相をモスクワ駅で見送るという劇的演出を成功させていた。実は、その背景にはソ連指導部が、日本軍の北進に注視していたことがあった。ドイツはその頃、駐日ドイツ大使を通し、あるいは特使を派遣して、日本も対ソ戦に加わるよう、懸命に説得を初めていた。当時、ソ連は、ドイツの軍事力に恐れを抱いていた。日本の動向を調べていたゾルゲも、強力なドイツに対抗するには、時を稼がねばならないとし、特に日米交渉に焦点を絞った情報を集め、次のような報告をモスクワに書き送っていたのである。

一九四一年　初頭　ドイツの軍事特別使節来日について
同年　三月　松岡外相訪欧に関する情報
同年　四月　日ソ中立条約調印について
同年　五月　ドイツの対ソ開戦情報
同年　六月　独ソ開戦に対する日本の態度について
同年　七月　東条陸相と北方問題について
同年　八月　近衛首相の対米メッセージについて

同年　九月　日本の対米妥協決意について

「三年ぶりの日本の夏は暑かった。母が軽井沢に行ったきりだというのに、父と私はどうしてか東京にいることが多かった」（『色無花火』）

東郷の長女いせは、母親を一人で軽井沢にいかせ、父親の方は暑い東京になぜいるのかと不思議そうに書いている。モスクワから帰った東郷は、浪人生活をしていたが、家を訪ねる人が多く、この頃、人の出入りが絶えなかったというのである。

東郷は、一八八二年、鹿児島県日置郡苗代川村（現在の日置市東市来町美山）という所で生を享けたが、彼の家は朝鮮半島にルーツを持っており、七歳までは朴茂徳として育っていた。そして、彼は四〇歳で結婚をしたが、妻のエディータ（英語表記ではエディス　註）はユダヤ人であった。

東郷は、ベルリンで参事官、ドイツ大使として赴任し、その後ソ連大使を経験していたが、三国同盟には反対で、彼の夫人もユダヤ人であるため、反ヒトラーであった。モスクワから日本に呼び戻された後、東郷は陰に引きこもっていたが、在日ドイツ大使館とは常に友好的関係を保つようにしていた。特に、東郷夫人エディータは、駐日ドイツ大使オットー夫人と交流があり、オットー夫人の方は駐日ドイツ大使顧問のリヒアルト・ゾルゲとは大変に親しかった。だから、東郷のエディータ夫人もゾルゲのことを知っていて、日本軍の北進も彼らの話題になっても不思議ではなかったといえよう。というのも、東郷夫人は外務省の外交官さえ舌を巻くほどの外交能力を持った女性だったからである。

東郷茂徳外相は、外交官試験に合格した翌年一九一三年に奉天（現瀋陽）に二年在勤しただけで、あとはヨーロッパ勤務が長かった。ドイツ文学士であった彼は、

「アルプスの山頂に身を置いて世界を眺めると、脚下の下界において人心を激昂させたすべての争闘が実につまらなくなり、身は浄化せられて宇宙と同化する気持となる」（『時代の一面』）

と自著に記しているように、逃避的な性格もありスイスを好んでいた。後に東郷外相と緊密に行動を共にした加瀬俊一秘書官は、

「当時スイスには有名無名の亡命者が多数流入していて、レーニン等の革命運動の策源地にもなっていたので、学究心の強い東郷は本格的にマルクス主義の勉強に励んだ」（『日本外交の旗手』）

と、東郷茂徳がマルクス主義の熱心な理解者であったことも指摘している。加瀬は外務省から派遣されて米国に留学中、留学生指導のため大学巡察に来た東郷に会っていた。そんな東郷が、一九四一年十月十七日、外務大臣に就任すると、加瀬は同外相の秘書官になったのである。加瀬はその後、東郷家に長男の英明（現外交評論家）を連れて行くなどして親しく交流したが、私の質問に、英明氏はその時に会った東郷のことを、

「なんだかつまらなそうなおじさん、として憶えています」

そう答えてくれた。

東郷茂徳は、とにかく無口で、何を考えているか分からない人物で、彼が外交官をしていることを知った鹿児島の同窓生は、

「お前のような無口な男に外交官は務まるのか」

そう、心配したほどであった。ところが、東郷がそのような「寡黙な人」になったのも、東郷が、「平民出身故の階級的差別と朝鮮人の血を曳く故の民族的差別」(『祖父東郷茂徳の生涯』)を背負っていたため、そう彼の孫は述べている。そして、そのような複雑な背景は、彼のユダヤ人の妻とも重なる部分があった。

彼女は、ナチス・ドイツのことは許せず、東郷自身も、

「ナチスの理念に基づいた同盟には、自分は最初から反対し、そのように有田外相に公言していた」(Affidavit Togo Shigenori International Military Tribunal for The Far East 筆者訳)

だから、東郷夫妻はナチスと同盟を結んでいた日本に批判的であったのである。

本書の冒頭で紹介したように、東郷の妻エディータは想像できないほど行動力のある女性であった。長年彼女と暮らしていた孫は、祖母エディータについて、「並外れて大きな心情の振幅」(『祖父東郷茂徳の生涯』)の持ち主であり、そのことを「私たちは、ジャーマン・デモーニッシュ(ドイツ的超人的)な力、などと呼んでいた」(同右)と述べている。しかし、この場合「デモーニッシュ」とは「悪魔的」と訳されるべきで、実際、調べていくと彼女のそんな人物像が浮かび上がってくるのである。

東郷はドイツで大使になったものの、ドイツ政府からは嫌われてしまい、十カ月足らずで駐独大使を罷免された。その時、彼は退職を考えていたものの、家族の説得で重光葵の後任駐ソ大使として赴任したが、モスクワでは東郷夫人も各国大使館の付き合いや情報交換に積極的に参加し、反ナチスの最強カップルとして互いに助け合って動いていた。

そして、その後、東郷は米国のグルー駐日大使が十月二十日の日記に書いているような、評判の人物となって帰国したのである。

「私は、新外相東郷氏とモスクワで知り合い、ここ東京で最近東郷夫人や娘とも幾度か会っている大使館スタッフから、新外相東郷氏がモスクワに駐在していた際は、日本からモスクワに派遣されていた代表の中で、ソビエト政府から最も好意的に受け入れられ、高評価を得ていたという情報を得た」(Ten Years in Japan, Joseph C. Grew　筆者訳)

東郷は、自分の気に入らないことに直面すると、すぐに反対し、それだけでなく断ったりする性質で、外相として入閣を求められた時も、何度かその要請を断っていた。外務省では日米交渉関係文書を極秘取り扱いし、大臣、次官、主管局長以外には同書類を絶対に回さない方針であったため、東郷も日米交渉については全く分からなかった。そんな東郷のところに、今度は東條首相から電話が入った。

「父のもとへ外務大臣としての入閣の要請があったのは十七日の深夜だった。東條大将からの電話で父は陸軍大臣官邸へおもむき、中国での駐兵問題、日米交渉成立に全力を傾けることなど、(略)慎重に確認した上で、ようやく外相就任を承諾した」(『色無花火』)

東郷の長女いせは、このように記している。東條首相の要請を受けて東郷茂徳が外相就任を承諾したその日、日本軍を南進させるべく工作していたソ連諜報員ゾルゲに逮捕状が出され、翌十八日、ゾルゲは検挙された。

「父が外相を引き受けたとなれば、すぐに警備の警官が家の周りを固め、報道をはじめあちらこちらからの問い合わせの電話が入った」(同右)

電話応対は、娘いせがしていた。母親は日本語を話せなかったからである。

東郷新外相の秘書官となる加瀬俊一は、外務省に最年少合格していて、英語の実力は省内でも指折りであった。加瀬は、

「東郷から、直ぐ来てくれ、との電話に接して」東郷の借家に駆けつけた。すると、「東郷は暮夜独り黙然と座っていた。たった今、東條に会ったのだという。暗い雨に包まれて沈思している。蟋蟀数声ノ雨 芭蕉一寺ノ秋という趣だった」(『日本外交の旗手』)

話を聞いてみると、課題は日米交渉である、東郷はそう即座に語ったという。

加瀬は、松岡前外相秘書官として、彼の訪欧にも同行しており、野村大使がワシントンから送ってきた日米諒解案も読んでいた。東郷新外相は、こうした日米交渉の経過について全く知らなかった。そのため、加瀬は、「翌日、私はほとんど飲食を断って往復電信を点検し、交渉経緯の概要を認めて東郷に渡した」(同右)のである。

加瀬から日米交渉の概要説明を受けとり、一読した東郷は眉を顰め、

「『こんな状態なのか、拙いね』と吐きすてるようにいった」(同右)

という。東郷は、自身が書いた手記『時代の一面』の中で、

「日米交渉の案件は最高度の秘密事項即ち国家機密に指定せられてあったので、即ちこれを直接関係者以外に洩らしたものは厳罰に処せらるる法規があるので、その正確なる内容に就いては不明で、取扱者に質問するのも差控うべき状況であった」(傍線筆者)

と書き、外務省内でも担当者以外は日米交渉の内容については全く知られていなかった、と明記して

いる。そうした中、東郷は、新次官には鹿児島同郷の西春彦を、交渉を主管する担当に加瀬俊一課長を、そして同交渉には中国問題が扱われていたため東亜局長の山本熊一をアメリカ局長に兼任させたのである。東郷茂徳新外相は、このように彼も含めわずか四人からなるチームで対米交渉に臨むことになったが、それは完全な態勢と言えるものではなかった。山本局長は上海の東亜同文書院出身だったため、英語がわからず、西次官もそれまでモスクワ駐在であったため日米交渉について何も知っていなかった。それに加えて、西次官と加瀬秘書官は大本営政府連絡会議に出席はできなかったのである。

昭和十六年十月十九日、朝日新聞は、東郷新外相が「外相官邸において新外交政策について極めて言葉少なに左のごとく語った」と報じ、次の談話を載せていた。

「新内閣の外交方針については、まだ店開きしてゐないので話すことはない。前大臣との事務引継も明後日更に續けるやうな次第で、店開きが済んでからゆつくり話すことにしたいと思ふ。

わが外交の根本（以下二文字判読不可　註）については更めていふまでもないことであるが、日本の進んで行くべき途はすでに定つてゐる。正義に立脚して邁進する。日本の外交がとらんとするところはこの点にある」

他人事でかつ抽象的な、いかにも東郷らしい談話であった。

因みに、東條内閣は、以下の顔ぶれで動き始めた。

海相　嶋田繁太郎

外相　東郷茂徳　拓相兼務
蔵相　賀屋興宣
商相　岸　信介
陸相　東條英機　内相兼務
企画院総裁　鈴木貞一
書記官長　星野直樹

東條内閣は、発足すると直ちに、大本営政府連絡懇談会（通称連絡会議）を開き、対米政策の再検討を始めた。連絡会議は定例週二回で、うち一回は日米交渉にあてられた。

大日本帝国憲法は、統帥と国務を独立させていた。政府（内閣）は非軍事的な事項で権能を持ち、陸・海軍大臣はあくまで行政面での軍事権限を有するのみで、作戦関連については統帥部の専断であった。連絡会議はそうした政府（内閣）と統帥部の首脳が両機関の政策を決定する合同会議であった。

九月六日の御前会議で、日米交渉に成立の見込みが立たない時は、十月上旬に日米戦争を決意し、同月中旬から戦争準備に着手することが決定されていた。陸軍の方は日米交渉打ち切りを表明し、開戦を決意していた。ところが、海軍は日米交渉にまだ望みがあるとしていた。対米戦という重大決心をする時に、陸海軍が意見の不一致を見ていることは非常に危険であった。

臥薪嘗胆＝対米宥和を主張した東郷茂徳

十一月一日の第六十六回連絡会議には、内閣から総理、陸相、海相、外相、蔵相、企画院総裁が、統帥部から参謀総長、軍令部総長および両次長らが出席した。東條首相は、同会議で対米関係について、次の三案を検討するよう提示した。

第一案　米国とは戦争せずに臥薪嘗胆する
第二案　米国と直ちに開戦を決意し、武力で解決する
第三案　対米戦の準備と外交を並行して行う

東條首相の考えは第三案で、対米戦への準備をしながら外交も同時に並行させることであった。すると、島田海軍大臣も第三案に同意し、蔵相、企画院総裁もこれを支持した。ところが、東郷外相は第一案を支持し、

「臥薪嘗胆すればアメリカも日本を攻撃するはずはない」（『日米外交史』23）

そう主張したのだ。つまり、東郷茂徳新外相は、米国側の要求を受け入れるのが良い、そうすれば米国は日本を攻撃するようなことはない、そう説いたのである。しかし、そうした場合、先ず日本は満州を含む中国および南部仏印から日本軍や警察を全て撤退させなければならず、この受け入れを発表した瞬間

に、そこに暮らしている民間人への安全は保たれなくなり、生活そのものを失うことにもなるのだ。

当日の連絡会議に出席していた山本熊一アメリカ局長でさえ、上司である東郷の発言を耳にして、「臥薪嘗膽卽此の儘で行けば日本は物資もなくなる、國家の生存も危くなる、其の結果戦いに敗れたのと同じことになる」(『大東亞戰爭祕史』)

このような拒絶感を示していた。

東郷が前任の外相豊田貞次郎から任を引き継いだ際、豊田前外相は東郷新外相に次のような忠告をしていたという。

「日米交渉に就ては支那駐兵に期限をつけることにすれば纏まるのであるが、陸軍がこれに応ぜぬために総辞職になったのだと説明し、なおこれに就ては書いたものがあるからそれに就て承知せられたい」(『時代の一面』)

東郷は、豊田前外相が「支那駐兵」問題のみが日米交渉の難点であると伝えた、といい、そう書き込んでいる。

そして、

「東條は交渉が成立せしめ得るものなれば成立せしめたいのは自分も同感である、華盛頓(ワシントン)からの電報によれば交渉案件中支那駐兵問題以外は大体了解が成立したとのことである」(同右　傍線筆者)

「東條大将が野村大使からの来電により駐兵問題以外は大体了解が成立しているとの言が一致するので、自分は単に一問題だけならばとの感を受け、大いに意を強くしたわけであった」(同右)

として、東郷は、一問題つまり「支那駐兵に期限をつけることにすれば」日米交渉は成立する、と理解していたことがわかる。

このようなことから東郷は、連絡会議（第六十五回）でも、中国からの日本軍撤兵について、「撤兵スルモ経済ハヤレル否寧ロ早ク撤兵スル方可ナリ」（『杉山メモ上』）などと、中国から撤兵しても経済面で問題は生じない、と発言したため、「現実ヲ忘レタルコトヲ主張セリ」（同右）と杉山参謀総長から批判を受けていた。

それでも東郷は、米国とは戦争をしないよう我慢をして、米国側の要求を全て受け入れる外はない、そう発言して出席者を驚かせていた。しかし、そう言う東郷に対して、全員が、

「米提案ヲ全的ニ容認スル場合日本ハドウナルカ」（同右）

「外務省ヲ除ク全員ハ帝国ハ三等国トナルヘシ」（同右）

と、米国の提案を全て容認するようなことをすれば、日本は三等国になってしまう、と声を上げた。

すると、それまで米国側の要求を全て受け入れるとしていた東郷は、すぐに彼の主張を変えて、

「条件ヲ少シ低下シテ容認セハ何テモ好転スル」（同右）

などと、条件を少し下げて米国側の提案を容認してやれば事態は好転するなどと応じたため、

「一同ニ奇異ノ感ヲ懐カシメタリ」（同右）

と、東郷の無節操な発言に、出席者一同が唖然とさせられたのである。

東郷茂徳の右のような発言に対して、

「統帥部は激烈に反発し、外相と正面衝突を演じ、会議は幾度か決裂寸前の状況となった」(『日本外交史』23)

東郷外相の秘書官であった加瀬俊一も、記していた。ところが、東郷は自分の考えが受け入れてもらえないと分ると、加瀬秘書官に外相辞任の意向を何度も漏らしたという。

大本営と政府の連絡会議には、実直な帝国軍人たちが米国との開戦を決意して出席していた。ところが、東郷はそんな軍指導者に、今度は、

「外相トシテ出来サウナ見込カ無ケレハ外交ハヤレヌ」(『杉山メモ上』)

と言い、外交で決着させる見込みがあるので、自分に任してくれ、と大風呂敷を広げた。そうしたことから、

「外交ノ期日条件等ヲ討議スル必要生シ」(同右)

出席者は、日米交渉をいつまで継続するか、東郷が見込む交渉最終期限日を討議することにした。その結果、

「外交ハ十二月一日零時マデトシ、ソレ迄ニ交渉成立セバ、戦争発起ヲ中止ス」

と最終的に決定された。つまり、十二月一日零時までに日米外交交渉が成立しない場合、開戦決定となったのである。

十一月一日の連絡会議は長引き、日付は、一日深夜から二日に変わりつつあった。次は、米国側との外交条件であった。『杉山メモ上』は、「外務省提案ノ甲案、乙案ニ付研究スルコトトナル甲案ハ従来ノ対

米交渉案ヲ若干減シタルモノ」

と記し、外務省が甲案と乙案の二案を提出したとしている。

甲案では、

一　通商無差別問題
二　三国同盟条約の解釈およびその履行問題
三　撤兵問題

など三点が扱われていた。

「甲案ハ従来ノ対米交渉案ヲ若干減シタルモノ」（同右）

とあるように、甲案は日本側がそれまで米国側に提出したもので、もともとは松岡前外相により作られていた。そして、その松岡案を米国側に発出した後、ドイツ軍がソ連侵攻を行うと、松岡外相が北進論に転じたことは既述した。その後、独ソ戦争は、外相が東郷茂徳に替わってからも続行していて、一九四一年年内の勝利を見込んでいたドイツは、日本にも対ソ参戦をしきりに求めていたため、スターリンに不安を与えていた。そしてこのような日本軍の北進、すなわち日本軍によるシベリア進攻は、米国務省でも注目されていた。

後に、日米戦争を実際に戦った経験のあるウェドマイヤー将軍も、

「日本が、ソ連の沿海州に対して攻撃を加えないで、太平洋でアメリカと事を構えるという大失敗をおかした」（『ウェドマイヤー回想録』）

と述べ、日本軍が北進を（南進ではなく！）決断しなかったことがその後の日本の悲劇を生んだと結

論付けている。同将軍は、具体的に日本軍は、

「シベリアの要衝ウラジオストックを攻撃すべきであった。その攻撃によって、多くの目的が達成できていた」

と指摘し、松岡外相の言に従い、日本軍がウラジオストックを攻撃していたなら、

一 ウラジオストック経由で行われていた米国からソ連への武器貸与および補給物資を切断できたこと

二 右の攻撃により、ソ連の大兵力はシベリアに釘付け状態にされ、その結果としてソ連は二正面作戦を強いられたこと

そうした結果、

「スターリンは、シベリア方面の兵力をモスクワ戦線に移動するわけにいかなくなる。シベリアからの増援部隊が得られなかったならば、モスクワの陥落はほとんどまちがいなかった」（同右）

このように、モスクワ陥落を断言していたのである。そもそもソ連は、当時、機関車をまだ製造していなかった。そのためにソ連は兵士、武器、補給物資などを運ぶために、米国内から輸入される米国製機関車に一〇〇パーセント頼っていて、その受け取り港がウラジオストックであった。こうしたことから、「日本が、ソ連の沿海州を攻撃していたならば、ソ連はスターリングラードでドイツ軍を撃破することができなかった、と私は確信する」（同右）

ウェドマイヤー将軍は、そう断言していたのである。

松岡案は、右のような着想の上に立って作案されていたが、東郷の甲案も「従来ノ対米交渉案」とし

ていることから、確実に松岡の流れを受けていたものであった。

ところが東郷は、生まれ育った背景が異質なことに加えて、松岡に強い反感を抱いていた。ドイツ文学者の道を変えて外交官を目指した東郷は、五度目の挑戦でやっと外務省に入省できていた。一方、松岡の方は、外交官試験に初挑戦でトップ合格を果たし入省していた。東郷は、その後ドイツ大使になったが、松岡が作った三国同盟には反対し、彼の妻がユダヤ人であったため、ドイツから追われるようにモスクワに赴任していた。ところが、一九四〇年七月近衛内閣（第二次）が成立し、松岡が外務大臣に就任すると、八月二十九日、東郷は、最終的に松岡から駐ソ大使も解任されていたのだった。

甲案（北方中心）か乙案（南方中心）か

このようなため、一九四一年、東條内閣で新外相となった東郷は、六十六回連絡会議で、「従來の遺方を轉換する必要がある」（『大東亞戰爭祕史』）として、従来案、つまり甲案が扱っていたものとは異なる、「問題範囲を成るべく狭くする為主として南方問題を中心として考へ」（同右　傍線筆者）た乙案を提案したのである。
この「南方問題を中心」とした乙案について、東郷茂徳は自著『時代の一面』で、「甲案が成立しない場合を考慮する必要があった」「戦争勃発の危険を防止するため（略）平和を維持するの目的を以て、第二案、即ち乙案と称するものを作成した」

と述べている。

この乙案は、東郷の発意により作られたものの、「外務案」とも呼ばれていて、その特徴について、東郷の直属部下が、

「佛印派兵問題や石油の獲得を中心に暫定的取極をなし進んで根本解決に移らんとするもの」(『大東亞戰爭祕史』)「米英側が日本資産の凍結を解くことを条件に日本は南仏印から撤兵する」(『回想の日本外交』)

と、説明している。

その乙案の主な具体的内容は次のようになっていた。

(一) 日米両国政府は仏印以外の南太平洋地域に武力的進出をしないこと

(二) 日米両国政府は蘭印において、必要な物資の獲得が保証されるよう相互協力する

(三) 日米両国政府は相互に通商関係を資産凍結前の状態に復帰すべし

米国は年百万トンの石油の対日供給を確約すること

(四) 仏印南部の日本軍を北部に移駐させること　米国政府は日支両国の和平に関する努力に支障を与うるが如き行動に出でざるべし(『日本外交史』第23巻より要約)

このように、東郷の発意で作られた乙案は、それまで日米交渉で扱われていた三国同盟および中国問題を、南部仏印にすり替えて、それに特化したものであった。

東郷は、従来案に近い甲案と、これとは別に東郷案といわれるべき乙案を、十一月一日に開かれた第

六十六回連絡会議に提出した。同会議は、開戦の決論を決定する最終会議になるため、午前九時に始まると十一月二日午前一時半まで及んだ。

同会議出席者は、甲案には異論がなかった。

ところが、南方に焦点が移されていた乙案（東郷案）を読んだ杉山参謀総長は、

「支那問題解決が根本であるから、之を除き他の問題のみの解決は當を得ない」（『大東亞戰爭祕史』）

と、山本アメリカ局長の眼前で異議を唱えた。「支那問題」とは、日支事変の解決のことで、例えば岩畔大佐は、この解決には蒋介石政権を直接支援している米国に日支和平の協力を求める以外にない、そう考えて米国に行き、日米諒解案を作っていたのである。このように、「支那問題解決が根本」と考えていた杉山参謀総長は、東郷の「乙案ニハ不同意、（略）新案タル乙案テヤルヨリ甲案テヤレ」（『杉山メモ上』）と甲案での交渉を要求したのである。

これに対して東郷は、

「自分個人の意見としては支那問題の解決を米國にたよることは反對である」（『大東亞戰爭祕史』）

として、日支事変を解決するために米国に協力を求めるやり方には全面的に反対した。そして、その代わりとして彼は、

「日米間紛糾が今日の様に甚だしくなつたのは南方問題が原因となつたのであるから、此の問題から先づ研究解決の要がある」（同右）

と反論して、南方問題に重点を置いた乙案を主張したのだ。

こうした、南方に特化した東郷乙案に対し、塚田参謀次長は、

「南部仏印ノ兵力ヲ撤スルハ絶対ニ不可ナリ」（『杉山メモ上』）

と仏印からの撤退に反対し、

「乙案外務原案ニヨレハ支那ノ事ニハ一言モフレス現状ノ儘ナリ（略）仏印カラ兵ヲ撤スレハ完全ニ米ノ思フ通リニナラサルヲ得ベシ」（同右　傍線筆者）

東郷乙案が言うようにすれば、米国の思惑通りになってしまう、と警告をした。蒋介石国民党政権は、米国や英国から対日戦に使う武器や物資をビルマ（現ミャンマー　註）経由で受けていた。日本軍はその武器供給ルートを寸断するために南仏印を駐兵基地にしていたのである。そこで、塚田参謀次長は、乙案では米国や英国が蒋介石の国民党に対して行っている武器や物資提供への反対が記されていないため、それらが継続されたままとなってしまうとし、この案では日支事変は解決できない、

「故ニ乙案ハ不可、甲案テヤレ」（同右）と、乙案ではなく甲案でやれ、そう主張した。

ところが、東郷外相は、「甲案ハ短時日ニ望ミナシト思フ、出来ヌモノヲヤレト言ハルルハ困ル」などと甲案には消極的な評価を示し、日本軍の北進の芽を消滅させる提案をするのだった。そして、連絡会議の出席者たちの関心がどうしても乙案に向かず、同案が受け入れられないならば、東郷は外相を辞任すると言い出すのだった。

「今度は東郷外相から、統帥部は南部仏印からの即時撤兵を譲歩しなければ外相を辞めるといい出し、頑として主張を曲げない」（『大本営機密日誌』）

として、彼がいつもやる手段に訴えた。

困ったのは東條首相であった。大日本帝国憲法では、総理大臣もその他の国務大臣も、天皇の大権を

輔弼、つまり、補助・助言するものとされ、互いに同格であった。だから、東條首相は他の国務大臣が自分の意見に沿わないからといってその大臣を罷免できなかった。それだけでなく、閣内で意見が分かれた場合、その大臣、例えば、外相の東郷が自分の意見を変えなければ、最後は内閣総辞職する外なかったのである。東條としても、そんな男を外相にしてしまったとすれば、彼の任命責任も重大であった。しかし、開戦決定は、十二月一日となっていたため、東條首相に内閣総辞職をしている時間などもうなかった。しかし、東郷茂徳の方は、この期に及んで自らの辞任を使って東條内閣を倒閣に至らしめようとしていたのである。

「東郷ノ退却（外相辞任のこと　註）即倒閣ノオソレアリ武藤局長休憩ヲ提議シ十分間休ム」（『杉山メモ上』）

東郷が、南進の乙案を諦めようとしないため、「東條総理は別室に杉山総長、塚田次長、武藤軍務局長、鈴木企画院総裁を呼んで、統帥部が譲歩するか、あるいはこれがまとまらなければ内閣を投げ出すべきか」（『大本営機密日誌』）を話し合うことにした。

武藤軍務局長は、岩畔大佐の上司で、この頃は中将に昇級していた。彼は、日米交渉には強い関心を持っていて、井川、ウォルシュ司教らとも親交があり、東郷が提出した甲案、乙案も読んでいた。

「東郷外務大臣の研究の結果、対米交渉案が出来た。これは（甲案のこと　註）陸海軍の意見を参酌したもので、（略）十一月二日の連絡会議に提議せられたが、これには何人も異存はなかった」（『軍務局長武藤章回想録』）

極東国際軍事裁判（東京裁判）で死刑宣告されることになった武藤は、獄中で書いた回想録の中で、

「しかるに外相は別に一案を提示した」（同右）

として乙案のことを言及している。そして、彼はその時の様子を、

「この案は事前に全然陸海軍に事務的な相談のなかったもので、総括的な日米問題を根本的に解決するものでなく、（略）これに対し杉山参謀総長及び塚田参謀次長は断固反対した。東郷外相も頑として自己の主張を譲らない」（同右）

このように説明している。両者は対立したため連絡会議は休憩に入ることになった。時計の針は午前零時半を指していた。そのような時に、その乙案を認めさせたのが武藤軍務局長であった。外交交渉は外相の主任務である。だから日米交渉についても、

「外相の意見を主として陸海軍はこれに協力すべきものである。外相がやりたいという方策そのものに反対することは適当でない」（同右）と、武藤は妥協案を主張したのである。

日本の運命が、東郷が主張していた乙案に委ねられた瞬間であった。そして、この東郷乙案が彼らに了承されると、東郷は「この案を出せば、交渉は妥結する」と豪語さえしたという。東郷から外務次官に任じられ、当日の連絡会議に出席していた西春彦も、

「東郷さんは連絡会議で、見込みはどうだろうかときかれたときに、だいたい七分三分ですと言っていた」（『回想の日本外交』）「私には、あれだけの案があれば、（略）なんとなく話がまとまるのじゃないか、という気がしていた」（同右）と、楽観的に受けとめていた。

既述したように、東郷は甲案では米国側とはまとまらない、日米交渉が纏まるようにと乙案を作った、

そう説明していた。しかしながら、米国側とは、もともと中国撤兵が問題になっていたのであり、乙案はそれを全く扱ってなかったため、西次官の見込みは甘かったといえよう。しかしながら、十一月二日の連絡会議で、東郷が提出した乙案は了承されてしまったのである。時刻も午前二時を過ぎていた。それからの様子を、山本局長は次のように記していた。

「一同は堅き決意と深き感慨を懐きつつ散會した。宮城の未明……幾多の自動車が城下門から走り出た」（『大東亞戰爭祕史』）

東郷は、三年町の外相官邸に戻ると、西次官、山本局長らと雑談をし、十一月二日午前四時に床に就いた。そして五時間後、東郷は西次官に、「賀屋蔵相の意見を聞いてこいと命じ」（『回想の日本外交』）、東郷自身は元外相広田弘毅邸に向かった。広田は、東郷の元上司で、東郷は彼を何かと頼りにしていて、今回は自らの外相辞任の相談であった。ところが、東郷は、広田元外相から、辞任に反対されたという。

「もし予が辞職すれば、直ちに戦争を支持する人が外務大臣に任命せらるることになるのは明らかであるから、予は職に止まって交渉成立のため全力を尽くすべきである」（『時代の一面』）

そう告げられたのだ。その間、西次官からは、

「賀屋蔵相は、もう東條首相に同意すると答えた」（同右）

という報告を受けたため、東郷も外相辞任を翻意した。そして、その帰路、東郷は東條首相に面会して、これからは多数意見に従うことを約束した。

來栖遣米特派大使の任命

十一月三日に予定されていた御前会議は、五日に延期された。すると、東郷は伊勢神宮参拝のため、二日の夜行で出発した。

伊勢神宮への大臣の親任奉告は恒例にされていて、東條首相は一週間前に終えていた。実は首相は東郷の参拝を心配していて、飛行機を出してもよいとまで伝えていたのである。そこまで言われているのに、これを実行しないと、右翼方面から文句を付けられる惧れもあった。この頃、ワシントンの野村大使から、帰国させてくれ、という声も届いていた。さらに、加瀬課長によれば、

「野村大使は英語力がたいへん貧しい。野村大使自身が、ちょっと困るから誰かいい人を手伝いによこしてくれと言ってきた」(『知識』一九八六年九月号)

そこで、東郷は、伊勢神宮から帰る時に、來栖三郎を遣米大使として米国に派遣することを決めた。ところが、來栖は、このようなことは全く知らなかった。十一月三日は、長男を連れて上野の展覧会を見て歩いた疲れで、早めに就寝していた。すると、麹町署の巡査が夜中に突然、

「外務大臣の急使として来た、すぐ外相官邸に」

そう伝えに来たのだ。

三日の夜、東郷が伊勢神宮から官邸に戻る頃までに、西次官、山本局長、加瀬課長らは外相官邸に集まっていたが、そんな彼らの前で東郷は來栖の米国ワシントン派遣を伝えたのである。これを受けて、山

本熊一局長が受話器を取り、來栖宅に電話をかけた。

「四日の午前二時半、電話をかけたが通じない。使者をたてたが、使者は容易に邸内に這入れないので附近の巡査と共に塀を越えて邸内に這入りやっとの事で、大使に来意を告げた」（『大東亞戰争祕史』）のである。

そこで、來栖は外相官邸に向かった。彼は、東郷外相、西次官、山本局長、加瀬課長らが緊張した面持ちで居並ぶ応接間の椅子に座ると、

「外務大臣がまづ口を開き、最近における日米交渉の情勢を一通り説明した上で」（『泡沫の三十五年』）來栖に渡米を打診し、日米交渉を妥結させるため努力をしてもらいたいと依頼をしたのだ。

東郷からの依頼は、來栖には意外だった。というのも、來栖と東郷は軽井沢の別荘仲間で、その時に日米交渉の件で來栖の渡米話が出ていたが、東郷の外相就任後に、彼の口から特使派遣は困難であると伝えられていたからである。だから來栖は、その夜突然東郷から、特使として渡米を求められたのが、意外だったのである。

実際、この来栖派遣は、「右派遣が全然自分の思いつきであった」（『時代の一面』）というように東郷の思いつきで始まったものであった。

日米交渉は国家機密指定されていて、同案に関する情報を漏らした場合、極刑とされていた。そうした中、外務省で日米交渉に関与したものは、東郷外相、西外務次官、山本アメリカ局長、加瀬アメリカ第一課長の四名であった。ただ、アメリカ局長は東亜局長をしていた山本が臨時に兼任していたため、実質は東郷、西、加瀬の三名が日米交渉を担当したのである。

東郷には外務省では心の底から語り合えるような知り合いは少なかった。西が次官になったのも、東郷と同県人で、東郷がソ連大使の時に、彼の下で漁業交渉をやっていたため誘われていたのだった。だから、西自身も、

「次官に就任したものの、日米交渉の経緯はそれまでまったく知らなかった」（『回想の日本外交』）

と認めていた。そして、その西は、日米交渉の経緯や実態について、

「東郷さんも断片的な知識しかもたないで入閣した」

と証言しているのである。東郷が、自著『時代の一面』に記している日米交渉についての彼の知識は、戦後になって得た後知恵なのである。日米交渉に関係する文書を作る際も、

「外務大臣は日米交渉に関する問題に付當時私に相談され、日米交渉に関する陸海両軍務局長との話合は総て自分が行ひ、又在米帝國大使館に対する訓令電報は（略）亞米利加局に於て起草するのを常としました」（『山本熊一宣誓供述書』法廷第二九一五号）

と山本が述べているように、日米交渉に関係する文書は山本アメリカ局長や加瀬課長が書いていて、東郷の知識は彼らからのものであった。

東郷からの突然の渡米要請に、來栖は、「特使がゆくのなら何か新しい打開案を持つてゆくのが、極めて自然でもある」（『泡沫の三十五年』）として具体的な打開策を訊ねてみた。来栖の質問に対して、東郷は、

「何分にも時機極めて切迫、全く一刻を争ふ事態なのであるから、特使が新解決案を携行する（略）時間的餘裕がまるでない」（同右）

と、答えていた。

來栖は甲乙両案を新提案とする説明を受け、この両案は野村大使に電送すると伝えられ、十一月四日に発電されたのである。

その際に、東郷は來栖に、口頭で、

「米国側がこの案に乗ってくる場合には、幾分の譲歩は考えることにしたいが、この案の大綱を離れて時局の収拾を計るとしても駄目であるから、この点は交渉決裂即戦争という状況と併せて野村大使によく説明してほしい」(『時代の一面』 傍線筆者)

として、交渉が決裂した場合は、すぐに日米開戦となることを直接伝え、このことを來栖から野村大使にも説明するよう依頼したという。しかしながら、右のような東郷の説明記述は、戦後、極東国際軍事裁判(東京裁判)で東郷が自らを正当化させるために行った作り話であった。というのも、当日、その場に同席していた山本熊一アメリカ局長は、

「大使(來栖のこと 註)の急派は、政府當局が如何に日米問題を重視し其の平和的解決に如何に熱意を有して居たかを立證するものである。然し大使(來栖のこと 註)には、交渉決裂の場合には戰爭の決意である帝國政府の方針は内示せられず、只飽迄も妥結に最善を盡せよとの總理及外務大臣からの訓令であつた」(『大東亞戰爭祕史』 傍線筆者)

このように、彼の遺稿の中で、東郷の記述を否定しているのである。

「來栖大使が米國行きを承諾し、官邸を引揚げたのは、早朝四時頃であつた」(同右)

ところが、その來栖は当日午前には外務省に現われ、山本局長から乙案を含む必要書類を受け取った。

來栖は、ドイツから帰国後は軽井沢にいたため、日米交渉の経過に詳しくなかった。そのため、彼は、結

城司郎次アメリカ局第一課長の随行も求めた。結城は、ニューヨーク及びポートランド領事などを経験していたが、その時は伊豆に出張中で、帰京命令を受けて四日午後七時に外務省に到着し、そのまま随行を承諾した。

東郷が伊勢神宮からの帰路に「思いついた」ことで米国に遣わされた來栖は、それからわずか一カ月後に日米開戦に直面することになるが、それだけではなかった。彼は宣戦布告を遅延したという濡れ衣まで着せられながら、米国で捕虜生活を送ることになる。

來栖は、十一月四日午後、東郷外相と打ち合わせをした。ところが、東郷と來栖の回顧録を読んでみると、そこには明らかな相違が見られる。東郷は、來栖が、

「昨夜依頼諸方面につきて検討かつ見聞したところによると」

と前置きをすると、東郷に向かって次のことを頼んできたという。

「戦争必至との感じが強くなったが、戦争となった場合帰国の時期も分らぬことになると思うから、留守宅のことを宣敷頼むとのことであった」(『時代の一面』)

この來栖の依頼に対し、東郷は、それを快諾した、と記している。そして、東郷は、自著の中で、

一　來栖が戦争必至であると捉えていたこと
二　戦争に突入したら、捕虜にされ帰国できなくなるため、來栖家の世話を依頼したこと
三　これに対して、東郷が來栖の留守宅のことを快諾した

と明記している。しかしながら、來栖の回想録にはどこを探しても、東郷が述べている一、二、三点に

関係する記述は見当たらない。それだけではない。東郷は來栖から、

「同君（來栖のこと　註）から乙案で纏まるように努力したいから、同案は自分から提出することにしたいとの申し出」（同右）

があったために、その申し出を承諾した、と続けている。つまり、來栖の方から、乙案の提出をしたいと申し出た、そう東郷は述べているのである。

この点についても、來栖は、

「十一月四日午後に、東郷外相と打合わせをしたが、その時、前夜説明のあった乙案は、事實上自分がワシントンに着いてから提出することになる話もあつたので、その點は自分としては勝手がよくなつたように感じた」（『泡沫の三十五年』）

と記している。つまり、來栖は、ワシントンに着いてから乙案を提出するよう東郷から話を受けたと言っているのである。

そもそも、それまでの日米交渉で、甲案、乙案などというものはなかった。これは東郷外相が出したもので、自己中心的な彼は、近衛内閣で行われていた日米交渉の手法を否認して、自分の独自性を演出すべく作ったものであった。

東郷は、連絡会議で、

「支那問題に米国の口を容れさせることは不可なり、この見地からすれば、従来の対米交渉は（略）まずいことをやったものである」（『杉山メモ上』）

と発言し、日米交渉で中国問題を議論することは不必要としていた。

そのため、従来の交渉は、野村大使が甲案を担当するようにし、その内容に少し修正を加え、中国駐兵に二十五年の撤退期限を付けていた。そして、この

「甲案がうまくゆかない場合の暫定的解決として、米英側が日本資産の凍結を解くことを条件に日本は南仏印から撤兵するという乙案が決まった」（『回想の日本外交』）

東郷の直属部下であった西次官は、

「暫定的解決として乙案が決まっていた」（同右）

そう明記している。そして、東郷は、「自分は乙案でやりたい」と述べ、その東郷乙案を米国側に提出するために來栖を特使として派遣したのである。

來栖大使と結城書記官は羽田飛行場から香港に向かった。香港から先の飛行便は決まっていなかった。二人はとにかく行けるところまで行く覚悟だった。彼らは、香港からマニラ、グアム島、ウェーク島、ミッドウェー、ホノルル、サンフランシスコ、ニューヨークなどを経由して十一月十五日首都ワシントン到着を予定していた。

十一月七日午前九時、來栖一行がまだマニラにいた頃、ワシントンの野村大使は若杉公使を同伴し、ハル国務長官と面会した。東郷外相から発信された甲案を渡すためであった。野村は、ハル国務長官に、中国からの日本軍撤退は

「是れ日本の内政上許す限りの最大限の譲歩である。（略）日本政府は、本使より大統領及び国務長官

に十分に日本の決意と日本の立場を説明して至急解決を圖るべき旨の命令を與へた。日本の國情は六箇月の交渉の後しびれを切らし、事態重大であるから本交渉の速やかなる成立を熱望する次第である」(『米國に使して』)

と説明をしながら、甲案を提出した。すると、ハル長官は、これを受けて、

「研究の上回答する」

と応じ、両者は三日後に行われるルーズベルト大統領との会見について打ち合わせをした。

そして、十一月九日、大統領との会見の前夜、野村大使がウォーカー郵政長官を訪問したところ、同長官から、

「神に誓い君限りに申すが、ボス(ルーズベルト大統領　註)も國務長官も、既に日本が(戦争を　註)發動するとの政策を決定して居る旨の確報を握っており、明日の大統領と貴大使との會見も形式的なものだろう」(「華府回想」『大日本帝国始末記』一九四九年十二月号)

と告げられた。これに対し、野村大使は、日本が日米交渉の妥結を熱望していることを強く説いたものの、來栖特使の遣米も望みはない、と伝えられたのだった。

十一月十日の野村大使とルーズベルト大統領会談について、東郷も、

「我が新提案の趣旨を説明したが、大統領は(略)『モデュス・ヴィベンディ』の語の意義を説明したとのことであった」(『時代の一面』)

と記している。これは、同日午前十一時にルーズベルト大統領と会見した際、野村大使が東郷発信の甲案を読み上げた後に、ルーズベルトから出された言葉であった。同大統領が、

「衷心より世界が平和の常道に復帰せんことを切望し、フェア・プレーの精神で太平洋全域の平和安定の確立に寄与するため最善の努力をなしたいと思っている」

と言ったので、これを受け野村大使が、米国の経済制裁により日本国民は我慢の限界であると指摘した。するとルーズベルト大統領が、

「生くる爲には所謂 modus vivendi を要することあり」(『米國に使して』)などと言って、同用語を出してきたのである。モデュス・ヴィヴェンディとは、暫定案、あるいは一時的妥協案のことで、來栖が米国側に提示を予定していた乙案のことであった。

野村大使は、十一月十二日にハル長官を訪れ、一時間半ばかり会談をした。一番問題になっていた日本軍駐兵について、甲案では期限付きに改められていたことに対して、ハル国務長官は、「他國の内政に干渉せざる方針に依り、無期限の駐兵は困る」と言い、それから野村に、二、三の質問をしたものの、他については何も言及しなかった。甲案を出していたのだから、米国側からも対案を、と期待していた東郷も、その日の会談について

「具体的にはなんら言明せざりしとのことで、前回の大統領および国務長官の態度とは甚だ異なるものがあり、在米日本大使館に於ては期待と甚だしく相違したとのことである」(『時代の一面』)

と記していた。

野村は、翌十三日、米国側の反応を報告してきた。

その中で野村は、米国側が戦争準備を進めている、と伝えた。彼は、

「五　我國が自存自活のため南進を敢行する場合には當然の結論として對英米蘭の戰となり且ソ聯も參加するに至るの算多きものと認めらる
六　此の戰爭は長期となることは必然の勢にして一局部の成敗はさほど大問題にあらず最後まで踏張り得たるものが勝者たることも略々豫想するに難からず」（『米國に使して』）
と述べ、特に日本が南進を敢行する場合、米国と戦うことになる、と断定していた。

野村は、ルーズベルト大統領との会談で、もし日米戦争が起きてたとえ米国が勝ったとしても、ソ連が満洲にやってくること、そしてその場合、中国は共産化してしまうため、米国がそこに市場を求めようとしても出来なくなろう。だから、ルーズベルト大統領の見通しは甘い、とも指摘していた。つまり、そうした点からも、東郷茂徳は、ソ連を最大限に利する南進に拘る乙案を作っていたのである。


來栖らが乗った飛行機は、十一月八日にマニラを出発すると、グアム島、ウェーク島を経由しミッドウェー島に到着したものの、機体トラブルで四八時間滞留させられていた。同乗客にはマニラから乗ったウォルシュ司教がいたが、言葉は交わさなかった。しかし、來栖は、

「同乗の旅客である上海ジャーデン・マデソン商会のウィリアム・ゲズウィック氏などと雑談する機会を得た」（『日米外交秘話』來栖三郎）。

「ジャーデン・マデソン商会」とは、歴史を遡ること二世紀前、東インド会社に由来する中国の広州に設立されたアヘン貿易会社で、インドのアヘンを中国に売りつけ財を成し、不動産、保険金融、建設、マンダリン・ホテル経営など世界展開をする多国籍企業であった。日本との関係も深く、鎖国が解かれると

最初に進出し、諸侯の陪臣の海外渡航が禁止されている最中、伊藤博文、井上馨らを密かに出国させ、英国滞在の世話をしていた。そんな企業の経営者ケズウィックから、來栖は彼の遣米は時期遅しと指摘され、結城随行員からも、

「同乗の旅客には多数英米軍人がいるが、話をしてみたところ、極東在留の英米人たちは日本と妥協してまでの国交調整は望んでいないそうです」

と伝えられ、良い気分ではいられなかった。

実は、ケズウィックは、米当局とも関係を持っていて、來栖から情報を得ると報告作りに取りかかり、次の経由地ホノルルで陸軍司令総監にそれを提出するとワシントンの国務省に回送されていた。その報告書は、

「もしわれわれの対応が弱い場合には、日本政府はさらに大規模で、より洗練された手段を使って攻勢の道を続けてくるであろう。一方、もし來栖と彼の政府が米国政府の決断とその強さに納得するようなら、日本政府はこれ以上の敵対行動は起こすまい」（ＦＲＵＳ　筆者訳）

と書いていて、米国側は來栖遣米大使に絶対に弱みを見せてはならない、妥協などは言語道断である、となっていた。来栖は、ケズウィックがこのような報告をしているとは知らなかった。しかし、彼は、「自分からみて、ミッドウェー滞留中に起った一番重要な出來事」（『泡沫の三十五年』）に遭遇する。それは十一月十日に英国チャーチル首相が行った演説で、同首相は、その日、「不幸にして米國が日本との戰爭に捲き込まれた場合には、英國は一時間を出でずして日本に宣戰を布告するだろう」（同右）

と断言していたことだった。来栖は東京を出発する前、駐日英国大使が日米妥協案に興味と理解を示

していると聞き、英国からの斡旋を期待していたところ、チャーチル首相の演説によってそんな彼の考えの甘さは打ち砕かれてしまったのだ。

来栖は、十五日午後一時半にワシントンに到着した。飛行場には、午前にハル国務長官と会談した野村大使、国務省からバレンタイン参事官らが出迎えに来ていた。來栖らは、その後、マサチューセッツ街にある白亜の日本大使館に来着した。

ウォルシュ司教のハル長官への弁明

ところで、來栖特使が日本大使館に来着した日、近衛前総理から覚書を依頼されていたウォルシュ司教の方は、ハル国務長官に文書を提出していた。
「一九四一年十月十四日、私は井川氏に、総理大臣（近衛公）からのメッセージをワシントンのルーズベルト大統領に届けてくれるよう頼まれました」（Affidavit of Bishop James Edward Walsh　筆者訳）
ウォルシュ司教は右のように極東国際軍事裁判（東京裁判）で証言している。彼は井川の依頼を受け、総理官邸に行き、そこで米大統領への覚書を預かったといい、同司教は、その日の総理官邸でのやり取りについて次のように証言している。
「近衛公は、私に日本語でそのメッセージを朗唱しました。すると、その面会に立ち会っていた伊藤氏（情報局総裁）が私のために英語に訳してくれました。そのメッセージは、日本政府が和平合意の締結を切望することを再確認する短い声明でした」（同右）

ウォルシュ司教の右の証言から、読者は近衛公の「メッセージ」は、当然、書面に書かれていた、と思うのではなかろうか。しかし、そうではなかった。ウォルシュ司教が十一月十五日にハル国務長官に提出した覚書には、

「十月十四日、私が近衛公を訪問すると、彼から個人的なヴァイヴァ・ヴォーチェ（viva voce 口頭での意 註）メッセージをルーズベルト大統領に伝えてくれとの申し出を受けました」（FRUS）

と記されていたのである。つまり、ウォルシュ司教は、十月十四日に近衛総理から文書ではなく、口頭で伝言を与えられていただけだったのである。そして、その翌日にウォルシュ司教は離日したが、ワシントン到着は十一月十五日であり、あまりに遅いミッションであった。

近衛から口頭で伝えられ、同司教が後に書き留めていた文書は、

「この重大な時期をかんがみ、勝手ながらこの緊急事態に関する私の所見も併せてワシントンに伝達いたします」（同右）

として、そこには次のようなウォルシュ司教の考えが書かれていたのである。

「十月十四日夜、近衛公は私を東京の総理官邸に招き、ルーズベルト大統領へ次のようなメッセージを口頭で下さいました。

一　私とわが政府は、交渉開始より、太平洋地域に平和をもたらすべく、誠意をもって合意締結を切望します

二　私は、第三勢力の工作により交渉の遅延と誤解が生じ、そのために重要な目的を獲得するのが困難に

なっていることを後悔しています

三　私は今なお問題の成功に望みを託しており、そうした目的が確保されるための活動、つまり二国間の友好関係を確立すること、戦争の可能性をなくし、太平洋地域を安定させ、世界平和に貢献することを切望する所存です。そして、それに関する条件も話し合われてきたこともあり、両国の首脳会談こそが、我々が求める目標の保証に完全に満足し理解をもたらすものと確信しております」（Frank C. Walker Papers, University of Notre Dame Archives　筆者訳）

ウォルシュ司教は、ルーズベルト大統領に宛てられた近衛公の覚書について、「それらが発せられた際に、私はその言葉を正確に書き取らなかったため、近衛公の一言一句は引用致しません」と述べ、「しかしながら、私は近衛公からのメッセージを記憶して、面会後直ちにそれらを書き留めておきました」という。つまり、ウォルシュ司教は、一カ月前、まだ総理大臣であった近衛公から、右三点の伝言を依頼されたというが、同司教が米国に到着し、ハル国務長官にそれを提出する頃は、近衛政権は東條内閣に移っていたため、ルーズベルト大統領との首脳会談の可能性はなくなってしまったのである。

それにもかかわらず、「近衛覚書」を伝える名目でワシントンに向かったウォルシュ司教は、十一月十五日の夜にハル国務長官邸を訪れ、「ウォルシュ司教覚書」なるものを提出したのである。

私はこのウォルシュ覚書を、米国ノートルダム大学公文書館から入手することができた。それは日本ファイル（The Japanese File, University of Notre Dame Archives）の一部で、同文書を手に取ってみると、

「近衛覚書」はわずか一頁（A4サイズ）で、「ウォルシュ覚書」のほうは一四頁に上るものであった。例えば、「近衛覚書」は右に述べた三点が書かれていたが、「ウォルシュ覚書」には、沿革、メッセージ、意見、要点の四項目が挙げられ、説明も付けられていた。同覚書には追記もあり、そこにも一．正直、二．能力、三．方法、四．未来、五．協約、六．選択肢、など六項目が列記され、その中でウォルシュ司教の考え方が綴られていた。同覚書でウォルシュ司教は、

「近衛公のメッセージを手渡すこととは別に、私の唯一の任務は、日本政府の現況を伝え、それを説明することにあります」

と述べている。彼には同文書で日本政府の現状を伝えたいという思いがあったようだ。日本政府が日米開戦をすでに決断していること、これまで行われてきた日米交渉が合意されない場合は、

「彼らは騙されたと結論し、日米会談にかわり陸海軍の計画に即移行する」

ということを、ハル国務長官に直接伝えておきたかったのである。

そして、ウォルシュ司教は、日米開戦を避けるために、

「一つの重要な留保があります。その留保条件とは、もう一度、これが最後の一度になりますが、米国政府が首脳会談と日米交渉合意のために必須な必要条件を速やかに公表するならば、日本政府はその最終条件を前向きに考えることでしょう」（筆者訳）

と提案をしていた。

ウォルシュ司教は、十一月十五日の夜、一人でハル国務長官宅を訪れ、「ウォルシュ覚書」を提出しつつ日米避戦を訴えた。ところが、そんな司教を迎えたハル長官の方は、覚書に謝意は述べたものの、「注

意深く拝読させていただく」と警戒感さえ漂わせて応対したのである。

なぜなのか——。

ウォルシュ司教が彼の覚書で言及していた日米開戦の危機とは、ウォルシュ司教の部下であるドラウト神父が発案した日米諒解案という一提案で始まっていたのである。つまり、ドラウト・ウォルシュ両師が種をまいて始まった日米諒解案を巡る日米交渉こそが、日米戦争を誘発しつつあったのであり、彼の発案による同交渉が着手されていなかったなら、日米開戦もなかったのである。

そうした両国間の危機を作ってしまうかもしれないと気付いていたからこそ、その仕掛け人であったウォルシュ司教は、今度は日米戦争を避けるために最後の瞬間まで平和に尽くそうと努力した聖人という証拠を残すべく自らの覚書を作ると、「近衛覚書」提出を口実にしてハル長官宅を訪れたのであろう。

ハル国務長官も、ユダヤ系金融投資家ルイス・ストラウスが海軍省に出頭してからは、ウォルシュ司教が、彼の行動を正当化しようと弁明に現われるものと読んでいたのである。

ハル・野村による日米交渉は、ドラウト・ウォルシュ両師が訪日して始まっていた。そして、その交渉も最終段階を迎え、日本側の持ち駒は甲案と乙案だけになっていた。野村大使は、甲案をハル国務長官に提出していたものの、反応は芳しくなかった。となれば、残された可能性は、ワシントンの日本大使館に来着した來栖大使が担当する乙案だけとなったのである。

來栖の米大統領説得に水を差すハル長官

十一月十七日午前十時半、來栖特使は、ハル国務長官と国務長官室で第一回目の会談を行った。來栖は、五年前、ベルギー大使をしていた時にハル長官と会っていた。

來栖は、ハル長官に、東條総理の平和への希望は米国側が考えている以上に強いことを伝え、日米交渉の障害についても、日本軍の「撤兵問題を除いては、充分妥協の意向がある」（『泡沫の三十五年』）と説明をした。するとルーズベルト大統領との会見予定の午前十一時になりつつあったので、ハル長官に案内され、ホワイトハウスに向かった。

ルーズベルト大統領は、米国名門の出らしい風格を備えていて、第一印象は、日本の政治家でいえば、近衛公にアメリカ人らしい明朗闊達な溌剌さと迫力を加えたような人物であった。

來栖は、「大統領に向ってもハル長官に話したと同様、我政府の平和に對する熱意を述べた上」で、「一歩を誤れば忽ちにして大事爆發に至るが如き事態」を招きかねない日米関係を指摘し、そのようになった場合、そこに何の利益があろうか、と続けた。

すると、これを聞いて、大統領は初対面の來栖に、言下に、

「『然り、何のために』（Yes, what for.）と答えて全然同感の意を表した」（『日米外交秘話』）

という。そこで、來栖は、日米交渉に話題を移し、

「ここに注意する必要のあるのは、『時間的要素』（タイム・エレメント）の問題である。交渉がこれ以

上遷延すると、日本の地位は経済的にも軍事的にも益々悪化し、終には全面的屈服の外ない」（『同右』）と、日本側の窮状をありのままに伝え、

「日本国民は既に述べたように『フレーム・オブ・マインド』（心境　註）に於て、特にこの点に焦慮している次第である」（同右）

とルーズベルト大統領に説明した。

來栖大使は、米国人女性を妻にしており、流暢な英語を話した。野村大使の方は、來栖の説明に満足しながら同席していたが、ハル国務長官は傍受電波のことを思い浮かべていた。それは、

「前日（十一月十六日のこと　註）、野村が、東郷外相から十一月二十五日をもって日米交渉の打ち切り日とする確認メッセージを受信していたことであった」（The Memoirs of Cordell Hull　筆者訳）

つまり、交渉妥結には一週間しか残されていない、ということだった。

「交渉に打ち切り期限を設定した……、それに変更はない。時間がいかに短いか、是非、理解されたし。米国がわれわれをはぐらかし、交渉をこれ以上おくらせるような許容はできない。こちらの要請を基にして解決するよう推し進め、速やかに解決がもたらされるよう最善を尽くせ」（同右）

米国が傍受していた東郷電報は、そう続いていた。

來栖の説明に対し、ルーズベルト大統領が、

「友人間には最後の言葉というものがない。（略）日米間に一般的な諒解を作ることによつて事態を救い得るものと思う」（『日米交渉の真相』野村吉三郎）

と日米諒解案に言及したことから、來栖は、

「自分は大統領のこの言葉を承けて、かくの如き協定を結ぶに當つて、これを三國同盟と（略）、又中國問題に對する日本從來の主張と如何に調和するか」（『泡沫の三十五年』）

などについて、一気に彼の考えを述べた。すると、

「大統領はこれに對し、中華問題で撤兵の困難なことは聞き及んでいる。自分はかくのごとき言葉が外交上使用せらるるか知らないが」（同右）と前置きをし、米国が中日両国間の紹介役になる、ということについて、「紹介者は双方を引き合せるだけで、話しの内容にまで立入る必要はないではないか」（同右）と述べたので、來栖も、誠に結構と応じた。

中国問題の次は、三国同盟が話題になった。來栖は日独伊の三国同盟について、

「米國の一部では、これは日本が自國の都合の好い時を選んで、背後から米國を制すといふ意味だと解してゐると聞いたが、これこそ甚だしい曲解であつて、この中入は日本が米國一部の考へるやうに、（略）ドイツの手先になつて働くものでない」（同右）

と説明した。

すると、同席していたハル国務長官は、來栖が駐独大使の時に三国同盟に署名をしたことを知っていて、

「ハル長官はこの話を、更に続行しようと述べた（略）。そして今から国務省に帰つて、話を続けても好いと述べたのであるが、結局、翌日国務省で話を続けることになつた」（『日米外交秘話』）という。

そして、翌十一月十八日、來栖遣米大使は野村大使と国務省にハル長官を訪れ、話を続行した。ハル長官は來栖に向かって、

「米国国民はヒトラーを信用していない。われわれは、ヒトラーが勝てば必然的にそのまま極東に向か

い日本をも裏切る、と考えている。ドイツは、日本と防共協定を締結したものの、その後にソ連と不可侵同盟を結んで、日本を驚かせたではないか。だから、日本は結果的にソ連と中立条約を結んだものと言えよう。つまり、日本は、ヒトラーの意図を前もって見抜けていなかったということだ」（The Memoirs of Cordell Hull　筆者訳）

このように述べたという。これに対し、來栖は、

「日本はドイツの手先になっているわけではなく、三国同盟に加わったのは、日本の目的達成のための手段である」「日本は三国同盟を廃棄はできないが、その同盟での『明りを失くす』操作はできよう」（『泡沫の三十五年』）

と答えた。

「しかし、そのような説明では、国は民意を得られないのだ」

ハル長官はこう応じると、野村大使とのこれまでの会談が、公式な政府間会談にならずに単なる話し合いにされていた理由を指摘しようとした。まさにその時であった。野村大使が重大な提言をしたのだ。

野村大使は、ハル国務長官と來栖大使が三国同盟問題を討論していた時に、

「三國同盟を（略）今直ちに解決しようとするのは甚だ困難であると思う」（同右）

と発言し、こうした話し合いを続けている間にも日米双方の兵力配置が増加されており、あとは不幸な破局になるだけである。この難局を避けるには、

「理想論を闘わすことは脇に置いて、緊張した空気を緩和することが必要である」（同右）と、野村は彼の本心をハル長官に吐露した。そして、不幸な破局に至らせないようにするため、

「日本側は佛印南部から撤兵するのに對し、米國側は凍結令を解除する」（同右）

という野村案を提案したのである。それは、米国による対日資産凍結の解除と日本軍の南部仏印からの撤兵をリンクさせて日米間の緊張を緩和させようとするもので、野村大使の提案に來栖も同意した。しかし、この案に対して、ハル国務長官が消極的なため、今度は野村大使に來栖特使も加わってハル長官を説得した。すると、その結果、ハル長官は、

「日本政府の首脳が、どこまでも平和政策を遂行するものであることを明らかにするならば、英国やオランダを説得して凍結令実施前の状態に復帰することも考慮する」

そう応じたのである。

來栖は、時間が残されていないことを考えた。そのため、もはや

「唯一の方法は、この日の會見で野村大使の提出した案に、政府の承認を求める以外ない」と結論し、ハル国務長官との会談後、直ちに次のような、野村発東郷宛電報（第一一三三號）を送信した。

「タイム・リミットもあることであるから、まづ局面打開のため、十八日の野村大使提案通り、米國側に凍結令解除、一定量石油供給の保障を求めるのが緊要と思はれる。（略）曖昧な條件附の佛印撤兵では米國側は恐らく承服すまいから、この際南部仏印撤兵開始始位の覺悟を定められたい。しかして出來れば廿二日大統領がワシントンを去る前に急速處理を進め得るやうに致したい」（『泡沫の三十五年』）

すると、その翌十九日午前、ウォルシュ司教が、來栖を訪れて、

「米國側が野村大使の提案を受諾するであらうといふ趣旨の情報を」（同右）伝えたのである。そして同日の夜に、彼が野村大使とウォーカー郵政長官を訪問すると、同長官からも同じことが言われたの

だった。

野村・來栖妥結案を引っくり返した東郷茂徳外相

野村・來栖大使らが本省からの返信を待っていた。すると、東郷茂徳外相からの野村大使宛電報（第七九八號）が届いた。それを読むと、

「更ニ話合ヲ進ムルガ如キ餘裕ハ絶無ナリ」

と、さらなる話し合いなど絶対に不可能であると書かれていて、野村・來栖両大使がハル国務長官に私案を提示したことについて、

「遺憾トス」

と叱責していたのだった。そして、來栖に対しては、

「次回の會談において是非乙案を提出し、『右ニテ米側ノ應諾ヲ得サル限リ交渉決裂スルモ致方ナシ』」

（同右　傍点筆者）

と、東郷は自らの案である乙案の提出を命じていて、これが受け入れられないなら、日米交渉は決裂してもよい、そのように訓令していたのだった。

東郷は、野村や來栖からの提案に、なぜ耳を傾けることもせず、頭から叱責の返電をしたのか――。

そもそも野村大使は、海軍の先輩で近衛内閣の外相豊田提督から、米国と戦争にならないようにする

ために駐米大使として米国に行ってくれと懇請されワシントンに駐在していた。野村には外相の経験があり、東郷とは同格であった。そして、來栖の方も、外務省入省では東郷の三年先輩であった。ところが、東郷は、そんな二人が行った現場からの提案を一方的に否定し、自分の乙案提出を訓示してきた。その理由について、東郷茂徳は次のように明記していた。

「両大使よりは一、二の私案を提出し来ったが、いずれも相手の態度を甘く見ているか、または徒に事態を遷延かつ紛糾せしむるものと認めたので、（略）大所高所よりする政治的解決により、最悪の場合を回避するため（略）まず以て戦争勃発の危険を防止すること唯一絶対の思考するにつき、速やかに乙案を提出すべきことを電報した」（『時代の一面』傍線筆者）

東郷は、「戦争勃発の危険を防止することを唯一絶対の思考するにつき」、野村・來栖の提案を拒絶した、そう述べている。しかし、事実は逆で、野村大使は、日米戦争勃発の危険を防止する唯一絶対策として日本軍の仏印撤退と米国による対日資産凍結の現状復帰をリンクさせる提案をしていたのである。これを受け、ハル長官は、野村の提案に初めは消極的であったが、最終的に、彼もその検討に動いていた。そして、そこに同席していたバレンタイン参事官に報告書を作成させ、その中で、野村・來栖の提案を具体的に、次のように評価していたのである。

「米国側が資産凍結の解除を行わない場合、日本政府は上記地からの撤兵に同意しないであろう。一方、米国側が日本への資産凍結解除に同意するなら、日本側はその交換として同時に撤退を同意するであろう。極東部は、これまで行われた成果を見るため、これを為す価値があるという意見である」（Memorandum by Mr. Joseph W. Ballantine to the Secretary of State, FRUS　筆者訳)

東郷は、野村・來栖によるハル国務長官への新案の提示行為は、「相手の態度を甘く見ているか、または徒に事態を遷延かつ紛糾せしむるものと認めた」(『時代の一面』)として、日本側の計画を長引かせてしまうと指摘している。

しかしながら、その日からハル・ノートが手渡されるまでは、日本側にはまだ一週間も残されていた。ところが、東郷茂徳とは、彼の孫さえも指摘しているように、「己の信ずるところをあくまでも主張し、(略)和を以て尊しとする日本的な行き方と、異質」(『祖父東郷茂徳の生涯』)な性格の男で、「それを貫こうという時には梃でも動かない頑固な人間だった」(同右)。

東郷は彼の身内から、終戦直後から現在に至るまで、「戦争に反対した平和主義者という評価は、確立しているといってよい」(同右)と積極的に評されている。

しかしながら、そのように「平和主義者」と評されている東郷茂徳ではあるが、日米会談の最終段階において、ハル国務長官でさえ同意した野村・來栖らの提示案を、東條首相に報告をして連絡会議で審議するという、当たり前の行動を取ろうとしなかったのである。

東京・ワシントン間では、電報だけでなく電話でも連絡をしていた。電話は、山本熊一局長が主に担当し、日本大使館側は來栖大使が電話口にいつも出ていた。山本局長は、

「來栖大使の平和的解決の熱意にも野村大使初め同館員の奮闘努力に付ても受話機を耳にする毎に涙ぐましいものがあった」(『大東亞戰爭秘史』)

と記している。ところが、東郷は、そんな平和的解決への最終的な緊急対応が求められる場面で、彼

らの必死の尽力を否定し、冷酷な叱責を返していたのである。

駐日米国大使グルーの右腕として信頼されていたドゥーマン参事官が、東郷茂徳という男について語っている。

「東郷は人間的魅力というものを完全に欠いた人物で、氷のように冷たい性格の持ち主だった」(Eugene H. Dooman, Occupation of Japan Project, Columbia University　筆者訳)

ドゥーマン参事官は、東郷とは一九二〇年代からの知り合いであった。そんな彼は、満州で事案が起きたため、東郷のところに行き説明を求めたが、その時、彼は、「米国に、この件は、関係などないだろう」、と冷たく返してきたという。東郷のあまりの無作法な態度に対して怒りさえ感じたドゥーマンは、知人外交官(後に駐仏大使)のところに行って愚痴をこぼした。すると、それを聞いたその外交官は、ドゥーマンに、

「あなただけじゃない、われわれだって東郷は好きではない。東郷は朝鮮人なんだ」(同右)

と、外交官にふさわしからざる言葉を返してきたという。ドゥーマンは、駐日米国大使館ではグルー大使に次ぐ立場にあり、その後も東郷と接触する機会はあったが、

「東郷だけは自分は好きになれなかった」(同右)

と、語っていた。

第七章 宣戦布告はなかった

極東国際軍事裁判で東郷訓令を否定した東條英機

東郷茂徳は、自著『時代の一面』の中で、野村大使が十一月十八日、ハル国務長官に日本軍の仏印撤退と米国の対日資産凍結解除を提案した件について、次のように述べる。

「大使が折角提出せんとする乙案の範囲を縮少（ママ）して先方へ提出したことは、交渉技術より見れば目茶である、このようなやり方で交渉の成立した例はないことであった。（略）余り自己の地位に重きを置きすぎて種々の手段をも講ずる弊害が見えたので、乙案にて応諾を得ざる限り交渉決裂も致し方ないと強く説示した」

東郷は、そのわずか二週間前の十一月一日、大本営政府連絡懇談会（連絡会議）で、

「こんどのこの案を出せば、必ずや交渉は妥結するであろう」

として、乙案を提出していた。その際、従来案に内容が近い甲案では可能性は低いが、乙案なら妥結する、として來栖を特使にしてワシントンに向かわせていた。ちなみに、十一月一日の連絡会議に外務省から提出された乙案は、次のような内容であった。

「一　両日米国ハ孰レモ仏印以外ノ南亜細亜及南太平洋地域ニ武力的進出ヲ行ハサルコトヲ確約ス
二　日米両国政府ハ蘭領印度ニ於テ其ノ必要トスル物資ノ獲得カ保障セラルル様相互ニ協力スルモノトス
三　米国ハ百万噸ノ航空揮発油ノ対日供給ヲ確約ス
備考　一　本取極成立セハ南部仏印駐屯中ノ日本軍ハ北部ニ移駐スルノ用意アリ
二　尚必要ニ応シテハ従来ノ提案中ニアリタル通商無差別待遇ニ関スル規定及三国条約ノ解釈及履行ニ関スル規定ヲ追加挿入スルモノトス」（『杉山メモ上』）

右の乙案は、その後修正も加えられたが、東郷は、自著『時代の一面』で、こうまとめていた。

「一、日米両国政府はいずれも仏印以外の南亜細亜、および南太平洋地域に武力的進出を行わざることを確約す。
二、日米両国政府は蘭領印度に於て、その必要とする物資の獲得が保障せらるるよう相互に協力するものとす。
三、日米両国政府は相互に通商関係を資産凍結前の状態に復帰すべし。米国政府は所要の石油の対日供給を約す。
四、米国政府は日支両国の和平に関する努力に支障を与うるが如き行動に出でざるべし。
五、（略）日本国政府は、本了解成立せば、現に南部仏印に駐屯中の日本軍は、これを北部仏領印度支那に移駐するの用意あることを闡明す。」

そして、この乙案について、東郷は、「第一項は、米国側が日本の南進につき甚だしき疑惑を有するに対し、その然らざることを明瞭にしたもの」、第二項は、「石油、錫その他の必要物資の獲得につき相互に協力を約するもの」、第三項は、事態を「資産凍結以前の通商関係に復帰」させ、米国政府に「石油の供給につき特に保障を求めた」もの、第四項は、米国政府に「援蔣敵性行為の停止を求むるもの」と説明していた。そして、「第五項は協定成立するや否や、直ちに南部仏印に駐屯中の日本軍隊を北部仏印に移駐せしむることを声明するもの」

であると結んでいた。(傍線筆者)

東郷乙案のポイントは、日米交渉が成立すれば、日本軍は南部仏印から北部仏印に移駐する、ということにあった。しかしながら、日本軍が北部仏印に移駐すれば、今度は中国政府の軍事援助のために使われていたビルマとの回廊が日本軍からの直接攻撃対象となってしまうため、英国や中国側が日米交渉の妥結を受け入れる可能性はなかった。だから、野村・來栖両大使らもこれを読み込んで、ハル長官に南部仏印からの全面撤兵を提案し、その交換条件として対日資産凍結解除を求めたのである。そして、これに対し、同国務長官も前向きな姿勢を示していたため、野村大使は十八日、東郷外相宛電報一一三三號を発信していたのである。

普通なら、東條内閣の一閣僚であった東郷茂徳外相は、これを受けて東條英機首相に野村からの報告をすぐさましなければならなかったはずである。ところが、彼、東郷茂徳は、それを怠ったばかりか、ワシントンの來栖を叱責し、東郷の乙案こそが日本の最終案であり、これで纏まらないなら、「交渉決裂スルモ致方ナシ」、そう訓令したのだ。これは東郷の独断でなされたのである。

ところで、終戦後、東條英機は、極東国際軍事裁判（東京裁判）でキーナン主席検事から

「あなたは、東郷外相と同様に乙案が日本の最終案で、これ以上は一歩も譲歩できないという考えであったか」

という尋問を受けていた。キーナン検事と東條首相のやりとりは次の通りである。

「東條　乙案で事態を一應解決しておきその後で話をつけてゆく考えてあつた。乙案だけでも或はその半分でもアメリカが譲歩したら戰爭は起らなかつたろう。

検事　それは面白い。乙案のどの項目の一つでもアメリカが受諾したら戰爭は起らなかつたというのか。

東條　米國が互譲の精神を持つてくるなら條件の緩和はできると思つていた。

検事　乙案は本問題に關する日本の最後の言葉ではなかつたか。

東條　最後の言葉は十二月七日にアメリカに手交したものである。その間十一月二十六日に貴下のお國からハル・ノートというものをたたきつけられた。」（『東條尋問録』朝日新聞法廷記者団）

このように、東條は東郷が発していた來栖への訓令を覆す回答をしており、

「米国側に少しでも譲歩の色がみえれば、日本側もさらに譲歩して戦争には突入しないハラであった」と証言していたのである。

つまり、東郷が、野村大使が伝えてきた新提案のことを東條首相に黙っていたことが、その後の流れを止めてしまい、結果として、日米を開戦に向かわせることになったと言えよう。

当時、東郷外相の下で外務次官をしていた西春彦は、

「甲案がうまくゆかない場合の暫定的解決として、米英側が日本資産の凍結を解くことを条件に日本は南仏印から撤兵するという乙案が決った」（『回想の日本外交』傍線筆者）

と明記している。

このように乙案は、暫定的な案として理解されていたため、野村大使もそのように受け止めた上で、

「十一月二十日正午、來栖大使と共に国務長官を往訪、一時間半會談した。日本の暫定案（乙案と稱す）を提出し、条項につき來栖大使より説明した」（『米國に使して』傍線筆者）

と記している。

つまり、東郷外相が右のように、乙案を暫定案として米国側に提出するよう訓令していたため、野村・來栖両大使らも、そのつもりでハル国務長官に提出していたのである。

ところが、東郷外相は、連絡会議でその乙案を米国側に提出する最終案であると説明していた。

そうした中、米国側は、乙案が日本の最終案であると理解していた。例えば、ホーンベック国務省顧問も、

次のように明記していた。

「十一月二十日、日本人代表者ら（野村、來栖両大使のこと　註）が日本の最終案を提出した（略）その案で、日本は、米国政府が中国を援助するのを止めて、日本に石油や他の供給物資を提供再開するよう頼んできた」（Autobiography 1941 Hornbeck Box 497 Hoover Institution, Stanford　筆者訳・傍線）

そして、野村大使と來栖大使らが日本軍を仏印から撤退させ、米国に対日資産凍結の解除を求める提案をしたため、ハル長官はこれを好意的に受け入れ、対案を考え始めていた。そして、ルーズベルト大統領も日本側への対案として六カ月暫定案を持ち出してきた。

しかしながら、ハル国務長官は、ルーズベルトの六カ月暫定案でなく、米国軍の準備期間を考慮して、暫定期間を三カ月に短縮してこれに同意をした。

ハル国務長官が決定した三カ月暫定案は、国務省の「極東部が十一月二十二日、二十四日そして最終的に一九四一年十一月二十五日に準備した」（FRUS　筆者訳）そして、その三カ月暫定案の構成は、前文（ORAL）、暫定案（MODUS VIVENDI）、となっていて「日米協定の基礎概略」が添付されていた。

ハル国務長官の調停を拒否した胡適中国大使

十一月二十二日、ハル国務長官は、英国、中国、オランダ代表を呼び、三カ月暫定案のことを知らせた。ハル長官は、当日の報告を次のように残している。

「国務長官会談メモ・一九四一年十一月二十二日　ワシントン
私の要請で、英国大使、オーストラリア公使、オランダ公使が来訪し、中国大使も後から遅れて加わった。
私は出席者に、日本の高官らと今年春から行ってきた会談の要点をかいつまんで説明した」（同右）
ハル長官は、米国の暫定案について彼らに切り出した。
「私は、その時まだ到着していなかった中国大使以外の出席者たちに、その暫定案を見せて概略の説明をした」（同右）
同案は、六章から成っていて、
一章は、
「米国政府および日本政府は共に太平洋の平和を望み、その国策は太平洋地域の永続的かつ広範なる平和を目的とし、両国は右地域における領土的野心は有しない」
という両国の和平公約が書かれていた。
二章は、
「日本政府は、現在、南部仏印に駐屯する日本軍を、一九四一年七月二十六日の兵力数二万五千を限度に、北部仏印へ移駐させる」（同右　傍線筆者）
となっていて、東郷の乙案が書かれていた。
三章は、米国政府が七月二十六日発行の対日資産凍結および貿易規制を解除すること
四章は、三章の措置を英国とオランダ政府に働きかけること
五章は、米国政府が日本と中国の和平会談を好意的に理解すること

六章は、この暫定案が日米両国の合意により、三カ月間限定とされることであった。ハル長官からの説明を受け、そこに集まっていた出席者たちは、おとなしく聴いていた。ところが、例外が一人いて、その場に遅れて来た胡適中国大使が、

「この暫定案が三カ月になってはいても、その間に日本が中国を攻撃するのは禁じていない」

などと発言をした。ハル長官はそれを否定してから、出席者たちに本国の訓令を仰ぐよう依頼したのである。

そして、十一月二十四日、英国、中国、オーストラリア、オランダ各大使らは本国の訓令を伝えにハル国務長官のところへ集まった。ハル長官は彼らから訓令の結果を聞いた。すると、前々日と同様に、胡適中国大使が、日本軍の南部仏印から北部仏印への移駐およびその兵力が二万五千とされていることに反対を表明してきた。ハル国務長官は、中国大使に、マーシャル将軍から二万五千の兵力は脅威ではないと直接説明を受けている、と伝えた。ところが、胡は、ハル長官の説明に耳を貸す様子はなく、

「中国大使は、二万五千を五千まで縮小させるよう、くどくど要求をし始めたのだった」(同右)

これに対して、ハル長官はさらに説得を続け、最後には、この三カ月間暫定案を日本大使に渡すかどうか決定しているわけではないとも述べた。米国側は、野村・來栖から提案された日本軍の仏印撤退に応じて暫定案を作っていた。しかし、東郷乙案では南仏から北仏移駐に限定されていたため、受け入れられるようなものでなかったのである。

当日の会談は、結論をはっきりさせられないまま終わった。

中国人は、ひとたび主張をすると、その主張が聞き入れてもらえるまで続ける傾向がある。胡適中国

大使も同じで、ハル長官の次はホーンベック国務省顧問を訪問して、三カ月暫定案の、「二章は、中日間が紛争状態にあることに言及していない。三章は、日本が仏印で二万五千の兵力を維持して、自由に軍事行動をできるようにさせるものだ」（同右）

と不満を訴えた。ホーンベック顧問が暫定案の裏の起草者であることを知った上での行動であった。これに対し、ホーンベックも、同案の長所を説いたが、中国大使はそれにも耳を傾けず、

「国務省は日本に暫定案の提案をしないよう深刻に考慮するよう」（同右）

言い残して、帰っていった。ところが、それで話は終わらなかった。

翌二十五日、ハル国務長官のところに重慶からオーウェン・ラティモアの電信が届いたのだ。蔣介石の政治顧問ラティモアは、蔣介石総統が駐米中国大使の報告を受けて大変に動揺している、これほど取り乱した総統をこれまで見たことがない。日本への資産凍結を解除するようなことは、中国にとって日本の軍事的優位性を高めることに直結する。だから、どのような暫定案でも、それが中国に到着すれば、中国人の米国に対する信頼は破滅する、そう伝えてきたのだ。

ラティモア政治顧問は、早くから日米戦争を望んでいた人物で、蔣介石に毛沢東との連合政権を作らせ、米国にはロシアと同盟を結ばせて対日戦に向かわせる活動をしていた。

すると、胡大使が中国外相の電報を持参して、ハル長官に面会を求めてきた。中国外相の電報は、胡大使が二十二日にハル長官から暫定案のことを知らされ、それを重慶に送ったものに対する返信であった。

「私は蔣総統に、国務長官は基本原則をつねに最大限尊重する方であること。長官が日本に譲歩するなど信じられないことで、暫定案の可能性を問うたのも、長官が日本側にはまだ何も洩らしていないことを

証明するものと考えている。とはいえ、中国への難題を増やし、日本軍を強化させることには断固反対です」（同右）

胡大使は、右のような中国外相からの電報をハル国務長官に手渡したのである。

これに対し、ハル国務長官は中国大使に向かって、ルーズベルト大統領も自分も、日本軍の仏印撤退を第一番に考えており、このことは、蒋介石が差し迫った危機というビルマ回廊を守ることに直結し、さらにシンガポール、蘭印、オーストラリア、フィリピン等南太平洋全域を救済することになる。こうした中で、米国は防衛手段をさらに増大させる必要があり、日本との戦争には準備がいる。暫定案の件もそうした重要戦略の一部分であり、米国は、蒋介石総統のためを思ってしているのであるが、こうした努力を無視され、非難を投げかけられて心外である。

ハル長官が、このように中国側へ不快の念を伝えると、この時は、中国大使は友好的に帰っていったという。

ハリファックス英国大使の提案

その後、中国大使と入れ替わるように、今度はハリファックス英国大使が、日本との三カ月暫定案に関する英国の覚書を提出するために、ハル長官を訪れてきた。

中国大使への説得の余韻がまだ残るハル長官は、ハリファックス英国大使にも、暫定案に前向きな理解を得られるよう話を始めた。すると、英国大使は、中国の対応とは異なり、イーデン外務大臣はハル国務長官を完全に信頼していて、ハル長官こそが対日交渉の最善の戦略者であると高く評価している、と持ち上げた。しかしながら、ハリファックス大使は、日本兵力が二万五千も仏印に駐兵することに難色を示し、この数を可能な限り削減するよう要請したのである。これに対し、ハル長官は、

「米国の陸、海軍専門家たちは、北仏に日本兵二万五千が移駐してもビルマ回廊に対する脅威とならず、その数が二倍でも重大な脅威でないと断定している」（FRUS）

と応じた。

ところが、ハリファックス大使は、国務省の対日暫定案が石油などの資源解除を約していることに言及し、

「日本に石油を持たせることに反対し、さらに仏印からの日本全兵力の撤退と中国での軍事作戦の停止を要求したのであった」（The Memoirs of Cordell Hull　筆者訳）

ハル長官はこれに対しても反論したが、自分たちを被害者にして感情的な抗議ばかりをしてくる中国側にくらべ、英国の方は、ハル長官にとって参考となるところが少なくなかった。ハリファックス英国大使は、ハル長官との面談が終わる際、

「暫定案に関する英国外務省意見書」という文書を置いて退室した。英国大使が提出したその暫定案意見書は、その夜、ハル国務長官が最終判断を下す際、その序章になったのである。

英国外務省意見書は、

「日本の提案は、明らかに受け入れられるものではない」（FRUS 筆者訳）

として、東郷茂徳外相が來栖特使に米国側へ提出せよと訓令した乙案を完全に否定していた。そして、「その結果、次のように提案する。

（a） 東郷乙案を拒否して、（ある程度の合意は排除しない）日本側にさらに良い案を作らせる

（b） 日本側へ、こちら側の対案を提示する」（同右）

以上、（a）か（b）の選択をハル国務長官に提案していた。

ハル国務長官が（a）を選ぶ場合、日本側は「さらに良い案」となる丙案を作ることになる。しかしながら、東郷茂徳外相は、十一月二十日、乙案提出訓令の野村大使宛電報第七九八號で、「情勢緩和ノ手ヲ打チタル上ニテ更ニ話合ヲ進ムルガ如キ餘裕ハ絶無ナリ」

として、話し合いの余裕は「絶無」、一〇〇パーセントないとすでに明記していた。そして、これに加えて、東郷は、「右ニテ米側ノ應諾ヲ得サル限リ交渉決裂スルモ致方ナキ次第」

とも訓令し、「右ニテ」、つまり乙案が受け入れられないなら、交渉が決裂しても仕方がない、と東郷ならではの投げ遣りな一文を送っていた。

つまり、英国側が考えていた選択では、（a）という選択は消えていたことになる。

ハリファックス英国大使は、大使館に戻ると、チャーチル英国首相にハル国務長官との会談報告をした。

「自分は長い間、ハル国務長官が一九四一年十一月二十五日夜に行った決断に関する真実について、誰かが書き残しておく必要があると考えていた」（Autobiography, Stanley K. Hornbeck 筆者訳）

ハル国務長官の政治顧問スタンレー・ホーンベックは、未発表の自伝で右のように書いている。右文中の「決断」とは、

「ハル氏が日本の乙案に対し、その対案として用意をしていた三カ月暫定案を捨てて、その代わりに国務省極東部の専門官、バレンタイン、ハミルトン、そしてホーンベックらに起草させ、ルーズベルト大統領に承認を求めた日本への回答案のこと」(同右)

すなわち「ハル・ノート」提示決断のことを指している。

日本側に「ハル・ノート」を提示した決断については、沢山の出版物などで触れられてきたが、その現場にいたホーンベックから見れば、どの記述も不確かだったという。これらに対して、ホーンベックによれば、

「事実は単純で、ハル氏とわれわれが二十五日午後にハル氏の執務室で会議をしている時、そこにいた者たちが、チャーチル氏からのコメントを知ることになったのです」(同右)

英国チャーチル首相は、ルーズベルト大統領に宛て、「今夜、日本に関するメッセージが到着した」と電信を寄こしたという。ハル米国務長官と英大使ハリファックス卿の対日案のことである。チャーチル首相は、次のように続けていた。

「この事案は無論のこと貴殿が扱うもので、我々も戦争は望んではいない。ただし、心中穏やかでないことが一つある。蔣介石のことで、彼は食事が喉を通らないというではないか? 我々は中国のことを案じている。なぜなら、中国が切れて我々から抜けるようなことになってしまうと、こちら側の連合の維持

に危険性が増してしまうからだ」（FRUS　筆者訳）

ハル国務長官は、中国側から感情的な反対や抗議を受けて、嫌悪感さえ抱いていた。ところが、英国チャーチル首相の忠告には信頼を寄せ、好意的に受け止めていたのである。

「ハル氏は、われわれが午後の会議を終える前までには、日本側へ暫定案を提示しない、と決断し、大統領には（略）米国政府の立場を要約した案を回答すべき、としたのです。

その後、われわれは夜に再集合し、ハル氏がルーズベルト大統領との会議で用いる陳述書を作成しました。そして、翌朝十一月二十六日、ハル氏が大統領を訪問して同書を提出し、その実行に許可が出されたのです」（Autobiography, Stanley K. Hornbeck　筆者訳）

こうして、「ハル・ノート」が作られることになった。

そして、二十六日午後四時四十五分、野村・來栖両大使が国務省を訪ねると、彼らは、歴史的に有名になる「ハル・ノート」を手渡されたのである。

リメンバー・「ハル・ノート」

ハル国務長官から、乙案（暫定案）の対案が日本側に渡された。「ハル・ノート」として有名な同文書は、「前文」（Oral）と「合衆国および日本国間協定の基礎概略」（Outline of proposed basis for agreement between the United States and Japan）から成っていた。そして、本文は、

第一項　相互政策宣言案
第二項　日米政府がそれぞれとる措置
とされていた。

これらのうち、「前文」と「第一項　相互政策宣言案」は、ホーンベック顧問が国務省極東部の部下と作った十一月二十一日案とほぼ同じ内容のものであった。問題は、「第二項　日米政府がそれぞれとる措置」に記された協定事項にあった。国務省の十一月二十一日案では、米国が実行すべき措置は九件、日本には六件、計一五件を列記していた。ところが、十一月二十六日にハル国務長官から渡された文書は、それらの措置が一〇件になっていて、日本側が注目していた実行措置は、次のように記されていた。

3 The Government of Japan will withdraw all military, naval, air and police forces from China and from Indo-China.

(三) 日本国政府は中国および仏印より全ての陸軍、海軍、空軍および警察隊を撤退させること。

4 The Government of the United States and the Government of Japan will not support - militarily, politically, economically, - any Government or regime in China other than the National Government of China with capital temporarily at Chungking.

(四) 合衆国政府および日本国政府は臨時に重慶を都とする国民政府を除いては、中国におけるどのような政府、もしくは政権をも軍事的、政治的、経済的に支持しないこと。

9 Both Government will agree that no agreement which either has concluded with any third

powers shall be interpreted by it in such a way as to conflict with the fundamental purpose of this agreement, the establishment and preservation of peace throughout the Pacific area.

（九）両国政府は第三国と結んだ協定がいずれも本協定の基本的な目的である太平洋地域の平和確立および維持に矛盾しないことに同意すること。

つまり、日本は、「日米政府がそれぞれとる措置」において、

1　日本陸海空軍と警察隊は中国全土（満州を含む）および仏印から撤兵すること
2　蒋介石国民党政府のみを承認（満州政府を否認）すること
3　三国同盟条約を死文化すること、等を認めるよう要求されていたのである。

ところで、満州国は、一九三三年三月に建国されて八年目、そのような所から日本は陸海空軍や警察を無条件撤退などできようか。ハル国務長官から渡された要求は、どれも無理難題であった。もし、日本が、米国の要求を受諾したとしても、さらなる交渉の際にこれが決裂した場合、日本には内乱が起こるであろう。そして、そうした中でも米国はすでに参戦を決意して、戦時態勢を強化しつつ、ソ連と手を握り、日本を締め付けていたのである。

來栖は、

「十一月二十六日がきて、野村大使と自分とは午後四時四十五分に國務長官と會見し、今日では有名な歴史的文書になった同日附の『ノート』を受け取ったのである」（『泡沫の三十五年』）

と述べ、十一月二十六日にハル国務長官から受け取った右「ノート」を、歴史的文書であると明記している。なぜ歴史的文書なのか——。その理由を、彼は、

「十一月二十六日ノ所謂『果シ狀』ヲツキ付ケテ参リマシタ」（「來栖三郎文書」国会図書館）

として、十一月二十六日を「ハル・ノート」という「果シ狀」、つまり最後通牒を両大使に突きつけた日だからである、と記している。そして、來栖は、

「米國政府ハ、開戦以來國民ニ對シ『眞珠湾ヲ記憶セヨ』ト常ニ宣傳シテ居ルノテアリマスカ、之ハ當然『十一月二十六日ヲ記憶セヨ』ト訂正スヘキモノテアルノテアリマス」（同右）

とも訴えていた。つまり、日本政府にとって、「ハル・ノート」とは米国側からの最後通牒であって、十一月二十六日こそを、米国から宣戦布告が発せられた日として記憶せよ、そう力説していたのである。

ところで、東郷茂徳外相は、この「ハル・ノート」をどのように受け止めていたのか——。

東郷は自らの手記『時代の一面』で、

「両大使より二十六日付の概略の電報を読み、更に引続き全文を受取ったのであるが」

彼がそれを読み進めた時、

「自分は眼も暗むばかり失望に撃たれた」

と告白している。

無口で、他人の意見には耳を傾けない、自信家東郷らしからぬ反応であった。では、彼はどのような所に眼も暗むばかりに失望することになったのか——。

それは、東郷が暫定案として米国側に提出した乙案に対して、ハル国務長官が、來栖も右に明記していたような、最後通牒を突き付けてきたことがあまりに予想外であったからである。当時、東郷に情報提供していた彼の長女も、こう書いていた。

「十一月二十六日、ワシントンにおいてハル長官より、野村・來栖両大使に『ハル・ノート』が手渡された。父が（略）努力を払って苦心の結果生み出した甲案、乙案を全く無視したこのアメリカの通告は、父にとって大きな衝撃だった」（『色無花火』）

既述したように、東郷は乙案を暫定案としてハル国務長官に提出するよう、來栖大使に訓令していた。そして、この乙案が暫定案とされていたことは、東郷外相時の外務次官西春彦も、乙案を起草したアメリカ局長山本熊一も、そう認めていた。そもそも甲案は、野村大使によってハル長官に提出されたのに対して、乙案の提出には來栖三郎がその担当官として白羽の矢が立てられた。だから、彼は深夜に外相官邸に呼び出され、東郷、西、山本、加瀬らの前で遣米大使役を告げられると、翌日に日本を出発していたのである。ところが、そのような際に、東郷茂徳は、來栖遣米大使に肝心なことを伝えていなかった。その内容とは、

「然し、大使（來栖のこと　註）には、交渉決裂の場合には戰爭の決意である帝國政府の方針は内示せられず、只飽迄も妥結に最善を盡せよとの總理及外務大臣からの訓令であった」（「大東亞戰爭秘史」傍線筆者）

つまり、東郷外相は、乙案によってしても交渉が決裂した場合は戦争になること、つまり乙案は米国側への「最終案」であったものの、それを暫定案であると來栖に偽って彼を米国に送り出していたのである。

來栖は、それから米国着後にハル国務長官と交渉を始めていたが、東郷発野村宛電報第七三六號で、
「本交渉ハ諸般ノ關係上遅クモ本月二十五日マデニ調印ヲ完了スル必要アル」(同右)
として二十五日までに調印を完了するよう命じられていた。そうした中、來栖は二十日に乙案を提出したところ、これに対して、二十六日、ハル長官からは最後通牒（最終案）「ハル・ノート」が渡されたため、乙案は暫定案ではなく、最終案と結論したのである。

ハル国務長官から米国側の最終案「ハル・ノート」を手渡されてから、來栖は、

「我政府としては果して如何なる態度に出てくるだらうかが、つぎに吾々の大きな關心の目標になつた」

(『泡沫の三十五年』)

という。彼は、外務省入省が東郷より三年先輩で、英語も自在に使いこなし、さらに岩畔大佐や井川とも面識があったため、東郷外交に不安を感じていて当然であった。そのようなため、例えば、

「今我國が何等豫告なしに自由行動（戦争行動のこと　註）に出るやうなことがあれば」(同右)日本は、

「勝手に豫定の行動に出た」などと批難されてしまうことになる。

だから、米国側にそうした口実を与えないために、來栖は、十一月二十七日の東郷外相宛電報（第一一九〇号）で、戦争行動に出るときには、東郷外相の裁量で駐日グルー米国大使に宣戦通告し、日米交渉の区切りを付けること。さらに、來栖は
「當方にも内報してくれ」(同右)

とも伝達していたのである。

「ハル・ノート」は、日本大使館から外務省へ、陸軍と海軍の武官室から陸軍省、海軍省に発信された。

十一月二十七日午前十時、第七十二回連絡会議が開催された。議題は「日米交渉其ノ後ノ経過ノ説明」で、東郷外相が経緯報告を始めた。しかし、この時点では「ハル・ノート」はまだ到着していなかった。

ところが、そのうちにワシントン駐在の陸軍武官から米国案の骨子だけが報じられてきた。同様な電信が海軍武官からも届き、連絡会議が午後に再開されると米国案「ハル・ノート」が打電されてきた。

「もし、この日本側の最後案が一顧も与えられずに蹴られるならば、日本としては開戦以外に途はない――ということを知って、米国はこの回答を与えたのであろうか……。交渉決裂！　まさに米国の宣戦布告！」（傍線筆者）

「統帥部としては忍び難い南部仏印撤兵をも譲歩し、米国に事実上の屈伏を申入れたも同然だったのに、そのわが真意、わが熱意は一片も顧慮されていない」

二十七日の『大本営機密日誌』は、「ハル・ノート」が着電した際の様子を右の様に記していた。

ここで注目すべき点は、同日誌が「日本側の最後案が一顧も与えられず」と記し、乙案を最後案であるとはっきり明記していたことである。ところが、東郷茂徳外相が來栖特使に乙案を暫定案として米国側に提出するよう訓令していたことは既に述べた通りである。

さて、「ハル・ノート」が翻訳され、それを連絡会議の出席者が読んでみると、

「一同は米國案の苛酷なる内容には唖然たるものがありました」（『東條英機宣誓供述書』）

東條首相は、極東国際軍事裁判（東京裁判）でこう供述をしていた。そして、東條は、

「連絡会議での審議の結果到達したる結論の要旨は次の如くなり」（同右）と述べ、

「(一) 十一月二十六日の米國の覺書は明かに日本に對する最後通牒である。
(二) 此覺書は我國としては受諾することは出来ない。且米國は右條項は日本の受諾し得ざることを知りて之を通知して來て居る。しかも、それは關係國と緊密なる了解の上に為されて居る。
(三)(略) それ故に何時米國よりの攻撃を受くるやも測られぬ。日本に於ては十分戒心を要するとのこと、
卽ち此の連絡會議に於ては、もはや日米交渉の打開はその望みはない。従つて十一月五日の御前會議の決定に基き行動するを要する」(同右)
と、供述を続けていたのである。

右記十一月五日の御前会議の決定とは、
「帝国は現下の危局を打開して自存自衛を完了し大東亜の新秩序を建設する為此の際対米英戦争を決意」(『大本営機密日誌』)
したことである。そして、そのため次の措置を採ることになっていた。
一、武力発動の時機を十二月初頭と定め、陸海軍は作戦準備を完整す
一、対米交渉が十二月一日午前零時迄に成功せば武力発動を中止す
日米交渉妥結の時期は、十二月一日午前零時までと決定していた。米国側は、甲案、乙案両案とも拒絶し、最後通牒「ハル・ノート」を突き付けてきていたのである。

「翌二十八日、私は首相官邸を訪問し、閣僚会議が始まる午前十時の直前十五分間、首相と話をし、その途中で嶋田海相も隣室から出て来てこれに加わった」（Affidavit Togo Shigenori, International Military Tribunal For The Far East 筆者訳）

東郷茂徳は、右のように供述していた。話の内容は、野村大使から届いた要請であったという。彼の供述は続く。

「私が彼らに要請の内容を説明したところ、東條首相と海相は、野村・來栖の考えでは、解決は全く望めない、という意見であった」（同右）

今度は午前の閣議が終わった直後に、東郷は、

「私は木戸内大臣にハル・ノートのことを説明し、それから二人の大使からの要請を伝えた」（同右）

このように供述をしたのである。

「これに対して、木戸内大臣はハル・ノートに落胆を表わし、両大使の要請については現状を救済するのに不十分という意見であった。そして、木戸内大臣はもし要請されているようなことが日米合意の基礎として採用されることになれば、結果的に内乱が発生する、そう言ったのです。そこで、私は、木戸内大臣にこのことを野村大使に報告しておきます、と伝えたのです」（同右）

東郷は、二十八日、野村・來栖からの要請を受けて、東條首相、嶋田海相、木戸内大臣らに相談をしたが、反対されたと証言している。ただし、東郷茂徳は彼らにどのようなことを相談したのか、又、両大使からの要請とは何であったかについては具体的に述べてはいない。しかしながら、その要請といわれるものが日本軍の仏印からの撤退なのだろう、とは想像できる。そして、それを聞かされた木戸内大臣が、その条

件を認めれば日本の国内で内乱が起きると言ったのだという。

連絡会議で、東郷は乙案について、

「この案を出せば、必ずや交渉は妥結する」

そのように豪語していた。ところが、失敗したのは東郷乙案だったのである。そんな彼は、自らの失敗については言及せず、野村・來栖大使が行った日本軍仏印撤退という要請がまずかったという訴えを供述書に残していたのである。

野村大使は、日本軍の仏印撤退を、ハル長官に確かに提案していた。それは、十日前の十八日のことであった。とはいえ、十八日の野村提案は、東郷から叱責され、乙案（暫定案）が提出されたのである。そして、この東郷案に対して、米国の最終案「ハル・ノート」が突き付けられたのだった。

運命の十二月一日

東郷は、彼の外交手腕の失敗により「ハル・ノート」を受け取る羽目になったことから、いつもの病を発症させた。またも外相辞任という言葉を口にし始め、それを外務省の先輩佐藤顧問に相談した。しかし、その相談相手は、東郷が任命したという間柄であったため東郷の外相辞任に賛意を示すはずもなかった。それだけでなく、東郷は外相就任後、彼が次官に任命した西春彦を使って反東郷派の粛清を省内で行い、辞職に追い込んでさえいた。だから、そうした下剋上を作っていた黒幕の東郷茂徳が外相を辞任したなら、それをどれほど喜ぶ者がいたことか――。

平和主義者、と後に称される東郷は、辞任を口にしたもののそれを実行する気などなく、

「自分は敢て職に止って（略）戦争となった場合には、日本及び世界のため戦争終結のため全力を尽す決心をした」（『時代の一面』）

と述べていた。しかし、これこそ東郷茂徳という人物の倒錯した性格を示したものといえよう。

当時の憲法では、総理は他の国務大臣を直接罷免することはできず、閣内で意見が分かれた場合、大臣、例えば東郷外相が彼の意見を変えなければ東條内閣は総辞職するほかなかったのである。そして、東條内閣が総辞職すれば、後継内閣首班者の選定、組閣に時間がかかるため、対米開戦の目論見も大きく狂ってくることになる。さらに次の外相が任命される際、天皇に責任が波及することを危惧する宮中も、戦争内閣になる後任の承認に反対するであろう。つまり、東郷が「ハル・ノート」を受けた時点で、外相の座にしがみ付くことなく、実際に、辞任していたなら、東條内閣を総辞職させられていたのであり、そうなれば、御前会議で開戦の決定もなされることはなかった、といえるのである。

ワシントンから野村大使が発信してきた「ハル・ノート」は、東郷外相、西次官、山本アメリカ局長、加瀬課長の四人だけにその扱いが許されていた。同省内では、

「この問題（日米交渉　註）は国家機密であるので、局長、課長、関係課長と直接関係者だけ集めて協議し、局長会議でもあまり論議しなかった」（『回想の日本外交』）

「交渉の経過其の内容は我国の国防の見地から見ても諸外国に対し秘密にしなければならないものであ

りまして、此の交渉に関する文書は外務省としては国家機密として取扱った訳であります」（『山本熊一訊問調書』）

そのようなため、これを洩らしたら極刑になる恐れがあったのである。ところが、その四人の内の一人、西春彦は、

「次官に就任したものの、日米交渉の経緯はそれまでまったく知らなかった」（『回想の日本外交』）し、英語もわからなかった。それは、上海の東亜同文書院出身山本熊一アメリカ局長も同様で、東郷四人組の中で、米国の最終案「ハル・ノート」が的確に読めたのは、加瀬課長一人であった。

十一月二十八日、そんな彼らは外相官邸で「ハル・ノート」の対応について協議した結果、野村大使に次のような返信（第八四四號）を送った。

「米國の『ノート』を『意外且ツ遺憾』とすると述べ、日本としてはこれを交渉とすることは到底出來ないから、（略）交渉を打切る外はない」（同右）

と、日米交渉の打ち切りを伝達したのである。ところが、東郷は、交渉打ち切りを伝えてはいたものの、米国側にこれを伝える際は、

「『交渉決裂ノ印象ヲ與フルコトヲ避ケルコト』としたいから、米國側に對しては目下猶講訓中」

と答えるよう訓令をしていた。

こうした状況下にあったものの、野村・來栖両大使は、連絡会議で開戦が決議されたことや、十二月一日の御前会議において開戦が決せられたことなどは、全く知らされていなかったのである。

十一月二十九日、午前九時三十分から宮中で緊急重臣会議が開かれた。出席者は、近衛、平沼、林、廣田、阿部、米内、若槻、岡田など元総理の面々と原枢密院議長で、同会議は議決をするものでなく、懇談的なものとして行われた。政府からは東條首相兼陸相、東郷外相、嶋田海相、賀屋蔵相、鈴木企画院総裁が出席していた。

先ず、東條首相から、

「我國が對米英戰爭を避くべからざる所以を説明し、東郷外相よりは日米交渉の顚末を説明致しました。之に對し各重臣より日米交渉問題及國力問題等に關し質問があり、政府關係者より之に對し詳細に亙り夫々説明したのであります」（『東條英機宣誓供述書』）

東郷外相は、対米外交について、交渉成立の見込みが乏しいことを説明した。それから、出席者が関心を持っていた米国の最終案「ハル・ノート」について、東郷は、

「對案を決定し交渉に入る積りである」（同右　傍線筆者）

このように彼の決意を伝えたのである。つまり、東郷は、暫定案として提出されていた乙案に次いで、今度は日本側の最終案を準備して交渉に入る、このように重臣たちの前で宣言したのである。

重臣会議の後に第七十四回連絡会議が持たれた。連絡会議では、政府と統帥部の最高指導者らが集い、「戦争決意ニ関スル御前会議」「開戦決意ニ伴フ国内外ニ対スル措置」について審議された。特に注目されるのが後者で、これについて『杉山メモ上』が「米ニ対スル外交ヲ如何ニスルヤニ就テ」の一幕を次のように記録していた。

「戦争ニ勝テル様ニ外交ヲヤラレ度イ」

軍令部から東郷外相に戦争を勝利に導く外交をするよう、要望が出された。すると、東郷は、

「○日ヲ知ラセロ　之ヲシラセナケレバ外交ハ出来ナイ」

と、日米の開戦日を自分に知らせるよう要求した。

これに対し、永野軍令部総長が東郷に開戦日を明かして、日本軍が有利に参戦できるよう外交面でサポートするよう理解を求めた。同席していた嶋田海相、岡海軍軍務局長らも、東郷に、

「戦ニ勝ツ為ニ外交ヲ犠牲的ニヤレ」（『杉山メモ上』）

と協力を求めた。これに対し、

「ヨク分リマシタ」（同右）

と、東郷茂徳は、開戦に協力することを認めていたのである。


十二月一日午後二時、宮中東一の間で第八回御前会議が開催された。

御前会議とは、国運を左右する重大な国策を天皇臨席のうえで決定する宮中会議で、そこでの決定は天皇の裁可を仰いで確定した不動の方針とされていた。

すでに述べたように、十一月五日の第七回御前会議で、日米交渉を行いつつ、大本営では作戦の準備を進めることが決まっていた。しかし、十一月二十六日に米国から最終案「ハル・ノート」が渡されたため、外務省にはもう打開する道はなくなった。そのために開戦の裁可が必要になり御前会議が開催されたのである。

参列者は、東條首相兼内務・陸相、東郷外務兼拓相、嶋田海相、賀屋蔵相、鈴木企画院総裁、岩村司法相、

橋田文相、井野農相、岸商工相、寺島逓・鉄相、小泉厚相、原枢密院長、杉山参謀長、永野軍令総長、田辺参謀次長、伊藤軍令次長、星野内閣書記官長、武藤陸軍軍務局長、岡海軍軍務局長。

議題は、「對米交渉ついに成立に至らず帝國は米英蘭に對し開戰す」（『東條尋問録』）であった。

議事進行は、東條内閣総理大臣が行い、冒頭、次のような説明をした。

「十一月五日御前会議決定ニ基キマシテ、（略）対米国交調整ノ成立ニ努力シテ参リマシタガ、米国ハ従来ノ主張ヲ一歩モ譲ラザルノミナラズ、更ニ米英蘭支聯合ノ下ニ（略）新ナル条件ヲ追加シ帝国ノ一方的譲歩ヲ強要シテ参リマシタ。若シ帝国ニシテ之ニ屈従センカ帝国ノ権威ヲ失墜シ（略）存立ヲモ危殆ニ陥ラシムル結果ト相成ル次第デアリマシテ、外交手段ニ依リテハ到底帝国ノ主張ヲ貫徹シ得ザルコトガ明トナリマシタ」（『杉山メモ上』）

「我国力上ノ見地ヨリスルモ、又作戦上ノ観点ヨリスルモ、到底此ノ儘推移スルヲ許サザル状態ニ立チ至リマシタ。（略）帝国ハ現下ノ危局ヲ打開シ、自存自衛ヲ全ウスル為、米英蘭ニ対シ開戦ノ已ムナキニ立チ至リマシタル次第デアリマス」（同右）

「陸海将兵ノ士気愈々旺盛、国内ノ結束益々固クシテ、挙国一体一死奉公、以テ国難突破ヲ期スベキハ私ノ確信シテ疑ハヌ所デゴザイマス。就イテハ別紙本日ノ議題ニ付テ、御審議ヲ願イ度イト存ジマス」（同右）

東條首相の次は東郷外相であった。東郷茂徳が当日行った報告については、東條がそれから六年後、「東郷外相よりは日米交渉の其後の經過に就き法廷證第二九五五號英文記録二六〇七四の如き報告を致しました」（『東條英機宣誓供述書』）

と、一九四七年十二月に極東国際軍事裁判（東京裁判）で供述している。

東條に次いで立った東郷は、開戦が決せられようとする御前会議で、それまで何度もしていた日米交渉の経過をそれまで通り報告していた。

本来ならこの時点で、東郷は「ハル・ノート」に対する対案を示して当然であった。ところが、彼は、それを知りつつも「ハル・ノート」に対する

「回答案は主管局に於て作成中であったが、なかなか暇とるので自分は再三草案の提出を督促したが、（略）遅れているとのことであった」（『時代の一面』）

と述べていた。

「回答案」とは「ハル・ノート」に対する日本側からの最終案のことで、作成は東郷に一任されていた。その最終案は書き終わると連絡会議に提出されて承認を受けてから内閣でも承認されることになっていた。しかし、同案は、この時にまだ完成していなかった。

草案の起草を担当していたのは山本熊一アメリカ局長であった。その彼は、

「十一月二十六日の『ノート』に對する回答に付種々案を練つた。予も自ら筆を執り心血を注いで原案起草に當つた。毎日、毎日、来る日も、對米回答やら、来るべき日に備ふるの措置やらで當局の繁忙は筆紙に盡し難いものがあつた」（『大東亞戰爭秘史』）

と、「ハル・ノート」への回答案作りに取り組んでいたことを明記している。

外務当局は、最終案が提示できないために苦心していた。その理由は、チーム東郷の西、山本、加瀬らが、その時点でも、日本が開戦に追い込まれるに至ってしまった核心的要因が分かっていなかったからである。

それに気付いたのは加瀬課長一人で、しかも、それは終戦後になって、であった。彼は、戦後、

「私は日米交渉が戦争を誘発したのであり、不用意に交渉に着手しなかったら、戦争は回避できたろう、と信ずるに至った」(『日米戦争は回避できたか』)

と、告白している。

すでに述べたように、日米開戦に到る直接的な源は、日本側がドラウト神父の仕掛けたエサにいとも簡単に食いついてしまったことにあった。そのエサに誘われて渡米したのが中野学校設立者であり、諜報の第一人者岩畔豪雄大佐で、彼は、一九四六年五月十六日に、ロイ・モーガン検察官の尋問にこう答えていた。

「ウォルシュ司教とドラウト神父が、ルーズベルト大統領とウォーカー郵政長官の密命を受け、日米両国の和平の可能性を探るために来日していたのです。武藤軍務局長は彼らの計画に同意をしただけでなく、私が米国に到着したなら彼らに接触をし、両国の和平を見出すよう命じていたのです」(INTERROGATION OF IWAKURO, Hideo　筆者訳)

武藤軍務局長だけでなかった。ハル国務長官もドラウト・ウォルシュ両師と初面会した時には、彼らが持ちかけた計略に乗せられていた。ところが、独ソ戦争が起きたことで、ドラウト神父を日本に送っていたユダヤ人国際金融家ストラウスが出頭し、神父の訪日の背景が明かされたのである。そして、この時に彼らの意図を知ると、今度はハル国務長官がその計画を受け継ぎ、ドラウト神父を使いながら日本政府

との交渉を続けていたのである。

ハル長官は、日米交渉を武器に使いつつ、交渉締結の障害は北進論者の松岡外相であることをワシントンにいた岩畔大佐らから近衛総理に伝えさせ、松岡外相の排除に成功する。すると、今度は、近衛総理に日米首脳会談の望みを持たせつつ、その間に軍事準備を進め、状況が整うと近衛政権（第三次）を崩壊させて東條内閣の誕生を作ったのである。

東條首相は、外務大臣に東郷茂徳の入閣を求めた。東郷はこれを受ける際、外相としての意見が受け入れられない場合は外相を辞任する、という条件をつけた。ただし、東郷茂徳は、それまでベルリンやモスクワなどヨーロッパ駐在をしていたことから、日米交渉については全く知らなかった。そこで、加瀬課長の助けを得ながら、中国派の山本局長、同郷の西次官などわずか四名で日米交渉をまとめるべく動き出していたのだった。

開戦は、十二月一日午前の臨時閣議および午後の御前会議で決定された。ただし、同日にはまだ開戦の日時および手続きについて審議決定はしてはいなかった。そこで、東郷は、その日に、

「かくて開戦の決定はなされ（略）右御前会議直後の会議では宣戦詔勅が付議せられたが、（略）自分は宣戦通告の問題があるからと思って、いつから戦闘を開始するつもりかと聞いた」（『時代の一面』）

のだという。これに対し、杉山参謀長が、次の日曜日頃と曖昧な返答をするので、東郷は苛立ちながら、

「戦闘開始の通告は通常の手続きによることが適当だ」（同右）

と伝えたという。すると、戦闘開始の通告という東郷の発言を耳にした永野軍令部総長は、「奇襲でや

るのだと云った。これに引続いて伊藤軍令部次長から、開戦の効果を大ならしむため、交渉は戦闘開始まで打切らないで置いて欲しいとの申し入れがあった」(同右)

このように、東郷は、その時の状況について自著で述べている。

つまり、東郷は、海軍のトップであった永野修身軍令部総長が、戦闘の開始は、相手国（米国）に通告しないで奇襲で行う、と理解したというのである。そして、その奇襲とは、無通告による攻撃である――そのように永野の言葉を受け止めた東郷茂徳は、次のように応じたという。

「私は無通告攻撃というものは、通常の手続きに反しており、非常に不当なものであること、さらにそうした攻撃によりこちらが戦争に勝ったとしても、戦争がいつか終結して再び平和になったとき、わが国の名誉と信頼のために不利益となることから、彼らの提案に反対した」(Affidavit Togo Shigenori 筆者訳)

このように、東郷は、永野軍令部総長からの無通告、奇襲攻撃に反対意見を表明したというのである。しかしながら、これは東郷がいつもやっていた彼の都合に合わせる弁解であった。というのも、永野修身軍令部総長は、東郷の主張のようには「奇襲」という言葉を使ってはいなかった。

「私は、米国が防衛準備をする前に、攻撃するよう話したかもしれないが、国際法を犯して、米国に宣戦布告をする前に攻撃するなどと言ったことはありません」(Interrogation of NAGANO, Osami 26 March 1946 Sugamo Prison, Tokyo 筆者訳)

永野軍令部総長は米国留学経験もあり、ハーバード大学では国際法を学んでいた。そんな永野に米国人検察官が、次のような尋問をしていた。

「提督、残念ながら、私の情報では、あなたが出席していた会議で、米国との関係を打ち切る通告について話し合われていた時、東郷外相が少し時間が必要である、と主張したのに対して、あなたは通告時刻の設定に反対をして、真珠湾攻撃を成功させるには奇襲でやるのだ、そう主張したのではないですか?」（同右）

「事実ではありません。それは東郷かおそらく東郷の関係者に言われたものでしょうが、私はそのような主張はしていません」（同右）

「提督、そのように主張するのであれば、真珠湾攻撃をする前に、（外交の　註）打ち切り通告をいつ、いかなる方法で米国に届けるのか、あなたの情報で教えてください」

「その通告を何時間前に渡すかは私一人で決められません。厳密には、それは外務省と海軍省が決めるものです」

軍令部総長であった永野は、打ち切り通告は東郷の責任で決めるものだというのである。すると、検察官はさらに尋問を続ける。

「提督、あなたと東郷外相が出席していた連絡会議で、真珠湾攻撃は完全に奇襲で行われなければならない、としてあなたが米国に通告するのを反対したというのは事実ですか?」

「私はどの連絡会議でもそのような発言はしていません。無通告攻撃は、東郷がいったことです」

「しかしながら、提督、真珠湾攻撃の成功は、奇襲作戦に完全に懸かっていたのではないですか?」

「当然です。我々の攻撃は米国海軍が準備をしていない隙間を狙うものでした。とはいえ、国際法を犯して宣戦布告の前に攻撃することは、私は、考えていませんでした」（同右）

東郷は「宣戦布告」を何故行わなかったか？

実は、東郷にこそ無通告攻撃をされては困る事情があったのである。というのも、彼は、まだ最終案をハル国務長官に未提出のままであったからだ。そのようなことから、宣戦布告なら東京の駐日グルー米国大使にできたのに、東郷としてはワシントンにどうしてもこだわらなければならなかったのである。この件について、東郷は次のように供述していた。

「私は、この点をまさに論じた電信をワシントンの両大使から受け取っていて、もし日本が〝自由行動〟（戦争行動のこと　註）に出るような場合は、交渉の打ち切りをワシントン（国務省）に通告すべきと伝えられていたので、このことを連絡会議でも引用して交渉打ち切りを通告するのは国際信義上絶対に必要であることを提案したのです」（Affidavit Togo Shigenori　筆者訳・傍線）

東郷は、右のように、日本が戦争行動に出るときは、「交渉の打ち切り通告」をワシントン（国務省）にすべきである、と連絡会議で主張したという。それは、そうするようにワシントンの両大使から受けていたこと、さらに、わが国の名誉と信頼のため国際信義上絶対に必要であるために、が口実であった。ところが、永野軍令部総長は、

「戦争をする以上は勝たねばならぬ」

と応じ、ワシントンに通告すべきとする東郷を支持する者はなかった。そのため、東郷は、

「海軍の立場にうんざりし、合意も得られないまま、私から会議を散会することにしました。そして、

席から退とうとすると、伊藤軍令部次長がこちらに来て、海軍の厳しい状況をわかってくれるよう伝え、交渉打ち切り通告ならワシントンなどでなく、東京で駐日米国大使にできる、といわれた。しかし、私はこれを拒否し、そのまま別れました」（同右）

このような説明をしていたのである。

開戦手続きについては、十二月二日の連絡会議で初めて審議された。その日の会議について、東郷は次のように述べていた。

「連絡会議で、通告の手続き問題が出された時、私は宣戦布告をするか最後通牒の通告をするのが手続き上は最善であると主張しました。ところが、最高司令官である永野と伊藤は、この私の主張に反対して、戦争の作戦を最も効果的にするために、そのような通告をするのは望ましくない、と無通告にするよう要求したのです。私は、永野が、『奇襲』が必要である、と強調していたことも憶えています。しかし、私がそれを受け入れるのを固く拒否したため、なかなか結着に到りませんでした。すると、伊藤が私のところに来て、海軍の立場を受け入れるよう説得しました。それでも私が反対し続けたところ、最終的に、奇襲を行うが米国政府には正当な通告をする、そう決まったのです。この決定は連絡会議で報告され、さらに内閣にも提出し審議の上、承認されたのです」（Interrogation of Shigenori TOGO 筆者訳）

同会議には、東郷と共に、山本熊一局長も出席していた。その山本は、極東国際軍事裁判で、次のような供述を行っていた。

「東條内閣になつてからは外務大臣は日米交渉に関する問題に付常時私に相談され、又在米帝國大使館に対する訓令電報は右決定に依る方針及大臣等上司の指示に従ひ亜米利加局に於て起草するのを常としました」（『山本熊一宣誓供述書』）

山本は、東郷外相が日米交渉については全てを彼に相談しており、これを受けてその関係文書を常に起草していた、という。そんな山本は、東郷茂徳が、国際検察局の尋問に答えていた前述の部分について、

「伊藤軍令部次長は作戦劈頭奇襲に依り米國に打撃を與ふること絶対に必要なりとて攻撃開始迄交渉を打切らざることを主張し、之に対する外務大臣は攻撃開始に先立ち少なくとも交渉打切りの通告を爲し置くこと絶対に必要なりと主張」（同右　傍線筆者）

した、と供述している。

つまり、山本によれば、伊藤整一軍令部次長は、東郷が述べていた「最後通牒」や「宣戦布告」などという語は全く使わないで、東郷外相に、

「攻撃を開始するまでは、外交交渉を出来る限り打ち切らないで続けてくれるよう」

依頼していたことになる。

中将伊藤軍令部次長にとって、真珠湾攻撃を成功させるためには、その軍事行動が発動される寸前まで外交交渉を切らないようにしておくことが望ましかったからである。一方、このように外交継続を求められた東郷にとっては、最終案がハル国務長官に未提出のままだったことの方が気懸りだった。そのため、こうした状況下にいた東郷と情報を共有していた山本局長も、供述書で、

「外務大臣は攻撃開始に先立ち交渉打切り通告を爲し置くこと絶対必要なり」

と明瞭に述べている。米国側に暫定案だけを提出していた東郷としては、最終案をどうしても手交し

なければならなかったことから、

「交渉打切り通告だけは絶対にしなければならない」

そう叫ばんばかりに応える状況下にいたのである。そして、東郷が打ち切り通告をワシントンに送るよう主張したため、連絡会議は、同通告が攻撃前になされることを条件に、いつ届けるかについては東郷、伊藤軍令部次長、塚田参謀次長らに一任したのである。

ハル国務長官から「ハル・ノート」を渡されて、その内容を読んだ來栖特命全権大使は、

「われわれは日米戰爭はこの提案の爲された十一月二十六日を以て開始されたものと謂ひ得る」（『日米交渉の經緯』）

と受けとめ、これに対して日本政府がどのような態度に出るかが関心の的になっていた。來栖は、東郷外相が最終案をまだ提示していないことも気になっていて、日本から

「交渉打切りについて何等の意見も表示もせずに、万一にも、突如として自由行動に出てくるようなことがあれば一大事である」（『日米外交秘話』）

と考えていた。つまり、東郷が日米交渉打ち切りを通告しないうちに、日本軍が戦争行動に出るようなことがあれば、これが外務省の汚点になってしまうばかりか、日本国も批難され、それが世界中に宣伝されてしまうことになる。だから、そうならないようにするために來栖大使は、

「政府の裁量で、東京で米国大使に通告するか、世界に声明するかして、交渉との区切りを明瞭につけることとして、同時に当方にも内報してくれるよう」（同右）

東郷宛電報第一一九〇号を送信していた。ところが、東郷はこれを受けていたものの、どれ一つ実行せず、戦後、極東国際軍事裁判（東京裁判）において、自己弁明をしていたのである。

連絡会議が十二月三日も開かれた。

「十二月三日の連絡会議に於て開戦手続きに対する決定即ち交渉打切りの通告をワシントンに於て行ふことの決定が爲された」（『山本熊一宣誓供述書』）

山本熊一局長は、この日、交渉打切り通告が東京ではなく、ワシントンに提出されることになったと述べ、三日から五日にかけて同通告の起草をしたのである。起草内容は、外務大臣に一任されており、山本局長が起草した同通告の内容は、例えば永野軍令部総長さえも知らされていなかった。

東郷は、知恵の働く男で、彼らが作った同通告の内容のみならず同通告が米国側に野村大使から手交された後に発生するかもしれない事故までも含め、その責任を連絡会議の議員および全閣僚に被せるよう考えていた。そして、彼が考えていたような事件が、「打ち切り通告」をハル国務長官に手交する四日後に起きたのである。

十二月四日、午後二時から連絡会議（第七十五回）が開かれた。その議題は、

「『対米最後通牒』（ママ）関スル文案ヲ審議ス」（『杉山メモ上』）

で、「対米最後通牒」の文案が審議されることになっていた。最後通牒とは、当然、宣戦布告であり、当日は東郷がこれについて説明を行うものと期されていた。ところが、実際には、東郷外相は、

「米本国ニ送ル外交最後ノ文書トシテ『米ノ態度、之ニ対スル日本ノ対応並宣戦ノ内容ヲ敷衍シテ述べ（略）外交打切トシテ此案文ヲ練リ明五日午後発電、六日翻訳トナレバ手交スルノハ丁度ヨイ日トナル』」（同

右　傍線筆者）

と、右のような説明をしていた。

つまり、東郷は、その文書は、

一　日本が米国に送る最後の文書になること

二　その内容は、外交打ち切りとすること

そして、同文書を五日に発電、六日にワシントンの日本大使館で翻訳して手交すれば「丁度ヨイ」としていた。手交とは、手渡すという意味の外交用語である。

右からわかるように、彼の意図は宣戦布告や最後通牒にはなく、とにかく、「最終案」を米国側に送り、外交の打ち切り通告をしたかったのである。最後通牒文案が国策の最高方針決定機関である大本営政府連絡会議で審議される時に、東郷はなぜ外交打ち切り通告を承認させる必要があったのか？

そのヒントは、国立公文書館所蔵「A級裁判参考資料　眞珠湾攻撃関係日本側資料」で外務省大野書記官が作成していた「日米開戰直前ノ經過ト若干ノ観察」にある。そこには、東郷が、「十一月五日甲乙二個ノ妥結案ヲ決定」していたが、その後、ハル国務長官と「甲案ヲ以テスル交渉モ意ノ如ク進捗ヲ見ザリシニ因リ十一月二十日第二案タル暫定協定案ヲ提示シ之ガ妥結ニ努力シタルガ」「第二案タル暫定案」も受け入れられなかった、と記されていた。文中の「第二案タル暫定案」とは、東郷乙案のことで、ハル国務長官はこれを拒否すると米国の最終案「ハル・ノート」を日本側に突き付けたのである。

東郷は、乙案を最終案であると連絡会議で説明し、これを提出すれば米国は受け入れると断言していた。さらにこの乙案が米国側への最終案であったことは『大本営機密日誌』もそう明記し、東郷が十一月二十日に参内した際も、木戸内大臣にそのように伝えていた。

ところが、同案を來栖遣米大使から米国側に提出させる段になると、東郷は、乙案を暫定案として手交するよう訓令していたのである。そして、來栖がそのように実行したところ、米国からの反応は良好で、東郷もその様子を次のように語っていた。

「十一月二十五日、米国が日本案の提案を受諾してくるという感触を強く得たため、契約の定式まで起案をし、その日の内にそれをワシントンに電信したほどでした」（Interrogation of Shigenori TOGO 筆者訳）

暫定乙案に対する米国からの好反応はさっそく軍の知るところともなり、

「軍は『乙案』の二点目に挙げられていた揮発油の供給について、法外な要望をしにやってきた」（同右）

東郷は、米国人検察官の尋問にこう答えていたのである。

一方、ハル国務長官の下で同案を担当していたバレンタイン参事官は、東郷情報を駐日米国大使館のドゥーマン参事官からもらっていた。二人とも、父親はプロテスタント牧師であった。ドゥーマンは、東郷茂徳のことを、彼の外交官生活で会った中で最も冷酷な人物であると公言していた。さらに、東郷の部下の西次官も、グルー駐日大使からあまり評価されていなかった。このように信頼のない東郷らが作った乙案を、暫定案としてハル国務長官に提出してくる際、米国側は、暗号解読「マジック」で乙案が最終案である、とわかっていた。このことから、米国側は、「ハル・ノート」を最終案として野村大使に手交していたのである。

十二月四日の連絡会議について、メモ魔でもあった東條首相が詳しく述べている。同首相は、東郷外相から打ち切り通告文の提案があり、その取り扱いに関しては次のような合意に達したという。

「A 右外交上の手續は外務大臣に一任すること

B 右通告は國際法に依る戰爭の通告としてその米國政府に手交後に於ては日本は行動の自由をとり得ること

C 米國政府への手交は必ず攻擊實施前に爲すべきこと、此の手交は野村大使より米國政府責任者へ手交すること、駐日米大使に對しては攻擊實行後に於て之を通知する

通告の交付は攻擊の開始前に之を爲すことは豫て天皇陛下より私及兩總長に屢々御指示があり、思召は之を連絡會議關係者に傳え連絡會議出席者は皆之を了承して居りました」(『東條英機宣誓供述書』)

東郷が連絡会議で提案した「打ち切り通告」とは、宣戦布告ではなかった。東郷は乙案を最終案として米国側に提出するとしていたものの、実際には暫定案としてハル国務長官に提出されていたため、外交交渉はまだ終わっていなかった。そのため東郷は、最後通牒を口実にして「交渉打ち切り通告」を東京の駐日米国大使にではなく、ワシントンのハル国務長官にしようとしていたのである。最終案が米国側に未提出であった。しかし、今さらそうとは言えないため、これを宣戦布告であるかのように説明してその場を切り抜けようとしていたのである。

「私の記憶によれば一九四一年(昭和十六年)十二月五日の閣議に於て對米最終的通告につき東郷外務大臣よりその骨子の説明がありました。全員は之を了承しました」(同右)

その案文は、日米交渉のこれまでの経過を長々と説明しているだけのものであった。そして、ようやく最後の一文が、

「斯くて日米國交を調整し合衆國政府と相携へて太平洋の平和を維持確立せんとする帝國政府の希望は遂に失はれたり、仍て帝國政府は茲に合衆國政府の態度に鑑み今後交渉を継続するも妥結に到達するを得ずと認むる外なき旨を合衆國政府に通告するを遺憾とするものなり」

と結ばれていて、ここで、日米交渉の打ち切りを通告するものになっていた。そのため、同案のどこを探しても「宣戦布告」や「最後通牒」という一語はなかったのである。

東郷は、後に、宣戦布告や最後通牒の一語がなかったことを指摘されると、次のような弁解をしていた。

「我方の通告は宣戦ではなかった。之は交渉打切の通告で十分なりと考へたからだ。之で国際法に合致すると考へた」（『東郷茂徳口述書』）

「宣戦布告はなかったが、野村吉三郎駐米大使には一九四一年十二月六日前に幾度も最悪の事態が起こりうるという通達を出していました」（Interrogation of Shigenori TOGO 筆者訳）

真珠湾攻撃が行われる直前に、米国側へ手交されるはずであった対米覚書には、どこを探しても宣戦布告や最後通牒という一語がなかったことは、東郷茂徳本人もそのことを自認していたのである。ところが、彼は戦後すぐに、宣戦布告を交渉打ち切り通告というようにしたのは、連絡会議の決定に従ったからだ、と主張し始める。

そして、東郷のこのような理不尽な主張のため、単なる「交渉打ち切り」通告であったものが、日本軍の真珠湾攻撃開始直後に「宣戦布告」としてハル長官に手渡された、となり日本は騙し討ちをした、と言われ、戦後の日本歴史に汚名を着せられてしまったのである。

歴史的な瞬間が刻々と迫っていた。「交渉打ち切り通告」の手交時間は、十二月七日午後十二時三十分（ワシントン時間）に決定されたが、さらに午後一時に変更された。その時の様子を、東郷尋問調書を読むと、彼は次のように答えていた。

「通告を届ける時間については、十二月五日に塚田参謀次長と伊藤軍令部次長および私が、一九四一年十二月七日午後一時（ワシントン時間）に、野村大使によってワシントンで届けることを決めました。塚田は杉山参謀総長を、伊藤は永野軍令部総長を代表しており、この塚田、伊藤そして私が話し合い、攻撃の開始前には通告が充分に実行されることを了解したのです。『充分な通告』とは、私は開戦前の少なくとも一時間前と理解しました」（Interrogation of Shigenori TOGO　筆者訳）

ところが、東郷は自著の方では、

「十二月五日、田辺参謀次長および伊藤軍令部次長が外務省に予を来訪して、伊藤次長から（略）時刻を更に三十分間繰り下げる必要があることを発見したから、これに同意して欲しいと云うことであった」（『時代の一面』）

と記し、田辺・伊藤両次長が通告を午後一時（ワシントン時間）にするよう東郷を来訪して告げた、としている。これに対して東郷は、午後一時に変更しても攻撃開始まで余裕があるか質問したところ、「次長はその通りであると言明したから自分は同意した」と述べ、

「辞去に際し伊藤次長は、我が方通告が在米大使館に余り発電されないように願いますとのことであったが、予は指定時間に間違いなく届けられるように発電しなくてはならぬと答えた」（同右　傍線筆者）

このように続けている。

田辺盛武参謀次長は、この通告文について、

「其後海軍は午後一時に繰下げる必要を認め陸軍統帥部も之に合意し、十二月五日、伊藤次長と共に東郷外相を訪ね、時間変更を要求。

右に対し外相は、右時刻は開戦前若干の時間を存じ居るものなりや否やを質し、然る旨の回答を得て承諾した」(『田辺盛武口述書』)

このように東郷が合意したことを述べている。ところが、その一日後、東郷はその通告文を発電するのであるが、通告文は「指定時間に間違いなく届け」ることはできなかったのである。

普通電で送られた「対米通告書」

東郷の部下であった山本熊一局長は、極東国際軍事裁判宣誓供述書で、

「十二月六日の連絡会議に於て米國政府に対する通告手交の時間が決定されました」(傍線筆者)

「外務大臣は私に対し対米通告文を指定の時間に確かに手交し得る様早目に電送する様命ぜられました。対米通告が十二月七日午後一時米國政府に間違ひなく手交し得る様充分の余裕を以てワシントン大使館に到着する様周到に取計らひました」

このように述べている。

十二月六日、最後の連絡会議が開かれた。山本が述べている対米通告について、天皇はそれを真珠湾

攻撃前に米国側へ手交するよう東條首相に繰り返して注意をし、東郷外相にも、直接伝えていたのである。

外務省発の在米日本大使館宛電報第九〇一号は、十二月六日十八時三十分に発電された。これをワシントンで受けた來栖大使は、対米通告文（覚書）は、

「長文であるから一部は翌日になるかも知れん、覺書も受取ったことは嚴秘にせよ、覺書提出時期は追電する」（『泡沫の三十五年』）

と、東郷から指示されていた。ただし、対米通告文（覚書）をハル国務長官にいつ提出するか、その時間はまだ知られていなかった。

亀山電信課長により外務省発で在米日本大使館宛電報第九〇二号が、十二月六日二十時三十分から発電された。同号は、十四部あった対米通告文のうち、第一部から第十三部までが含まれていた。

「十三本目まではこの日、六日のうちに続々入電した。最高機密に属する電信なので一種類の暗号だけでなく、もう一種の暗号を重ねて組んである。専門の電信官とはいえ、その分、解読には通常より多くの時間がかかる」（『一青年外交官の太平洋戦争』）

当日、ワシントンの日本大使館の電信室で働いていた藤山楢一は、記している。

入電した十三部は、暗号解読され、清書が完了すると、野村・來栖両大使に届けられた。すると、これを受けた野村・來栖両大使は、「一本ずつ届くたびに奥村、松平、結城書記官たちと協議に入っていた」（同右）という。

奥村、結城書記官は、野村・來栖両大使の遣米に伴って渡米していて、結城書記官は加瀬課長の前任

者でもあった。その加瀬が亀山電信課長と外務省から発信した「対米通告文」は、野村・來栖両大使に十三部目までは読まれていた。ところが、最後の一本である十四本目について、加瀬は、

「これはギリギリのところで打つことにした」（『知識』一九八六年十月号）

と言う。「対米通告文」を提出する七日午後一時（ワシントン時間）を考えてのことだったという。

「しかし開戦の十時間ぐらい前には打電している。ですから、どんなにタイピストの手が不足していても、間に合うよう時間的余裕を配慮しておいた」（同右）

加瀬はこのように述べる。ところが、在米ワシントンの日本大使館では、午前二時まで待っていたが、最後の十四本目は届いていなかった。

ワシントンの日本大使館電信課には、堀内正課長の他に、梶尾武、近藤賢一郎、吉田寿一、藤山官補等が配属されていて、堀内電信課長が十三部まで野村・來栖両大使に届けていた。ところが、それら十三部までの対米通告文について、堀内電信課長は次のように受け止めていた。

「電信課員ハ本件通告電報ノ十三本目迄ヲ処理シタ時ハ、之ガ緊急電報デモナカッタシ又内容カラシテ最後的緊急且重大ナモノトハ認識セズ」（『日米開戦当時華府大使館デノ対米通告ノ電報解読並ニ浄書ニ関スル事実ニ付テ』）

加瀬が送信していた対米通告文の十三部目までは、日米交渉のそれまでの経過を説明をしていたもので、具体的に「宣戦」という語はどこにもなく、「緊急電報」でもなかった。だから、同課長は、それらを「重大ナモノトハ認識セズ」、書記官室でも、「本件電報ヲ見乍ラ『戦争ニナル時ハ最後通牒ガ来ルヨ』」などと話されていたほどだったのである。

そのような結果、七日朝、東郷からの対米通告覚書をタイプすることになる奥村勝蔵一等書記官は同日午前三時の状況を次のように述べている。

「最後ノ一通ヲ待チアグンデ居タガ、既ニ七日午前三時頃ニナッタノデ、私ハ電信課員ニ各自一旦自宅ニ引揚ゲテ翌朝ハ又早クカラ来ル様指示シ、私自身モ大使官邸ノ一室デ寝ニ就イタ」(『奥村勝蔵陳述書 対米最終回答文発出前後ノ事情ニ関スル記憶』)

そして、最後の一通、十四本目が届かなかったため奥村書記官の指示で、藤山書記官補は帰宅し、午前四時頃に床に就いた。ところが、その藤山は、午前七時半に、電話で起こされ、大使館出頭を告げられた。急ぎ大使館に駆け付けると、奥村書記官が一人でタイプを打っていた。

「ソレハ午前九時頃デアッタト思フガ、事務所ノ書記官室ニ行ッテ只一人『タイプライター』ニ向ッテ、前夜来到着シテ居タ対米回答文ノ電信ヲ『タイプ』シテイタ」(同右)

加瀬が、対米通告文は最高機密文書である、米国人にタイプさせないように、と訓令を出していたため、通常の女性タイピストの代りに奥村書記官が、「前夜来到着シテ居タ対米回答文ノ電信」つまり、十三部までをタイプしていたのである。そして、その十三部は、十一時頃、ほとんどタイプできたので清書に入った。すると、丁度その頃であった。一通の電信が奥村に届けられた。それは東郷外相発電報第九〇七号(大至急)で、

「覚書は七日午後一時成るべく国務長官に直接手交せよ」(同右)

と訓令されていた。奥村は時計を見た。午後一時ならば二時間後である。ところが、この時でも、十四部目はまだ届いていなかった。

東郷は、対米通告書は午後一時に、ハル国務長官に直接手渡せと伝えてきた。ところが、「最後ノ一通ハマダ接到セズ従ッテ回答文（対米通告文のこと　註）ハ出来テ居ナイ」（『奥村勝蔵陳述書対米最終回答文発出前後ノ事情ニ関スル記憶』）

右のように「最後ノ一通」の第十四部が届いていないため、奥村書記官は、「イライラシタ気持デ時計ノ針ガ刻々ト刻マレテ行クノヲ感ジ」（同右）つつ、十三部までの清書作業をし、同時に、「電信課ニ対シ最後ノ一通ハマダカマダカト矢ノ様ナ催促ヲシタ」（同右）のである。

第十四部は届いていなかったが、東郷外相から午後一時に、対米通告書をハル国務長官に直接提出するよう訓令されたため、野村大使は秘書煙石学を呼んだ。煙石秘書は若干二五歳の二世青年で、英語力が十分でない野村大使を補佐するために現地採用されていて、ハル国務長官との会談は彼が設定していた。煙石秘書はハル長官に電話をして午後一時に面会の約束を取った。

この日は日曜日だった。しかし、ハル長官は国務省に入って以来、日曜日でも休まないで登庁していた。その日も同省に来ると、ホーンベック、ハミルトン、バレンタインらと挨拶を交し、スティムソン、ノックス長官らと会議に入っていた。決定的瞬間が数時間のうちに起こることを予測していたからである。というのも、東郷が発電していた第十四部目は、米国側に傍受されていて、ハル長官は午前中にそれらを受け取って読んでいたのである。

「それは十一月二十六日の提案に対する回答で、これを野村・來栖両大使に我が政府、できれば私に、午後一時に提出するよう訓令する短いメッセージであった」（The Memoirs of Cordell Hull）

電信暗号機は日本大使館に三台あった。ところが、加瀬課長からワシントンに向けて、「大使館は電信暗号、電信機械など必ず焼却破壊するよう準備を整えておけ」（『知識』一九八六年十月号）という指示があり、同大使館は一台を残し、あとの二台を破棄していた。

「解読ニ際シ、暗号機ハ（略）十二月六日中ニ処分シタルヲ以テ使用シタルハ一台ノミ」（『堀内正名陳述要旨』）

電信官は、堀内課長の他、六名いたが、一台の電信機だけで大使館宛電信の解読作業をしていた。その際、大至急・緊急電が優先されていて、十四部目が求められていた最中にも一字訂正を指示する第九一一号や脱字落行を追加指示する緊急電が着信したため、電信官はその都度、こうした緊急電の対応に時間がとられ、それらの処理後に普通電に取りかかっていたのである。そして、堀内電信課長が、

「当日ハ（略）当然大至急電カラ取掛ッタガ、最初ノモノハ米局長ノ挨拶電、次ハ訂正電（長短二通アッタ以下略）、最後ハ普通電デ本件通告電報ノ結ビニ該当スルモノデアッタ」（昭和二十一年六月二十日付・堀内正名回答書　傍線筆者）

と、述べるように、待っていた十四部目は、なんと普通電で送られていたのだった。

「大急ギデ十四本目ト思ハレルモノニ着手シタガ、之ガ完了ハ十二時頃デ、余リ長文ノモノデナカッタ」

堀内電信課長は、十四本目は七日十二時頃、解読されたと述べている。次はこれをタイプするため奥村書記官に届けられた。そんな奥村書記官がタイプに向かっている頃、野村・來栖両大使は大使官邸玄関口に出て、対米通告書が清書されるのを待っていた。ところが同書記官のタイプが時間に間に合いそうにないため、煙石秘書はハル国務長官訪問を、午後二時に変更を申し入れた。

タイプは、午後一時五〇分にようやく完了した。両大使は対米通告書を携えて即座に車に乗り込むと午後二時五分に国務省に到着した。それからどうなったか——。対米通告書の起草者であったと自認する加瀬俊一課長は、野村・來栖両大使に起きたことを次のように述べる。

「ハルが両大使を引見したのは二時二十分で、真珠湾奇襲後一時間たっていた。ハルは両大使の提出した覚書を（略）読む真似をし（略）野村が口を挟もうとすると、無言のままドアを指さした」（『日本外交史』第23巻）

奥村書記官がタイプをしていたのは、「対米交渉打ち切り通告書」であった。そして、これを持参した野村・來栖両大使がハル国務長官の前に立った時には、日本海軍による真珠湾攻撃がすでに始まっていた。「奇襲後一時間たって」いるのに、野村・來栖両大使らが「宣戦布告」を届けにやってきたため、ハル国務長官は「なんで今頃」と怒り、無言のまま退出するようドアを指差した、そう言いたいのであろう。そして、この「宣戦布告」書の提出を遅らせたことから、その行為は米国を騙し討ちするためであったとされ、歴史からも消せない汚点になり、その責任はワシントンの日本大使館に着せてしまったのである。

しかしながら、ハル国務長官は、本当に野村・來栖両大使らが「宣戦布告」といわれる同文書を真珠湾攻撃後に届けたことを怒っていたのであろうか——。ハル長官の部下であったバレンタイン参事官は、その頃仕事を一日十六時間もしていた。六日は夜一〇時までハル長官宅にいた後、国務省に戻り、残業をしてから帰宅していた。七日（日曜日）は、ハル国務長官とバレンタイン参事官らは朝九時に登庁していた。そこへ、ブラットン大佐が傍受電信を持って来た。東郷外相が野村大使に宛てた十四部からなる電信で、同大使はこれをハル長官に午後一時に手渡すよう訓令されていたのである。ハル長官がその傍受電信を読んだところ、「その覚書は戦争の宣告はしていなかった」（The Memoirs of Cordell Hull, Vol.II 一〇九五頁 筆者訳）

このように回想録に記している。そして、真珠湾攻撃の直後、東郷からその覚書を直接手渡されていたグルー駐日米国大使も、「外相は、私に手渡した十二月八日付の英文覚書（十三頁）のことを、野村提督によってハル氏に手交された交渉打ち切りだと述べました」（Turbulent Era - A Diplomatic Record of Forty Years 筆者訳）と述べていた。

つまり、それは宣戦布告とはとらえられていなかったのである。

野村・來栖両大使は、二時五分に国務省に到着し、外交官用応接室に通された。ちょうどその頃に、ホワイトハウスからルーズベルト大統領がハル国務長官に電話をしてきた。日本が真珠湾を攻撃したと知らせてきたのだ。ハル長官の部屋には、バレンタイン参事官と法律顧問がおり、法律顧問が部屋を出ていくと、そこに野村・來栖両大使が入室した。二時二〇分であった。野村大使に同行していた來栖三郎は、ハル国務長官と会見した瞬間をこう記している。

「国務長官は室の大時計をみて、我々に向つて時刻を宣告してから、手交した覚え書（ママ 註）を読み始めたのである。その間、覚え書を持つている長官の手は、昂奮の余り次第に震えて来た。やがて、読み終つた長官は『（略）五十年の公生涯を通じて、かくの如き歪曲と嘘偽に充ちた文書を見たことがない』という、今日では歴史的に有名になつている言葉をのべた。我々はこれを聞き終つて、無言の間に長官室を去つたのである」（『日米外交秘話』傍線筆者）

東郷は、野村・來栖がハル長官に手渡した対米通告書（対米覚書）のことを「宣戦布告」であったと言っていた。しかしながら、それを読んだハル国務長官は、「その覚書は戦争の宣告はしていなかった」と東郷の主張を否定していたのである。それでは、その対米通告書（対米覚書）をハル長官に手渡していた野村大使はどのように捉えていたのか――。

日米開戦と同時に野村大使は米国で抑留され、一九四二年七月になって日本に帰国できた。そんな野村大使は、ジョセフ・キーナン検事からの尋問にこう回答していた。

「問　あなたが真珠湾攻撃を知ったのは、その覚書を届ける前か、それとも後か。

野村　大使館に戻った時、大使館員が私に話しました。米国に日本の回答を渡せて良かった、そう思いました。

問　あなたが国務省にいた頃、ハル国務長官がそのことを知っていた、とはわからなかったのですね。

野村　彼が知っていたことはわかりませんでした。

問　その覚書が（東郷外相から　註）届けられた時、あなたはそれが宣戦布告とか最後通牒であると理解をしていましたか。

野村　私はそのように考えていませんでした。覚書は宣戦布告ではありませんでした。

問　その文書には攻撃を保障、正当化し、断定させるようなことを信じさせるものは何もなかったということですか。

野村　そうです、ありませんでした。
問　攻撃をする前に、なぜ日本は宣戦布告を米国にしなかったのですか。
野村　それを答える立場におりません。
問　あなたは日本政府の外交官として、宣戦布告がなかった理由について、少しだけでも答えてもらえませんか。
野村　東京側は、最後のものを宣戦布告に、と考えていたのでしょう」(Interview with Kichisaburo NOMURA 訳・傍線筆者)

右の尋問で、野村が述べている「最後のもの」とは、対米交渉の打ち切り通告の第十四部ということになろう。

前述したように、野村はその後捕虜生活を経て一九四二年七月になってようやく日本に単身帰国が叶った。普通の常識からすれば、その時、東郷はまだ外相であったので、彼の方から野村に会うなどし、駐米大使の労をねぎらうべきであった。しかし、東郷は、野村や來栖に一度として会おうともしなかったのである。野村は、海軍兵学校出の明朗な性格なため、その後、海軍関係の集まりには必ず出席し、その際は、同窓で東條内閣の海軍大臣であった嶋田繁太郎とも会って、当時のことについて言葉を交わしていたはずである。

その、野村の同窓、東條内閣の嶋田海軍大臣には、次のような尋問がなされていた。

「問　あなたは前回に、海軍大臣として、真珠湾への攻撃命令は十二月二、三、四日頃に出たと承知している、と述べていた。それでは、(略)日本政府は真珠湾を攻撃する前に、米国に宣戦布告と外交の打ち切りをする計画は持っていたのですか。

嶋田　日本の意図は、真珠湾攻撃前に、米国と外交の打ち切りをし、それから宣戦布告を送ることでした。

問　あなたは、貴国の計画が、真珠湾の攻撃と外交打ち切りおよび宣戦布告を同時にすることだったのは知らないのですね。

嶋田　真珠湾攻撃、外交打ち切り、宣戦布告これらを同時に行う計画はなかったです。しかし、現実的には、計画されていたように実施されなかったということです。

問　どういうことですか。

嶋田　外務大臣が覚書をワシントンの野村大使に暗号送信しました。しかしながら暗号と翻訳でもつれが生じ、覚書は予定よりも遅れて届けられたのです」(INTERROGATION OF ADMIRAL SHIMADA SHIGETARO　一九四六年一月十六日　巣鴨拘置所　筆者訳)

東郷外相と同じ東條内閣で海軍大臣をしていた嶋田繁太郎提督は、右の証言に対して、検察官から、

「それでは、あなたは実際に、その覚書の暗号を見たのですか」

と尋問され、

「いいえ、見ていません」

と答えたため、検察官は、

「それでは、あなたはそのことをどのように知ったのですか」

と、重ねて問われた。すると、この尋問に、嶋田海相は

「私は日本語の原文を見ているのです」（同右）

と対米外交打ち切り通告と宣戦布告の原文を見ていたと答え、それらの原文は外務省が用意したものだ、と答えたのである。

裏切りの外交官

十二月四日の連絡会議で、対米最後通牒に関する文案が審議された。その時に、東郷外相は、

「米本国ニ送ル外交最後ノ文書トシテ（略）外交打切トシテ此案文ヲ練リ明五日午後発電、六日翻訳トナレバ手交スルノハ丁度ヨイ」（『杉山メモ上』）

と出席者に報告していた。つまり、外務省で外交打ち切り通告案を作り、これを十二月五日午後に東京から発電し、六日に同案を受けるワシントン日本大使館で英文に翻訳して、これをハル国務長官に手渡すようにすればよい、そう説明していた。

そして、東郷の部下であった山本熊一局長も外交打ち切り通告の案文を、

「十二月四日の連絡会議に附議し其写しは各出席者に渡され、最終的に其承認を得たのであります」（『山本熊一宣誓供述書』）

こう述べている。ところが、その日「五日午後」には外交打ち切り通告の発電はされずに、閣議が開

催されて、東郷が外交打ち切りの案文要領を報告していたのである。このようなことから、五日に発信し、六日にワシントン日本大使館で翻訳という予定が遅れてしまい、翌六日の連絡会議で、七日午前四時（日本時間）発信、八日午前三時（日本時間、ワシントン時間で七日午後一時）米国政府に手交、と決まったのである。

発信日が二日もずれ込んだため、ワシントンの日本大使館に翻訳を任すゆとりもなくなり、山本局長が起草した外交打ち切り通告の案文を、ハーバード大学院で英文学を修めた加瀬課長が英文で起草して、「対米覚書」とすると、これを十四部に分けてワシントン日本大使館に送信したのである。約四五〇〇語からなる長文の「対米覚書」は、最後の第十四部の末尾でようやく米国側に、

「斯くて日米國交を調整し合衆國政府と相携へて太平洋の平和を維持確立せんとする帝國政府の希望は遂に失はれり、仍て帝國政府は茲に合衆國政府の態度に鑑み今後交渉を継続するも妥結に到達するを得ずと認むる外なき旨を合衆國政府に通告するを遺憾とするものなり」（傍線筆者）

と、外交の打ち切りを宣告していた。しかしながら、そこには、嶋田海相が見ていたという「宣戦布告」の文字はどこを探してもなかった。だが、嶋田海相は誤っていなかった。極東国際軍事裁判（東京裁判）において、検事論告が、

「午前三時二十分（華府時間午后一時二十分）に真珠湾が攻撃され、通告は四十五分其後に交付された。之は正しくハーグ条約違反である。仮令攻撃前に通告されても内容は最後通牒とも云へない」（『検事最終論告』傍線筆者）

と、東郷が送信していた「対米覚書」は、最後通牒（宣戦布告）ではない、と断定していたからである。

対米覚書と並行して、昭和天皇による開戦の詔勅も起草されていた。これは日本国内に向けた宣戦布告で、起草者には陸軍、海軍、連絡会議、外務省を代表して四名が当たっていた。その開戦詔勅の起草者であった武藤章軍務局長は、戦後一九四八年十一月二十一日に死刑宣告を受けるが、その二年前の四月十五日に、巣鴨拘置所で米国人検事エルトン・ハイダーが次のような尋問をしていた。

「――将軍、あなたが山下証言をした際、そこで示された記憶力は本当に驚くほど卓越したものでした。今度は、そのすばらしい記憶力をあなた自身への尋問で使っていただきたいと思います。そこで、一九四一年十二月二日、三日の連絡会議に出席していた者についてですが、米国への宣戦布告と無通告攻撃で、彼らの中で賛成した者とそうでなかった者のことを憶えていますか。

武藤　自分が知る限り、日本は中国と公式に宣戦布告をしないまま戦争状態に入っており、そのことをうまくないと考えていました。そのため、対米戦では宣戦布告がなされるべき、とわれわれ全員が信じていたと考えています。

――われわれ、とは誰を指しますか。

武藤　連絡会議の出席者全員です。その時に、対米宣戦布告をするのに反対したり、反論したりする者がいたら、絶対に今でもそのことを憶えているはずです。

――そのようなあなたの考えに反対する者はいましたか。

武藤　誰もいなかったです。

――ということは米国に対して真珠湾攻撃を開始する前に宣戦布告をすることは、連絡会議で全員一致していたというのですね。

武藤　全員一致だったと信じています。

――しかし、十二月一日の御前会議後、連絡会議で対米戦争をする前に宣戦布告の必要性について話し合われませんでしたか。

武藤　宣戦布告の原文についてであったものと記憶しています。

――あなたは、宣戦布告の原文を手にしていたのですね。

武藤　そうです」

（INTERROGATION OF Akira MUTO, 15 April 1946 Sugamo Prison, Tokyo 筆者訳）


ハイダー検事と武藤は、天皇の開戦詔勅についてもやりとりをしてから、話が再び対米宣戦布告に戻り、武藤が、「実際の宣戦布告は外務省によって起草された」と言及すると、次のように尋問が続いた。

「――外務省が起草した対米宣戦布告の文書は、あなたに提示されましたか。
武藤　はい、されました。
――ということは、それがワシントンに送信される前に、あなたは、それに同意をした。でなければ送信されないわけですから。
武藤　そうなります。

――あなたはＯＫしましたか。
武藤　はい、しました。
――あなたはその外務省の文書に修正や提案などをしましたか。
武藤　憶えていません。
――しかし、あなたはそれを承認した。
武藤　はい、承認しました。
――つまり、あなたや連絡会議の他議員たちは、日本政府が中国に宣戦布告をしないで行っていた戦いが世界の世論に悪い影響を与えているのを知っていたため、米国との戦争では全員が宣戦布告をすることを望んでいて、無通告攻撃を主張した者は誰もいなかったというのですね。
武藤　その通りです」（同右）

武藤軍務局長が明かしているように、大本営政府連絡会議の出席者全員が、宣戦布告が確実に実行されるよう希望していたというのである。ならば、同会議員で外相の東郷も、彼らの希望が充分に分かっていて当然だったはずである。ところが、彼は、ワシントンに送った対米覚書には、「宣戦布告」という一言をどこにも入れていなかったのである。

東郷は、これについて、

「我方の通告は宣戦ではなかった。之は交渉打ち切りの通告で充分なりと考へたからだ。之で国際法に合致すると考へた」（『東郷茂徳口述書』）と自説を主張したのである。

つまり、東郷は、ハル国務長官に手渡した
① 対米通告覚書は、宣戦布告書でなかった。
② 同文書は、米国に対し「外交打ち切り」の通告をするものであった。
③ 自分は国際法上、外交打ち切りで宣戦布告に合致すると考えていた。
④ だから外交打ち切り通告で、宣戦布告をすることにした。
このように、外交打ち切り通告をすること、イコール宣戦布告である、そう主張したのである。

すでに述べたように、東郷は、御前会議で最終案となっていた乙案を、米国側には暫定案として提出させていたため、どうしても彼は最終案を提出しておかねばならなかった。でなければ、米国側から最終案の不受理がやがては明かされてしまう。そこで、東郷は、外交打ち切りを通告する最終案を最後通牒と偽り、対米覚書を米国側に送っていたのである。

ところが、その対米覚書が抽象的で余りに長いこともあり、「翻訳と暗号でもつれが生じ、覚書は実際に予定したよりも遅れて届けられ」(INTERROGATION OF ADMIRAL SHIMADA SHIGETARO)、これが米国側に渡された時には、日本軍が真珠湾攻撃を開始した後になってしまったのである。

本来であれば、東郷は、十二月七日に野村大使がハル国務長官に提出した覚書は、日米交渉の打ち切り通告であり、宣戦布告ではなかったと素直に認めなければいけなかったのだ。ところが、彼は、宣戦布告や最後通牒という言葉もない外交打ち切り通告を宣戦布告であったと強弁し、自分の誤りであったものを、同文書を米国務省へ手渡すのが遅れたワシントンの日本大使館に責任を転嫁したのである。そして、その結果、真珠湾攻撃は騙し討ちとされ、日本の戦後史に不名誉な汚点が残されてしまったのである。

「先週、私は野村提督と話しました。その時に、日本から米国に送られた最後の覚書が、宣戦布告であったかどうかを質問しました。これに対して、野村提督は、絶対にそうではない、と答えていました。あなたは、その最後の覚書が宣戦布告でなかった、と認めますか」(INTERROGATION OF General Hideki TOJO　筆者訳)

日米開戦から五年後、一九四六年二月十八日、午前九時三十五分。寒風が吹き抜ける東京の巣鴨拘置所で、東條英機元首相が着席すると、米国人検察官が対米打ち切り通告について尋問を始めた。

これに対し、同席の通訳官が検察官に、東條の答えを次のように伝えていたのである。

I think it was a final note / saigo tsucho /. It was a final note breaking off diplomatic relations.

「それは最終覚書で、最後通牒だったと私は考えています。それは、外交関係を打ち切る最後の覚書でした」(同右)

東條は、最終覚書のことを最後通牒と捉えていたことが判明する。ところが、野村大使が宣戦布告とは認めていなかったものを、東條の方が認めたため、米国人検察官は東條に、

「あなたは尋問に答えていない。あなたは、最終覚書は宣戦布告ではなかったという野村に同意しないのですか」と再質問をしたのである。すると、これを受けて東條は、

「それは外交関係を打ち切る覚書で、直接的に宣戦布告を表わしていたものではありません」（同右）

そう答え、野村がハル長官に提出した最終覚書は、宣戦布告を直接したものではないと認めた。すると、これを聞いた検察官は、

「ということは、その最終覚書は、宣戦布告ではなかったということになるでしょう」

と東條に確認を求めた。東條はそれを受けると、今度は、次のように説明を始めたのである。

「私は国際条約を専門とする者ではありません。しかし、私は外交関係を打ち切る最終覚書を米国側に提出すれば、日本は行動の自由（戦争行為のこと　註）が確保できると考えていました。そして、実際に日本は自衛権を発動したのです。私は、国際条約上から、十二月七日の外交関係を打ち切る最終覚書が戦争行為を可能にすると考えていました。しかし、それが宣戦布告に相当したかどうかは、専門的なため、私には答えられません。この事案は、外務大臣の責任でなされるもので、私はそれが正しく行われたものと確信しておりました」右の東條の説明から――、最終覚書には宣戦布告という言葉がなかったものの、外交打ち切り通告をすれば、戦争行為に移れる、そのように東條は理解していたことが分かろう。そして、その考えは、東郷から来ていたのである。というのも、東郷は、無通告攻撃を容認する、次のような発言をしていたのである。

「余は文献を調査し、立作太郎博士の意見も徴した。長岡春一博士にも話した。両博士共自衛戦に通告は必要なく（略）自分はかつて、不戦条約にタッチしたが其時はケロッグ・ブリアン条約は自衛戦の適用もなく、又ケロッグ長官の自衛の解釈及締約国の自衛権の留保をしており、此の戦争には不戦条約の適用なきものと認めた」（『東郷茂徳口述書』傍線筆者）

つまり、日本は自衛のための戦争をするのであるから、「宣戦布告」は必要なく、外交打ち切り通告をすれば、直ちに攻撃できる、このように東條に説明し、認めさせていたのである。

東郷は、自衛での戦いは無通告攻撃が正当化されることを説いていた。実は、極東国際軍事裁判（東京裁判）の裁判官ラダビノード・パール博士もこれと同様の主張をしており、真珠湾攻撃に関し次のように結論を下していた。

「一九〇七年のヘーグ会議はヘーグ条約第三号中に明確な規則を規定した、いわゆる敵対行為の開始に關する条約と呼ばれるもので、八ヶ条から成つているが、（略）本条約は、（略）国際制度になんら新しい法則を創造したものではなかったのである」（『戦史を破る』）

「結局、日本の真珠湾攻撃が、宣戦布告前の奇襲であったとしても、開戦無通告の故に犯罪を構成しないとなす私の論拠と、各種条約、あるいは協定の違反も、尚今日に於ては侵略と断定し得ず、また侵略即犯罪とはなりえない」（同右）

いずれにせよ、自衛戦による無通告攻撃の正当性を説いていた東郷としては、真珠湾攻撃については宣戦布告は不要であり、彼が発した外交打ち切り通告についても宣戦布告ではなかった、本来であればそう主張を通すべきであった。ところが、彼は戦後にその立場を変え、対米打ち切り通告のことを宣戦布告であった、と主張するようになった。そして文書をハル長官に届けていた野村大使、さらには同大使の煙石学通訳も、同案は、宣戦布告ではなかったと述べていたにもかかわらず、東郷茂徳だけは自身の誤りを是正しようとしなかったのである。何故か――。

それは極東国際軍事裁判（東京裁判）での罪を逃れんがためであった。東郷は、一九四五年九月にA級戦犯容疑者にされたのである。

同裁判は、一九四六年五月三日に開廷するが、被告の特定は、同年三月十一日、国際検察局が設置した執行委員会で二十六名をリストアップしていた。しかし、一カ月後に来日したソ連検察陣がこの被告人リストに重光葵と梅津美治郎を追加し、計二十八名が戦犯になっていた。そして、東郷のようなA級被告を、

第一類　平和に対する罪
第二類　殺人または殺人の共同謀議でハーグ条約その他の国際条約違反
第三類　戦争犯罪および人道に対する罪

によって起訴していたのである。

第三類「人道に対する罪」とは、ユダヤ人殺害に関してドイツのみに新設されたものであり、「ニュルンベルクでは、個人と団体（例えば突撃隊や親衛隊など）の両方が裁かれたのに対して、東京では犯罪的とされる集団を裁く規定はなかった」（『レーリンク判事の東京裁判』）

このようなため、極東国際軍事裁判（東京裁判）では、個人が問題にされ、「東京では『平和に対する罪を包含せる犯罪』について起訴された個人のみが裁かれた」（同右）のであった。

そして、第一類の訴因では「国際法、条約、協定および保障を侵犯して、宣戦布告、または宣戦布告をしない侵略戦争を遂行し、他国の軍事的、政治的、経済的支配を確保しようとする共同謀議を行った」ことが適用されていた。

つまり、東郷被告は第一類で「宣戦布告をしない」で、日米戦争を遂行したのかが焦点にされており、

宣戦布告をしないで戦争を遂行したことは「平和に対する罪」に問われるため、東郷は、日米交渉打ち切り通告であった対米覚書を、宣戦布告であったと主張していたのである。それはひとえに彼自らの罪を軽減したいがためであり、そのためには日本国が騙し討ちをした国と歴史に刻まれることになろうとも、日本国の名誉など彼は意に介していなかったのである

用心深い彼は、裁判の準備を終戦とともに始めていたが、さらに他のA級戦犯容疑者と異なっていたのは、ユダヤ人妻エディータの働きがあったことで、彼女は医師診断書を用意すると、戦犯担当責任者であった第八軍司令官アイケルバーガー中将を訪れて、東郷の健康を理由に寛大な措置を繰り返し願い出ていたのである。その結果、東郷は逮捕もされず外出自由な日常を送れていて、嶋田海相ら他の被告が巣鴨拘置所で尋問される中、長女の夫文彦（後に駐米大使）を通訳にして、自宅で米国人の尋問を受けるなどしていたのである。このようなことから、一九四六年五月一日巣鴨拘置所に身柄が収容後は、東郷に対する他の戦犯容疑者からの評判は悪く、外務省の同僚であった重光葵元英国大使も次のように記していた。

「彼には利用すべきあらゆる人を利用し、踏臺にし又有ゆる人々を傷付けんと欲するものなり」（『巣鴨日記』）

「四時間に亙る東郷口述書朗讀終了。（略）『口述書は東郷の辯護の為めに役立つ事は細大洩らさず之を利用せる點は滿足すべきものなるも、餘りに自己防衛に極端なる為め他人を傷つけて顧みざる結果となりて氣品に缺けたる自己推奨に始終した』」（同右）

東郷は、一九四七年十二月十七日から二日間にわたって長文の口供書を朗読した。そして、この口供書をさらに敷衍して著されたものが『時代の一面』であった。一九四八年十一月、禁固二〇年の刑が言い

渡された東郷は、一九五〇年七月二十三日に米陸軍ジェネラル・ホスピタル（現聖路加国際病院）で亡くなった。東郷の娘いせは、『時代の一面』について、

「亡くなる半歳前、一月の五日から筆を執って三月十四日までの二月余りの間に一気に書き下したのがこの『時代の一面』であります」（『時代の一面』）

と述べ、まるで二カ月余りで同書を書き上げたかのような表現をしていた。しかし、東郷は裁判への準備を一九四五年八月から始めていて、その後、極東国際軍事裁判（東京裁判）の審理過程で彼が準備した口述書や検察側とのやりとりが叙述につながっていたのである。

東郷の死後、三周忌追悼会が開かれ、生誕の地、鹿児島県日置市東市来町美山に外務省関係者たちが集まった。そんな彼らの前で、東郷外相の次官で極東国際軍事裁判の折に弁護人も務めた西春彦が、東郷エディータ夫人について、

「東郷夫人は市谷裁判のころハンケー卿に五十回ぐらい手紙をよこされたということです。ハンケー卿もこれに対して一々返事を送られた」（『三周忌追悼会記録』）とハンキー卿との関わりを紹介していた。

「この一例でもわかりますように、東郷夫人がいかに御主人のために尽くされたかということは皆さんよく御了解下さると思います」

西は、エディータ夫人が、東郷手記の英語訳やドイツ語訳まで出版したことも紹介して、

「普通の日本婦人のとうてい及ばざるところであります」と賞賛するのであった。

しかし、そこに出席していた同夫人は、そのような活発な姿とは対照的に、返礼の挨拶は代読で行なった。

「親愛なる友人の皆様。私は生涯の中で演説という様なものをした事はございません。特に此の様な機会に演説をした事はない次第でございます。（略）唯この機会にとくに申し上げたいのは、東郷は何よりも自分の祖国を愛したという事、それは彼の家族の事を省みず祖国を愛したという事を、私は東郷の此のような心境をだれよりも理解していた心算でございます。又心から尊敬して居りました亡き夫の友人であられるみなさんが私の亡き夫の事をこんなにも御考へになつて戴いている事を知つてほんとうに幸せに存じます」（同右）

エディータ夫人は、東郷が何よりも「自分の祖国」を愛していた、という。しかし、東郷が生を享けた鹿児島の地、旧日置郡苗代川村を訪れてみた時、私には別の風景が迫って来た。

「茂徳は自分たちの出自、朝鮮から連れてこられたことについて、ほとんど何もいっていない。これについては語りたくない、というのがあったんでしょう」

「いくつか結婚の話もあったそうですけど、まとまろうとすると、『ありゃあ高麗人だ』と横やりを入れるのがおって、なかなかまとまり切れなかった。そして、結局、エディさんになった」

東郷茂徳が育った日置郡下伊集院地区の自治会長を務めた九〇歳近い老人が、私に語った言葉が印象的であった。

陶工・朴寿勝の長男「朴茂徳」として幼少期を送っていた東郷は、少年の眼前に映る日本的世界とその数奇な運命に対して、怒りと反発心をもって生きていたことであったろう。そういえば、東郷は、長女いせや孫にさえも、彼の出自が朝鮮人であることは話していなかったのである。

東條内閣の外務大臣に就任した頃、東郷は、日本が米国を打ち負かすのは難しいと読んでいた。国際情勢の動きに誰より明るかった彼であれば、チャーチル英首相が米国に対してドイツとの参戦を切望していたように、彼も、そして夫人も、似たもの同士であった彼らは同様なことを望んでいたのではないだろうか――。

自分たちの「祖国」が本来の祖国でありうるためには、強力な国、米国と英国に日本を撃破してもらう以外に可能性はなく、それも彼らが置かれていたその時こそが祖国を取り戻せる好機にあり、日米開戦も東郷茂徳が望んでいた方向へ導いていたとすら思えるのである。というのも、その手段は簡単であったのであり、日米交渉をまとまらないようにすれば、あとは日米開戦が起ることが分かっていたからである。

そして、日米開戦は、外務大臣東郷茂徳の「外交」の結果として起こったのである。とすれば、外交最高責任者であった東郷茂徳こそがその責任を負うべきであったのである。

【参考資料】

・米國に使して　野村吉三郎　岩波書店
・日米交渉経緯報告書　野村吉三郎　野村吉三郎文書
・対米試案未定稿　野村吉三郎　野村吉三郎文書
・To Bishop Birnes at South Korea　野村吉三郎　野村吉三郎文書
・華府回想　野村吉三郎　大日本帝国始末記一九四九年十二月号
・泡沫の三十五年　來栖三郎　文化書院
・日米交渉の經緯　來栖三郎　東京日日新聞社
・日本外交秘話　來栖三郎　創元社
・戰爭ノ眞因ヲ歪曲セル米國ノ白書　來栖三郎　來栖三郎文書
・日米交渉ト米英ノ策謀　來栖三郎　來栖三郎文書
・法衣の密使　井川忠雄　経済批判一九五一年十二月号、一九五二年三月号、四月号
・「井川メモ」の全貌　井川忠雄　日本週報一九五五年八月号
・日米交渉の思ひ出　野村吉三郎・井川忠雄　家の光一九四六年八月号
・井川忠雄日米交渉史料　伊藤隆・塩崎弘明　山川出版社
・新資料・井川メモが語る日米交渉　伊藤隆　諸君！一九七七年一月号、二月号
・岩畔豪雄口述書　国会図書館
・岩畔豪雄氏談話速記録　日本近代史料研究会
・アメリカに於ける日米交渉の經過　岩畔豪雄　野村吉三郎文書
・昭和陸軍謀略秘史　岩畔豪雄　日本経済新聞出版社
・陸軍・秘密情報機関の男　岩井忠雄　新日本出版社

・近衛日記　共同通信社
・近衛文麿手記　日本電報通信社
・大統領への証言　近衛文麿　毎日ワンズ
・近衛文麿対米和平工作の全容　ロバート・フィアリー　文藝春秋二〇〇二年一月号
・近衛時代の人物　山浦貫一　高山書院
・昭和戦争史の証言　西浦進　日経ビジネス文庫
・日本外交秘史　F・モアー　法政大學出版局
・現代史資料第3　みすず書房
・ある警察官の記録　大橋秀雄　みすず書房
・間諜ゾルゲの正体　イグナッツ・ボルコフスキー　人物往来一九五六年二月号
・東條英機宣誓供述書　東京裁判研究會編　洋洋社
・東條秘書官機密日誌　赤松貞雄　文藝春秋
・東條英機「わが無念」　佐藤早苗　光文社
・25被告の表情　読売法廷記者　労働文化社
・昭和天皇実録第八　東京書籍
・石井秋穂大佐回想録　防衛研修所戦史室
・開戦に至る迄の政略指導　石井秋穂　防衛研修所戦史室
・陸軍軍務局の支配者　矢次一夫　文藝春秋一九五四年十月号
・軍務局長武藤章回想録　芙蓉書房
・死に直面して　武藤章　オール生活一九五二年十月号
・回想十年第一巻　吉田茂　新潮社
・時代の一面　東郷茂徳　中公文庫

・色無花火　東郷いせ　六興出版
・祖父東郷茂徳の生涯　東郷茂彦　文藝春秋
・東郷茂徳　東郷茂彦　歴史読本二〇一二年一月号
・東郷茂徳　萩原延壽　朝日新聞社
・この際、総理参拝の一時停止を宣言せよ　東郷和彦　現代二〇〇六年九月号
・東郷茂徳は朝鮮陶工の末裔だった　金両基　歴史と旅二〇〇一年一月号
・開館した元外相東郷茂徳記念館　小浜健児　歴史教育一九九九年二月号
・独文学者になりそこねた東郷茂徳　登張正實　中央公論一九七八年九月号
・東郷家文書が語る12月8日　東郷茂彦　文藝春秋一九九一年十二月号
・A級裁判参考資料公判日誌　国立公文書館
・太平洋戰爭由來記　大橋忠一　要書房
・大本営機密日誌　種村佐孝　芙蓉書房
・杉山メモ上　参謀本部編　原書房
・樞軸國に使して　松岡洋右　葛城書房
・世界新秩序建設外交　松岡洋右　公論一九四一年二月号
・興亜の大業　松岡洋右　教学局
・母を想ふ　松岡洋右　婦人倶楽部一九四〇年九月号
・欺かれた歴史　斎藤良衞　読売新聞社
・松岡洋右氏を訪ねて　上村哲彌　公論一九四四年十月号
・松岡洋右　松岡謙一郎　文藝春秋一九八九年九月号
・真珠湾　リスボン　森島守人　岩波新書
・陰謀・暗殺・軍刀　森島守人　岩波新書

・真珠湾奇襲攻撃70年目の真実　市來俊男　新人物ブックス
・回想の日本外交　西春彦　岩波新書
・外交資料　日米交渉記録ノ部　外務省編纂
・山本熊一宣誓供述書　国会図書館
・大東亞戰爭秘史　山本熊一　日本国際政治学会
・開戦決定の重臣会議　山本熊一　人物往来一九五六年二月号
・終戦に処す　山本熊一　外交史料館報　一九九〇年三月号
・日中貿易実現への道　山本熊一　産業と経済　一九五三年六月号
・巣鴨日記　重光葵　文藝春秋新社
・日米交渉　重光葵　中央公論一九五二年二月号
・日米交渉輔佐官の秘録　横山一郎　人物往来一九五六年二月号
・加瀬俊一宣誓供述書　国会図書館
・幻の「宣戦布告」は私が書いた　加瀬俊一　This is 読売一九九八年三月号
・日米戦争は回避できた　加瀬俊一　善本社
・日本外交史第23巻　加瀬俊一　鹿島研究所
・日本外交の旗手　加瀬俊一　山手書房
・ミズーリ艦上の外交官　加瀬俊一・花井等　モラロジー研究所
・私の昭和史　加瀬俊一　知識一九八六年九月号・十月号
・結城司郎次宣誓供述書　国会図書館
・れいめい　寺崎太郎　中央公論事業出版
・日米開戦前夜　天羽英二他　講演時報昭和27年4月中旬号
・木戸幸一日記下巻　東京大学出版局

・大東亜戦争回顧録　佐藤賢了　徳間書店
・昭和史への証言　松本重治　毎日新聞社
・実証史学への道　秦郁彦　中央公論新社
・西園寺公一回顧録　西園寺公一　アイペックプレス
・開戦神話　井口武夫　中央公論新社
・日本大使館にも言わせてくれ　吉田寿一　諸君！一九九二年一月号
・対米最終回答文発出前後ノ事情ニ関スル記憶
昭和二十年十月三十日奥村勝蔵記　外交史料館報第八号
・華府大使館ニ於ケル対米覚書電信処理ノ件
昭和二十一年四月堀内正名陳述要旨　同右
・日米開戦当時華府大使館デノ対米通告ノ電報解読並ニ浄書ニ関スル事実ニ付テ
当時ノ大使館電信官堀内正名記　同右
・昭和十六年十二月七日対米覚書手交遅延事情ニ関スル軍事法廷ニ於ケル証言ノ要旨並ニ
華府大使館当局ノ責任問題ニ関スル私見
八月十四日結城参事官　同右
・真珠湾から核実験まで　ルイス・L・ストローズ　時事新書
・ヒトラー・スターリン・天皇制官僚　島内竜起　みすず書房
・太平洋戦争にいたる道　W・フライシャー　刀水書房
・真珠湾までの３６５日　実松譲　光文社ＮＦ文庫
・太平洋戦争への道　第七巻　日本国際政治学会太平洋戦争原因研究部編　朝日新聞社
・開戦前夜　児島襄　文春文庫
・昭和史忘れ得ぬ証言者たち　保阪正康　講談社文庫

・陸軍省軍務局と日米開戦　保阪正康　中公文庫
・「日米会談」前史　塩崎弘明　史学雑誌一九七五年七月号
・「John Doe Associates」と「日米交渉」　塩崎弘明　日本歴史一九七八年七月号
・「太平洋戦争への道」と英米関係　塩崎弘明　史学雑誌一九八一年二月号
・ルイス・ストロースと日米交渉の背景　塩崎弘明　純心人文研究一九九五年三月十日
・開戦外交と東郷外相　森山優　東アジア近代史二〇〇九年三月号
・故郷忘じがたく候　司馬遼太郎　文藝春秋
・井川忠雄と日米交渉　須藤真志　京都産業大学論集一九七五年二月号
・松岡外交と日米交渉　須藤真志　京都産業大学論集一九七七年一月号
・近衛・ルーズベルト会談の提唱と国務省極東部の反対　同右　同右一九七八年九月号
・岩畔豪雄と日米交渉　同右　同右　一九八〇年一月号
・東条内閣と日米交渉　同右　同右　一九八〇年十月号
・第三次近衛内閣と日米交渉　同右　同右　一九八一年十月号
・日米交渉破綻の原因　同右　同右　一九八二年十一月号
・レーリンク判事の東京裁判　B・V・A・レーリンク　新曜社
・戰史を破る　吉松正勝　日本書籍印刷
・朝日新聞昭和十六年十九日版
・The Memoirs of Cordell Hull Volume II/ The MACMILLAN Company 1948
・Ten Years in Japan/ Joseph C. Grew/ Simon and Schuster
・Turbulent Era　A Diplomatic Record of Forty Years /Volume II/Joseph C. Grew/ Books For Libraries Press
・Kurusu's Mission to the United States and the Abortive Modus Vivendi/ Immanuel

C.Y. Hsu/ The Journal of Modern History Vol.XXIV,No3, September 1952

- Sir William Wiseman Papers/ Yale University Manuscripts and Archives
- Autobiography 1941/ Stanley K. Hornbeck/ Hoover Institution, Stanford
- Department of State: Correspondence, 1937-42/ Stanley K. Hornbeck/ Hoover Institution, Stanford
- Frank C. Walker Papers/ University of Notre Dame Archives
- Foreign Relations of the United States Diplomatic Papers 1941 Volume IV/ U.S. Government Printing Office
- Henry L. Stimson Diaries/ Yale University Library
- Fr. James M. Drought Papers/ Maryknoll Mission Archives
- Rev. James Drought Papers 1942-1943/ University of Notre Dame Archives
- On the Treadmill to Pearl Harbor/ George C. Dyer/ Naval History Division, Dept. of the Navy
- Witness to History 1929-1969/ Charles E. Bohlen/ W.W. Norton & Company
- Eugene H. Dooman/ Columbia University Oral History Collection
- The China hands/ E.J. Kahn, Jr. / Penguin Books
- The Reminiscences of Joseph Ballantine/ Columbia University Oral History Research Office
- Affidavit of Bishop James Edward Walsh/ International Military Tribunal For The Far East
- Affidavit YAMAMOTO Kumaichi/ International Military Tribunal For The Far East
- Sworn Deposition YAMAMOTO Kumaichi

・Interrogation of Shigenori TOGO
・Interrogation of Akira MUTO
・Interrogation of Hideo IWAKURO
・Interrogation of Toshikazu KASE
・Interrogation of Admiral Shigetaro SHIMADA
・Interrogation of Kenryo SATO
・Interrogation of Osami NAGANO
・Interrogation of LT. General Shinichi TANAKA
・Interview with Kichisaburo NOMURA
・Shigenori TOGO（wife Edith）／ Churchill College Archives Center, Cambridge University
・THE NEW YORK TIMES, MONDAY, JUNE 18, 1962

（英文資料は原文表記のまま）

あとがき

日米開戦は、当時の日本の軍国主義集団とされる陸海軍が引き起こした、そう伝えられています。しかし、一九四一年十二月八日の時点まで、日米両国には軍事的衝突と言えるものは全く起きてはいませんでした。

では、日米開戦はなぜ起こってしまったのか。それは、その八カ月ほど前に日本の外務省が米国の国務省と「日米外交交渉」なるものを始めたからです。

その交渉も、相手に騙されて始めたもので、その後もそれを信じ込んで「外交交渉」を続けていたところ、受け入れ不可能な最終案をハル国務長官から突き付けられ、とうとう日本軍が真珠湾攻撃をせざるを得なくなった、というのが本当のところです。

ところが外交責任者であった東郷茂徳外相は、さらに「宣戦布告」でも過ちを犯し、そのために日本は騙し討ちをしたという歴史的汚名まで着せられてしまうのですが、そもそも東郷茂徳は、米国側に「宣戦布告」を一言も伝えていなかったのです。本書は、戦後八十年近く隠蔽されてきたこのような日米開戦の真実を、ファクトをもって明かすべく、

・Churchill Archives Centre/Churchill College, Cambridge University
・Hoover Institution Library & Archives/ Stanford University

・Maryknoll Mission Archives
・The British Library
・Notre Dame Archives/ Notre Dame University
・Manuscripts and Archives/ Yale University Library
・Occupation of Japan Project/ Columbia University
・国立国会図書館憲政資料室
・防衛研究所戦史研究センター
・外交史料館
・国立公文書館
・鹿児島県立図書館

等から資料を得て、日本は真珠湾を騙し討ちはしていなかったこと、事実は、時の外交責任者であった東郷茂徳の外交判断によって起きたことを示すものであります。

本書の出版にあたり、日米開戦および終戦時の外相東郷茂徳、戦後初の首相幣原喜重郎などの貴重な外交書を世に出してきた原書房により、この度の機会を頂いたことは誠に光栄であり、御決断をいただいた成瀬雅人社長には、深甚よりの感謝を申し上げます。

二〇二二年十二月　髙尾栄司

高尾栄司（たかお えいじ）
1947年、群馬県伊勢崎市生まれ。ノンフィクション作家。
上智大学、イギリスなど留学6年間を経て、集英社特派記者となり、ヨーロッパ、中東各地を取材。
著書に『ドキュメント皇室典範』、『日本国憲法の真実』（以上、幻冬舎）、『「天皇の軍隊」を改造せよ』(原書房)、『安全国家・日本の終焉』（光文社文庫）、『韓国車が日本車を駆逐する日』（徳間書店）、『ビートルズになれなかった男』（朝日新聞社、のち光文社文庫）など多数。

日米開戦《にちべいかいせん》の真実《しんじつ》
平和《へいわ》はなぜ、誰《だれ》によって壊《こわ》されたか

●

2022年12月25日　第1刷

著者…………高尾栄司《たかおえいじ》

装丁…………川島進デザイン室

発行者…………成瀬雅人
発行所…………株式会社原書房

〒160-0022　東京都新宿区新宿1-25-13
電話・代表03（3354）0685
http://www.harashobo.co.jp
振替・00150-6-151594

印刷…………株式会社明光社印刷所

製本…………東京美術紙工協業組合

ISBN978-4-562-07248-4, Printed in Japan